O panorama do design gráfico contemporâneo:

a construção, a desconstrução e a nova ordem

O panorama do design gráfico contemporâneo:

a construção, a desconstrução e a nova ordem

Maria Helena Werneck Bomeny

Editora Senac São Paulo – São Paulo – 2012

ADMINISTRAÇÃO REGIONAL DO SENAC NO ESTADO DE SÃO PAULO
Presidente do Conselho Regional: Abram Szajman
Diretor do Departamento Regional: Luiz Francisco de A. Salgado
Superintendente Universitário e de Desenvolvimento: Luiz Carlos Dourado

EDITORA SENAC SÃO PAULO
Conselho Editorial: Luiz Francisco de A. Salgado
　　　　　　　　　Luiz Carlos Dourado
　　　　　　　　　Darcio Sayad Maia
　　　　　　　　　Lucila Mara Sbrana Sciotti
　　　　　　　　　Jeane Passos Santana

Gerente/Publisher: Jeane Passos Santana (jpassos@sp.senac.br)
Coordenação Editorial: Márcia Cavalheiro Rodrigues de Almeida (mcavalhe@sp.senac.br)
　　　　　　　　　　　Thaís Carvalho Lisboa (thais.clisboa@sp.senac.br)
Comercial: Jeane Passos Santana (jpassos@sp.senac.br)
Administrativo: Luis Américo Tousi Botelho (luis.tbotelho@sp.senac.br)

　Edição de Texto: Léia M. F. Guimarães
　Preparação de Texto: Eloiza Helena Rodrigues
　Revisão de Texto: Célia Regina M. Camargo, Juliana Muscovick
　　　　　　　　　　Luiza Elena Luchini (coord.), Miriam dos Santos
　Projeto Gráfico, Capa e Editoração Eletrônica: Maria Helena Werneck Bomeny
　Impressão e Acabamento: Mundial Artes Gráficas Ltda.

Proibida a reprodução sem autorização expressa.
Todos os direitos reservados a
EDITORA SENAC SÃO PAULO
Rua Rui Barbosa, 377 – 1º andar – Bela Vista – CEP 01326-010
Caixa Postal 1120 – CEP 01032-970 – São Paulo – SP
Tel. (11) 2187-4450 – Fax (11) 2187-4486
E-mail: editora@sp.senac.br
Home page: http://www.editorasenacsp.com.br

© Maria Helena Werneck Bomeny, 2012

Dados Internacionais de Catalogação na Publicação (CIP)
(Câmara Brasileira do Livro, SP, Brasil)

Bomeny, Maria Helena Werneck
　O panorama do design gráfico contemporâneo : a construção, a desconstrução e a nova ordem / Maria Helena Werneck Bomeny. -- São Paulo : Editora SENAC São Paulo, 2012.

　Bibliografia.
　ISBN 978-85-396-0180-6

　1. Design gráfico (Tipografia) I. Título.

11-13391　　　　　　　　　　　　　　　　　　　　CDD-745.4

Índices para catálogo sistemático:
1. Design gráfico : Artes 745.4

SUMÁRIO

Nota do editor		9
Agradecimentos		11
Introdução		12
1 **Estilos e tendências: cada época é um exemplo de seu padrão de gosto**		14
2 **Um novo espírito acompanhado por uma nova tecnologia**		19
3 **Os períodos de transformação da linguagem visual**		24
3.1 **Da arte aplicada ao design gráfico**		27
4 **O modernismo e a comunicação visual**		30
4.1 **O intercâmbio entre a escola suíça e a escola americana**		37
4.2 **A instituição do grid como base de projeto**		44
5 **A fuga do modernismo e o fim do conceito universal**		48
6 **Antecedentes digitais**		52
6.1 **Década de 1950 – Linguagens de destaque**		54
6.1.1 **O conjunto dos movimentos pós-modernos**		59
6.2 **Década de 1960 – Linguagens de destaque**		60
6.2.1 **Pop art**		61
6.2.2 **O "revival" e o vernacular**		63
6.2.3 **Underground**		63

6.3	Década de 1970 – Linguagens de destaque	64
6.3.1	New wave	65
6.3.2	Punk	67
6.4	Década de 1980 – Linguagens de destaque	68
6.4.1	Desconstrutivismo	71
6.5	Década de 1990 – Linguagens de destaque	73
	O novo suporte informático	76
	Tipografia: uma interface: tradições e mutações da linguagem visual	78
	Moderno, Modernismo e Modernidade ⟶ Pós-moderno	86
	O Pós-moderno	90
10.1	O design pós-moderno	93
11.	Wolfgang Weingart: uma nova perspectiva da escola suíça	96
11.1	O percurso experimental de Wolfgang Weingart	97
11.2	Diretrizes conceituais de Wolfgang Weingart	101
11.3	Trabalho técnico e tipografia elementar de Wolfgang Weingart	103
11.4	Relações sintáticas, semânticas e pragmáticas	104
11.4.1	Retórica e linguagem verbal e visual: a teoria de Weingart	104
11.5	Manifesto Tríplice proposto por Weingart	107

11.5.1	Dimensão sintática em tipografia	107
11.5.2	Dimensão semântica em tipografia	108
11.5.3	Dimensão pragmática em tipografia	109
11.6	Wolfgang Weingart + tipografia suíça	110
11.7	Os valores tipográficos segundo Weingart (1972)	111
11.8	A "arte-design" de Wolfgang Weingart	112
11.9	Artistas influenciados por Wolfgang Weingart	113
11.9.1	Dan Friedman	115
11.9.2	April Greiman	116
11.9.3	Willi Kunz	118
12	O suporte teórico do experimental	120
13	O conceito de desconstrução	121
13.1	A influência da desconstrução no design gráfico	123
14	Os McCoy e a Cranbrook Academy of Art	126
14.1	O programa da Cranbrook Academy of Art	127
14.2	Edward Fella	134
14.3	Jeffery Keedy	135
14.4	Barry Deck	136

14.5	Why Not Associates	137
14.6	Tibor Kalman	138
15	*Emigre*: uma nova referência tipográfica	140
16	Apropriação da história, ciclos e reciclagem: revivals	144
17	A cultura do feio: Steven Heller	147
18	A morte do autor: Roland Barthes	149
19	Os manifestos "First things first"	151
19.1	"First things first", 1964	153
19.2	"First things first", 2000	154
20	Revendo os parâmetros: Supermodernismo	156
21	Os novos direcionamentos do design gráfico	159
22	Conclusão: o retorno às regras	162
	Bibliografia	170
	Fontes de figuras	179
	Sobre o autor	184

SUMÁRIO

NOTA DO EDITOR

O design gráfico é um processo criativo e técnico que utiliza textos e imagens para comunicar conceitos e ideias e está atrelado às tendências culturais e gostos característicos de uma determinada época. Batizado e amadurecido no século 20, com o surgimento da Bauhaus, passou por diversas mudanças decorrentes não só da introdução da tecnologia digital, mas também da transformação de padrões culturais.

Em *O panorama do design gráfico contemporâneo: a construção, a desconstrução e a nova ordem*, Maria Helena Werneck Bomeny, designer gráfica e docente do Centro Universitário Senac, ressalta os conceitos determinantes de uma das linguagens visuais mais disseminadas no mundo por meio de logotipos, marcas, revistas, catálogos e pôsteres. De forma criativa, a autora compilou a essência prática e teórica da profissão e propõe uma imersão na pura essência do design, inovando na disposição dos capítulos do livro, mesclados com imagens ilustrativas das épocas analisadas.

O Senac São Paulo, instituição que valoriza a cultura e suas diversas linguagens, espera estimular com este livro os profissionais de design a se aprofundarem na forma de pensar a profissão. Um projeto de design gráfico pode ser muito criativo quando alimentado pelas experiências de artistas da área, desde os primórdios do design. É uma forma de criar repertório, fundamental na execução de ideias.

AGRADECIMENTOS

AOS MEUS FILHOS GUILHERME E DIANA, POR TODO O APOIO.
À TITA, COM TODO MEU CARINHO E SAUDADE.

INTRODUÇÃO

O papel do design gráfico continua sendo o ato de conceber e projetar linguagens visuais para transmitir mensagens específicas, trabalhando com a organização da informação, as quais terão uma formatação que deverá estar ligada ao seu conteúdo e esse será compreendido e absorvido por uma determinada sociedade.

Em um projeto de design gráfico, a forma é utilizada para expressar uma mensagem que supõe um significado e sua compreensão formal obtida pelos olhos e pelo cérebro está vinculada aos padrões estabelecidos pelo espírito de um determinado período de tempo.

O processo de evolução da linguagem visual da comunicação foi desenvolvendo-se de acordo com as inflluências do tempo e do espaço, onde a tecnologia desempenhou um importante papel. A cada mudança dos procedimentos técnicos, a parte conceitual acaba por ser absorvida de forma quase automática, para depois ser alterada em decorrência das novas possibilidades tecnológicas.

Não só pelos avanços tecnológicos, como também pelas mudanças de estilo e de gosto, o percurso do design gráfico sofreu alterações radicais em seus procedimentos, abarcando decisões racionais e conscientes, e também subconscientes, que são provenientes da experiência influenciada pela frisa do tempo.

A tecnologia digital não alterou a concepção de criação de ideias, mas forneceu ferramentas que agilizam o processo de produção dos conceitos e dos princípios que vão se adaptando às normas estabelecidas de acordo com momento e às condições em que ela foi criada.

Este estudo vai analisar os fatores que determinaram a formação da linguagem visual recente, fazendo um reconhecimento das alterações ocorridas não só pela introdução de uma nova tecnologia, mas principalmente pela influência de um novo "zeitgeist".

A partir da metade do século XX assumimos a bagagem teórica do movimento moderno seguindo uma prática racionalista e funcionalista que nos proporcionou padrões rígidos de soluções. Posteriormente, com os novos valores instituídos pelo conceito pós-estruturalista, ocorreu uma reação contrária às soluções modernistas, – neutras e impessoais – proposta pelos padrões da época, incorporando à linguagem o ecletismo, o pluralismo, a intuição e a emoção como novos elementos do design.

Esta nova postura foi incrementada pela introdução da tecnologia digital e das ferramentas de interatividade alterando os procedimentos de execução no campo do design gráfico, interferindo nas linguagens e no modo de transmissão das mensagens. Em qualquer partido adotado, os elementos do design, tanto os clássicos como os contemporâneos, poderão atuar como direcionadores da ação projetual.

A tipografia deixa de ser um veículo invisível e passa a ter um papel de conector com múltiplas possibilidades de interação. Portanto, o design gráfico, que assumiu dentro da indústria da comunicação o papel de dar forma à informação, interpretando conceitos verbais por meios de seus sistemas e recursos visuais, diversifica seus caminhos em função das alterações na moda, no gosto e no desenvolvimento tecnológico, transformando a aparência gráfica da informação.

Podemos considerar história como um pré-requisito para atingir a compreensão do momento atual, pois é somente pelo conhecimento das experiências do homem no tempo com as respectivas reflexões e análise dos fatos que se poderá entender de que forma o estilo torna-se a expressão de um tempo.

As diretrizes do trabalho seguiram formas racionais do conhecimento, encarando a problemática como um conjunto ordenado de questões inerentes e recorrentes do assunto em questão, por meio de critérios adequados a uma estrutura lógica, calcada na investigação dos fatores internos e externos que influenciaram o momento a ser estudado.

Apesar de criar linhas racionais de pesquisa, devido a pouca distância temporal, os critérios seguiram também pelo conhecimento intuitivo. A ideia foi fazer relações entre os diversos fatores fundamentais da área do design gráfico e de suas adjacências, para que o conhecimento seja efetivado de forma abrangente, construindo uma análise baseada tanto em textos teóricos, como por meio da reflexão do conjunto de dados da produção do design gráfico contemporâneo, para o entendimento dos caminhos percorridos até alcançarmos este contexto histórico imediato, fazendo desta maneira o reconhecimento das determinantes e tendências do período atual.

"Zeitgeist"

SIGNIFICA, O "ESPÍRITO DO TEMPO" REFERE-SE ÀS TENDÊNCIAS CULTURAIS E GOSTOS CARACTERÍSTICOS DE UMA ÉPOCA DETERMINADA. OS HÁBITOS, AS CRENÇAS, AS FERRAMENTAS, A CIÊNCIA, AS TÉCNICAS E AS RELAÇÕES SOCIAIS SÃO PARTES DE UM PROCESSO QUE DETERMINA O IDEAL DE BELEZA DE CADA ÉPOCA E LUGAR.
(PHILLIP MEGGS, 1991)

CONHECER SIGNIFICA APREENDER ESPIRITUALMENTE UM OBJETO. ESSA APREENSÃO, VIA DE REGRA, NÃO É UM ATO SIMPLES, MAS CONSISTE EM UMA MULTIPLICIDADE DE ATOS. A CONSCIÊNCIA COGNOSCENTE DEVE, POR ASSIM DIZER, RONDAR SEU OBJETO A FIM DE REALMENTE APREENDÊ-LO. ELA RELACIONA SEU OBJETO COM OUTROS, COMPARA-O COM OUTROS, TIRA CONCLUSÕES E ASSIM POR DIANTE." JOHANNES HESSEN, 1999: 97

Estilos e tendências:
cada época é um exemplo de seu padrão de gosto

"Qualquer letra, e em especial a tipografia, é principalmente e em primeiro lugar expressão da sua própria época, da mesma maneira que qualquer homem é símbolo de seu tempo... Se Didot fez algo diferente de Fleischmann, foi porque os tempos mudaram, não porque procurava produzir algo "especial", "pessoal" ou "único"."

Jan Tschichold, 1928: 79

1- Vinhetas, Peter Behrens, 1907 • 2- Anúncio de papel de cigarro, Alphonse Mucha, 1898 • 3- *Virgil*, John Baskerville, 1757 • 4- Bíblia de Johannes Gutenberg, 1455 • 5- *The Times*, Stanley Morison, 1932 • 6- Tipo Neuland, Rudolph Koch, 1922 • 7- Vinhetas tipográficas, Eugène Grasset, s/d.

8- Esquema construtivo do alfabeto romano, Luca Pacioli, 1509 ▸ 9- Marca Kelmscott, William Morris, 1892 ▸
10- Cartaz, Charles Rennie Mackintosh, 1896 ▸ 11- *Dylan*, cartaz, Milton Glaser, 1966 ▸ 12- Jornal *U&LC*, Herb Lubalin, 1974

Foi a invenção da impressão tipográfica que transformou a letra em um produto múltiplo e comercial. A introdução do sistema de impressão por meio de tipos móveis, em meados do século XV, por Johannes Gutenberg (*c.* 1398-1468), iniciou um processo de alteração radical do desenho das formas das letras, normatizando-as e introduzindo, com o passar do tempo, diferentes estilos com os quais se pôde enfatizar seu significado. A escrita manual do escriba foi desenvolvida lentamente ao longo dos séculos, trabalhando tanto o estilo quanto a ornamentação. Com o advento dos tipos móveis surgiu a figura do tipógrafo, hoje denominado "design de tipos". Desde então, o design gráfico continuou a desenvolver-se como uma atividade híbrida, emprestando conceitos de várias áreas, como a arquitetura, as artes plásticas, a literatura, bem como a matemática e a psicologia.

Em seu livro *Tipografismo*, Manuel Sesma afirma que cada contexto gera seu próprio sistema de signos e cada sistema de signos gera alguns estilos, e que, portanto, não se pode falar em comunicação sem estilo. A tipografia como sistema de signos transforma-se de acordo com o momento histórico, e o significado de um tipo de letra altera-se conforme o contexto cultural em que aparece. Sesma defende a ideia de que hoje é impossível pensar na neutralidade tipográfica e na claridade asséptica proclamadas pelo estilo internacional. Para ele, não existe nenhuma tipografia, nem mesmo as consideradas mais ortodoxas, como Helvetica ou Univers, que careça de conotações e que não tenha referências históricas ou estéticas, ou que não produza nenhum efeito evocativo, emocional, sentimental ou até mesmo alegórico. (Sesma, 2004: 23-36)

Nesse mesmo livro, o autor estabelece uma comparação entre as posições de Roland Barthes e Adrian Frutiger. ✤ Barthes, como sociólogo, analisa os fatores psicológicos de uma sociedade acreditando que exista um tipo de interpretação subconsciente para a análise formal das tendências nacionais como, por exemplo, a relação da escrita com a personalidade dos povos: a escrita medieval na Alemanha era pesada e angulosa, e na Inglaterra era apertada e aguda, podendo compará-las com as respectivas características do caráter de cada nacionalidade. ✤ Por outro lado, Frutiger, como designer, preocupa-se com as características plásticas e relacionadas com a produção artística, sustentando que, independentemente das características próprias de cada época, as ferramentas e os materiais disponíveis influem na expressão plástica e nos estilos de cada época. (Sesma, 2004: 46) ✤ Da mesma forma, Martin Solomon (1990) defende que "a essência de uma cultura é um reflexo dos objetos que se criam. Tais objetos podem ser uma aplicação consciente do estilo popular e encontram sua expressão formal por meio de todos os caminhos manifestados por uma sociedade". (Solomon, 1990: 10)

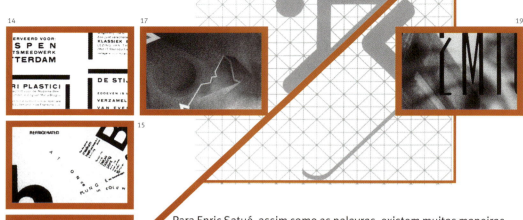

"Não queremos afirmar que o bom e o mau gosto não existem, mas sim que o valor positivo e negativo do gosto não depende de um absoluto. Cada gosto é ótimo desde que adaptado à criatividade do artista. Os princípios de gosto que foram bons para Rafael foram igualmente bons para Ingres, e foram os mesmos [...] que se opuseram à criatividade de Renoir. Isto é: a medida de valor de cada gosto encontra-se apenas na personalidade do artista que adotou determinado gosto."
(Lionello Venturi, 1984: 25)

Para Enric Satué, assim como as palavras, existem muitas maneiras de dizer alguma coisa. Sendo assim, ele define o estilo como uma forma peculiar de dizer alguma coisa graficamente. Em seu livro *El diseño gráfico: desde los orígenes hasta nuestros días*, o autor ressalta a visão do crítico de arte Bernard Berenson, segundo a qual "um estilo é uma maneira constante de ver as coisas". Consequentemente, para Satué "a história da representação visual deveria ser das sucessivas formas de ver o mundo e tudo que nele contém; que a história dos estilos deveria ser entendida como moda ou mudanças de interesse, direção e gosto, e não como artistas individuais, não importando quão especiais eles sejam". (Satué, 1992: 299)

Podemos então definir estilos como imagens características que são associadas a períodos específicos da história. Dessa maneira, os profissionais que trabalham com a elaboração de qualquer tipo de linguagem visual captam essas tendências do momento e, por meio de suas representações, interpretam uma ideologia tanto social quanto política, e mesmo tecnológica, de determinado tempo e espaço. Nesse contexto, os designers exploram direções pessoais que constantemente derivam dessas tendências preponderantes. "Um estilo ou tendência permanecerá até que certas mudanças dentro de uma cultura ditem novas direções, fazendo emergir novos estilos que, de alguma forma, foram influenciados por aqueles que os precederam." (Solomon, 1990: 10) Heinrich Wölfflin afirma em seu livro *Conceitos fundamentais da história da arte* que a transição do renascimento para o barroco é um exemplo claro de como o espírito de uma nova época exige uma nova forma. "O conceito básico do renascimento italiano é o conceito da proporção perfeita", afirma Wölfflin, que o exemplifica tanto na figura humana quanto nas edificações, em que cada uma das formas ganha uma existência autônoma e se articula livremente; são partes vivas e independentes. "O barroco emprega o mesmo sistema de formas, mas, em lugar do perfeito, do completo, oferece o agitado e o mutável; em lugar do limitado e concebível, o ilimitado e colossal. Desaparece a ideia de proporção bela, e o interesse não se concentra mais no que é, mas no que acontece. As massas pesadas e pouco articuladas entram em movimento. A arquitetura deixa de ser o que fora no renascimento, uma arte de articulação, e a composição do edifício, que antes dava a impressão de sublime liberdade, cede lugar a um conglomerado de partes sem autonomia." (Wölfflin, 1984: 10)

13- Exemplos de letras psicodélicas ▸ 14- Anúncio, Theo van Doesburg, 1921 ▸ 15- Página, Cranbrook Academy of Art, 1977 ▸ 16- Capa de catálogo de exibição Schaubkunst at the Kunstgewerbemuseum Zurich, detalhe, Wolfgang Weingart, 1980 ▸ 17- Cartaz L'affiche suisse: 1900 – 1983, detalhe, Wolfgang Weingart, 1984 ▸ 18- Olimpíadas de Munique de 1972, Otl Aicher ▸ 19- Capa da revista *Emigre*, Rudy VanderLans, 1989 ▸ 20- Cartaz A.M.Cassandre, 1927 ▸ 21- *Beach Culture*, David Carson, 1990 ▸ 22- revista *Fuse*, Neville Brody, 1991 ▸ 23- Cartaz Edward Fella, 1988 ▸ 24- April Greiman, Revista *Design Guartely*, nº 133, detalhe, 1986

Essa análise serve para mostrar de que forma os estilos são a expressão de seu tempo, na qual a relação do indivíduo com o mundo se modifica, abrindo-se um novo universo e proporcionando novas linguagens, as quais, segundo Wölfflin, podem ser uma expressão do espírito de uma época, de uma nação, bem como a expressão de um temperamento individual. (Wölfflin, 1984: 11) Não é apenas mudança de tecnologia que ocasiona as mudanças de paradigmas ou de conceitos. Wölfflin acredita que "O TIPO DE VISÃO OU DE CONCEPÇÃO VISUAL NÃO É O MESMO DESDE OS PRIMÓRDIOS; COMO TODAS AS COISAS VIVAS, O VISUAL TAMBÉM POSSUI SUA EVOLUÇÃO, SOFRENDO TODO TIPO DE TRANSFORMAÇÃO". (Wölfflin, 1984: VI)

"O GOSTO, QUE JULGA SE UMA OBRA É BELA OU NÃO, TEM PRETENSÃO DE QUE O SEU JUÍZO É UNIVERSAL, SEM QUE POSSA DEMONSTRAR RACIONALMENTE A EXATIDÃO DO SEU JUÍZO. POR ISSO, NÃO PODE HAVER UMA REGRA DE GOSTO OBJETIVA, QUE DETERMINE ATRAVÉS DE CONCEITOS AQUILO QUE É BELO, PORQUE QUALQUER JUÍZO QUE DERIVE DO GOSTO É ESTÉTICO; POR OUTRAS PALAVRAS, A SUA CAUSA DETERMINANTE É O SENTIMENTO DO SUJEITO, NÃO O CONCEITO DO OBJETO. PROCURAR ENCONTRAR UM PRINCÍPIO DE GOSTO QUE SEJA UM CRITÉRIO UNIVERSAL DO BELO MEDIANTE CONCEITOS DETERMINADOS É UM TRABALHO INÚTIL, PORQUE O QUE SE PROCURA É IMPOSSÍVEL E EM SI MESMO CONTRADITÓRIO. NÃO EXISTE UMA CIÊNCIA DO BELO, MAS APENAS A SUA CRÍTICA, E NÃO EXISTEM BELAS CIÊNCIAS, MAS APENAS BELAS ARTES." (LIONELLO VENTURI, 1984: 164)

Tudo que é visual pertence ao conjunto das experiências estéticas entendidas como maneira de conhecimento humano. Baumgarten intuiu, na metade do século XVII, que nem todo conhecimento humano é do tipo racional. Que existem outras maneiras de conhecer, entre as quais aquela que se vale da visão, que, além de ser uma lente ótica, é também um sentido humano que permite conhecer e experimentar a distância, sem tocar o objeto. A isso Baumgarten atribuiu o nome de "estética", cujo sentido original, grego, se aproximava da noção de "percepção". (Venturi, 1984: 164) Para Cecilia Almeida Salles, qualquer projeto estético de caráter individual está localizado em um espaço e um tempo que inevitavelmente afetam o artista: "O ARTISTA NÃO É [...] UM SER ISOLADO, MAS ALGUÉM INSERIDO E AFETADO PELO SEU TEMPO E SEUS CONTEMPORÂNEOS". (SALLES, 2006: 38) ✤ Salles refere-se ao artista plástico, mas faço aqui uma relação com o ato criador do designer, "que a cada projeto sua ação insere-se na frisa do tempo da arte, da ciência e da sociedade em geral". (*Ibid.*: 42) ✤ Da mesma forma, faço a relação com a frase de Carlos Drummond de Andrade, quando lembra que, se não fossem os "TIOS LITERÁRIOS, QUE MAL OU BEM NOS TRANSMITEM O FIO DE UMA TRADIÇÃO QUE VEM DE LONGE, NÃO HAVERIA LITERATURA". (CARLOS DRUMMOND DE ANDRADE *APUD* SALLES, 2006: 42)

Milan Kundera também crê que o espírito de um romance é aquele da continuidade: cada obra é resposta a obras precedentes e contém toda a experiência do romance. Salles e outros críticos e criadores acreditam que não há criação sem tradição, tal qual Kundera ao afirmar que

> "UMA OBRA NÃO PODE VIVER NOS SÉCULOS FUTUROS SE NÃO SE NUTRIU DOS SÉCULOS PASSADOS". (MILAN KUNDERA APUD SALLES, 2006: 42)

Seguindo esses raciocínios, o conhecimento da história tipográfica e o reconhecimento das tradições que guiaram a tipografia durante os 550 anos servem de fundamento para experiências posteriores, e sem essa base, em vez de fazermos progressos, correríamos o risco de voltar, uma vez ou outra, ao ponto de partida. Phil Baines e Andrew Haslam (2002) acreditavam que o século XX tinha se caracterizado em parte pelo predomínio do desenho tradicional e em parte pela autoconsciência da modernidade que representava o movimento moderno. Para os autores, a palavra "tradicional" foi utilizada de forma pejorativa, quando na realidade seu verdadeiro significado deve ser entendido como uma herança cultural. Também para Cecilia Almeida Salles (2006), é importante ressaltar que a mera constatação da influência do contexto não nos leva ao processo individual propriamente dito, mas se consegue inserir o resultado do processo criativo regido por um gosto e por uma crença que determina o tempo e o espaço. Dessa maneira, para a autora, qualquer projeto estético está localizado em um espaço e um tempo que inevitavelmente afetam a linguagem do profissional criador, imerso no mundo que o envolve. (Salles, 2006: 37-38)

> "SOMOS DUPLAMENTE PRISIONEIROS: DE NÓS MESMOS E DO TEMPO EM QUE VIVEMOS." (MANUEL BANDEIRA APUD SALLES, 2006: 37)

David Harvey aborda o assunto por outro ângulo:

> "SE A VIDA MODERNA ESTÁ DE FATO TÃO PERMEADA PELO SENTIDO DO FUGIDIO, DO EFÊMERO E DO CONTINGENTE, HÁ ALGUMAS CONSEQUÊNCIAS. PARA COMEÇAR, A MODERNIDADE NÃO PODE RESPEITAR SEQUER SEU PRÓPRIO PASSADO PARA NÃO FALAR DO DE QUALQUER ORDEM SOCIAL PRÉ-MODERNA. A TRANSITORIEDADE DAS COISAS DIFICULTA A PRESERVAÇÃO DE TODO O SENTIDO DE CONTINUIDADE HISTÓRICA. SE HÁ ALGUM SENTIDO NA HISTÓRIA, HÁ DE DESCOBRI-LO E DEFINI-LO A PARTIR DE DENTRO DO TURBILHÃO DA MUDANÇA, UM TURBILHÃO QUE AFETA TANTO OS TERMOS DA DISCUSSÃO COMO O QUE ESTÁ SENDO DISCUTIDO". (HARVEY, 1993: 22)

"SEJA NAS MENTES, ATRAVÉS DE PROCESSOS MNEMOTÉCNICOS, NO BRONZE OU NA ARGILA PELA ARTE DO FERREIRO OU DO OLEIRO, SEJA SOBRE O PAPIRO DO ESCRIBA OU PERGAMINHO DO COPISTA, AS INSCRIÇÕES DE TODOS OS TIPOS — EM PRIMEIRO LUGAR A PRÓPRIA ESCRITA — DESEMPENHAM PAPEL DE TRAVAS DE IRREVERSIBILIDADE. OBRIGAM O TEMPO A PASSAR EM APENAS UM SENTIDO; PRODUZEM HISTÓRIA, OU MELHOR, VÁRIAS HISTÓRIAS COM RITMOS DIVERSOS." (LEVY, 2000: 76)

2. Um novo espírito acompanhado por uma nova tecnologia

A partir da década de 1970, o conceito modernista, que havia se transformado em padrão universal, dirigindo os procedimentos dos profissionais da área do design gráfico, foi questionado e novas atitudes foram propostas. A forma funcional da comunicação continua mantendo sua importância, porém ela não pretende estabelecer um único padrão, passando a ter um caráter interpretativo e expressivo. Sua linguagem seguirá parâmetros que o receptor possa identificar e interagir, e, segundo Willi Kunz (2003), deverá atender a objetivos tanto de eficácia quanto de estética e, sobretudo, emocionais. Para ele, uma mensagem deve ser transmitida de "forma efetiva tanto no seu significado intelectual quanto no seu conteúdo emocional". (Kunz, 2003: 8)

O século XX conheceu dois momentos importantes. O primeiro rompeu com a tradição das belas-artes, e o segundo, com a tradição cultivada pelo racionalismo e funcionalismo, derivada do movimento moderno. Diversos cânones instituídos nas primeiras décadas do século XX foram abalados com a pós-modernidade. A generalização do uso de computadores por todos os profissionais que trabalhavam com comunicação, e em todas as áreas afins, deu início a uma nova fase nesse campo de atividade do design.

> Em menos de duas décadas, o mundo acompanhou o salto da tecnologia analógica para a digital, viu a telefonia celular explodir e multiplicarem-se as maneiras de comunicação, com a possibilidade de interação entre redes de computadores, além de um aumento exponencial na velocidade de transmissão de dados, sobre qualquer plataforma. A introdução dos computadores pessoais, dos *softwares* de desenho e de editoração, e das impressoras a *laser* fez com que os meios eletrônicos possibilitassem uma outra etapa de mudança nos processos de comunicação: hoje, todos podem fazer e receber mensagens, resultando na tão falada "democratização da informação". A redefinição do território da linguagem visual e da tipografia na era digital passou por um processo de adaptação devido à inserção de novas ferramentas e à oferta de novos suportes.

O computador substitui a escrita por impulsos eletrônicos, e os símbolos da escrita, ao serem teclados, não mais aparecem diretamente em um suporte físico como o papel, nem se baseiam mais em características da cor do pigmento, mas sim em um espaço virtual tendo a tela luminosa como área de trabalho.

Esse salto tecnológico da informática ficou bem evidente a partir dos anos 1980, quando alterou a base produtiva da sociedade. A produção, até então rígida, mecânica, entrou em uma era de automação de controle numérico, tornando-se flexível. Essa flexibilidade possibilitou a despadronização dos produtos. Isso significa que a mesma linha de montagem poderia produzir uma sequência contendo produtos de características distintas, mas a custos semelhantes aos que se teriam se os produtos fossem padronizados. Abre-se, dessa forma, a possibilidade tecnológica de despadronizar o consumo por meio de operações baseadas em características de dados variáveis.

A técnica de segmentação de mercado promovida pelo marketing ganha sustentação com a nova tecnologia de produção. Em vez de ter o foco no produto e procurar por um consumidor médio, passa-se a ter o foco no "cliente" como indivíduo com desejos e necessidades específicas. O resultado é a segmentação do mercado até o nível da personalização e a procura por fazer um produto que atenda a esses desejos e necessidades. A TV, ícone da indústria cultural, passa a ser chamada de TV aberta e perde espaço para a TV paga (segmentada). Essa, porém, perde espaço para a internet, cuja estrutura altera completamente os princípios até então dominantes na indústria cultural, uma vez que o número de emissores de mensagens pode crescer ao infinito, permitindo driblar o filtro controlador. A comunicação e a cultura sofrem transformações devido à lógica de produção das mensagens na internet, que é distinta do sistema da indústria cultural. Por sua vez, a indústria cultural já toma novas formas, abrindo espaço para abrigar essa nova maneira de produzir mensagens.

Para Elizabeth Saad Corrêa (2001), em seu artigo "Arquitetura estratégica no horizonte da terra cógnita da informação digital", a década de 1990 pode ser considerada o período mais significativo e revolucionário para a comunicação em geral, e principalmente para os meios de informação. A massificação do uso das tecnologias digitais, como a internet e a www (World Wide Web), promove um novo paradigma para os meios de comunicação, seja pela generalização, seja pela personalização da informação e das mensagens. Exemplo disso é a introdução de ferramentas de interatividade capazes de gerar uma aproximação emissor-receptor de grande intensidade. A criação de um novo segmento de conhecimento e de mercado ampliou ainda mais a participação dos meios de comunicação na sociedade, provocando mudanças de atitude nos procedimentos do desenhista gráfico.

"Neste curtíssimo espaço de tempo passou-se de 1,2 quilobyte do *modem* dos anos 1980 para os 56 Kbytes dos anos 1990 e, rapidamente, em menos de dez anos, chegou-se às transmissões em megabytes, quando os dados passaram a trafegar nas redes de comunicação numa velocidade que saltou de mil para milhões de bytes." (Caio Túlio Costa, 2005: 183)

"A HISTÓRIA RECENTE VIU O ADVENTO DA COMUNICAÇÃO DE MASSA EM QUE MCLUHAN PREGAVA QUE **O MEIO ERA A MENSAGEM**; A SEGMENTAÇÃO E A DIFERENCIAÇÃO DE AUDIÊNCIA NOS ANOS 1980, ATRAVÉS DAS NOVAS TECNOLOGIAS DE INFORMAÇÃO, DEMONSTRARAM QUE A MENSAGEM ERA O MEIO. OS ANOS 1990 TROUXERAM AS REDES DIGITAIS DE COMUNICAÇÃO, INTERLIGANDO O MUNDO E AS PESSOAS, POSSIBILITANDO O ACESSO SIMULTÂNEO A DIVERSAS MENSAGENS, INDIVIDUALIZADAS, ATRAVÉS DE DIVERSOS MEIOS. É A INTERATIVIDADE POTENCIALIZANDO O PODER DA AUDIÊNCIA: A MENSAGEM É A MENSAGEM. NAS PALAVRAS DE CASTELLS, 'NÃO ESTAMOS MAIS VIVENDO EM UMA ALDEIA GLOBAL, MAS EM CABANAS INDIVIDUALIZADAS ESPALHADAS GLOBALMENTE E DISTRIBUÍDAS LOCALMENTE'." (CORRÊA, 2001: 109)

Em todo período de mudança tecnológica, o processo do design gráfico passa por avaliações e reavaliações que acabam por alterar alguns paradigmas estabelecidos anteriormente ao mesmo tempo que reforçam outros. Contudo, é importante ressaltar que impactos similares também ocorreram em outros momentos da evolução dos meios de comunicação: basta remontarmos à prensa de Gutenberg, ao surgimento do telefone, do rádio, do cinema, do telégrafo, da televisão, do videocassete. Foram momentos marcantes e transformadores, mas nenhuma dessas tecnologias afetou um número tão grande e interferiu de forma tão avassaladora no cotidiano das pessoas como a revolução digital. "É da própria natureza da comunicação humana e de suas correlações assimilar e absorver os avanços tecnológicos. A chamada revolução digital e as tecnologias de redes atrelaram estrategicamente o mundo da comunicação e da informação no cotidiano das metrópoles." (Corrêa, 2001: 101)

Quando ocorreu um posicionamento contrário ao dogmatismo do estilo internacional, passamos por uma avalanche de tendências e estilos no intuito de romper com o paradigma funcionalista.

Em seu artigo "Modernidade líquida, comunicação concentrada", Caio Túlio Costa (2005) descreve três conceitos que possibilitam a compreensão desse rompimento: a "modernidade líquida", de Zygmunt Bauman, o "príncipe eletrônico", de Otávio Ianni, e a "assimetria da informação", de Joseph Stiglitz.

Segundo Costa, passamos pela "modernidade sólida", que pode ter nascido com Descartes e morrido por volta dos anos 1980, quando os conceitos e valores se tornaram relativos, principalmente na comunicação, que "liquidificada pelas novas mídias [...] entra em uma nova era, não mais pós-moderna, [ou] melhor, líquida, como prefere o sociólogo polonês, radicado na Inglaterra, Zygmunt Bauman". (Costa, 2005: 189) Para ele, nessa "modernidade líquida" os conceitos e interesses são modulados "ao sabor das ondas, aos altos e baixos". Líquida, porque, nas palavras de Bauman, a "sociedade moderna, como os líquidos, caracteriza-se por uma incapacidade de manter a forma", e "nossas instituições, nossos quadros de referência, estilos de vida, crenças e convicções mudam antes que tenham tempo de se solidificar em costumes, hábitos e verdades 'autoevidentes'". (Bauman *apud* Costa, 2005: 189)

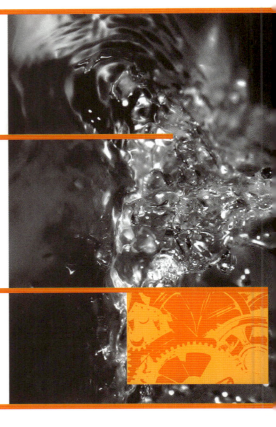

Costa defende ainda que na pós-modernidade líquida um outro conceito foi criado, dessa vez pelo sociólogo Otávio Ianni: o do "'príncipe eletrônico', o único senhor das engrenagens da globalização". Para Costa, "o príncipe eletrônico é a face globalizada da indústria cultural, é a onipresença da mídia que regula e desregula, instaura e tira, manda e desmanda, em um mundo onde a informação não corre solta nem totalmente livre, porque corre desigual" e "nada garante que ela corra por inteiro, em formato inteligível e confiável". Daí essa informação movimentar-se de "forma assimétrica", conforme a designação empregada pelo economista Joseph Stiglitz para caracterizar o fluxo da informação nos mercados. Stiglitz, Prêmio Nobel de Economia de 2001, demonstrou que a comunicação é imperfeita, até mesmo quando veiculada pelas técnicas mais prodigiosas de mídia. No processo da comunicação, "um lado sempre tem mais informação que o outro. Isso ocorre pelo fato de pessoas diferentes saberem coisas diferentes e em quantidades e profundidades distintas". (Costa, 2005: 189) Consequentemente, a forma gráfica da transmissão da informação também deverá ser diferente.

Para o capítulo seguinte (capítulo 3), **"Os períodos de transformação da linguagem visual"**, a periodização foi estabelecida de acordo com a pesquisa desenvolvida em meu trabalho *Os manuais de desenho da escrita* (2010), no qual elaborei uma linha do tempo que me permitiu obter, por meio da análise do percurso histórico do desenho da escrita, um diagnóstico mais preciso dos momentos que foram essenciais para a formulação dos conceitos do design gráfico.

25- Linha do tempo da Tipografia

3. OS PERÍODOS DE TRANSFORMAÇÃO DA LINGUAGEM VISUAL

As diferentes formas visuais estabelecidas no decorrer dos tempos formaram uma linguagem de signos de acordo com uma necessidade de comunicação dirigida a grupos determinados, independentemente de essa informação ter caráter político, religioso, comercial ou cultural. Dessa maneira, a linguagem visual foi construindo um repertório icônico, fazendo aderir vários significados a seus elementos, e criando até mesmo diferentes relações de estruturas de signos para cada época ou sociedade específica.

Durante séculos, a comunicação visual foi uma transação de informação entre grupos restritos de pessoas. Com a invenção dos tipos móveis no século XV, o mundo entrou em uma fase inicial de difusão e produção de textos que permitiu uma maior expansão do conhecimento por meio dessa primeira mecanização de uma habilidade manual.

A evolução formal da escrita faz parte de um processo de adequação do gosto e das regras de cada época. No campo tipográfico, esse processo ficou bem evidenciado depois que o tipo gótico de Gutenberg foi substituído pela tipografia baseada na letra humanística do século XV, convertendo-se no século seguinte na letra cursiva de Aldo Manuzio, para no mesmo século ser transformada por Claude Garamond. Na metade do século XVII, a tipografia adquire sua forma transicional, iniciada com a Romana do Rei, amadurecendo nas formas das letras de John Baskerville. (Bomeny, 2010: 94)

Um segundo período é determinado pelo início do processo de normatização do desenho da letra, quando, em 1760, François-Ambroise Didot aperfeiçoa o sistema de medidas tipográficas desenvolvido por Pierre Simon Fournier em 1737, criando o sistema de pontos adotado pela França. Esse sistema foi adotado na Alemanha, onde foi revisado e adaptado por Hermann Berthold em 1879. Da mesma forma, os ingleses o adaptariam à polegada inglesa, para, no ano de 1898, cederem ao sistema decimal de pontos, que também seria adotado pelos fundidores de tipos americanos. (Meggs, 1991b: 167) Na sequência, as características caligráficas das letras impressas são finalmente abandonadas, atingindo uma regularidade na tipografia geométrica de Giambattista Bodoni e de Firmin Didot (filho de François-Ambroise Didot), quando se obtém um maior contraste entre os traços grossos e finos. Essa normatização foi adotada como regra na era industrial, quando a forma mecanizada tratava o alfabeto como um sistema flexível e desvinculado da tradição caligráfica. (Lupton, 2006: 21)

A ampliação dos grupos receptores, com sua diversidade de níveis de conhecimento e de necessidades, acompanhou a evolução tecnológica da impressão, iniciada no século XV. Com a Revolução Industrial, porém, esse desenvolvimento deu um salto considerável, especialmente na segunda metade do século XIX, consolidando-se no século seguinte como um autêntico e irreversível fenômeno social. É então que se inicia o terceiro grande período, caracterizado pelo progresso da indústria, da ciência e da técnica.

A LINGUAGEM VISUAL TRANSFORMA-SE, ESTABELECENDO LÓGICAS INTERNAS
DE ACORDO COM PRINCÍPIOS E REGRAS DE DETERMINADOS MOMENTOS HISTÓRICOS.

Ao mesmo tempo, começa a emergir uma conceituação específica da linguagem visual, por meio de um novo processamento formal gerado pela produção industrial, abandonando-se a forma artesanal do trabalho.

O caráter social, político e econômico sofreu uma reviravolta em razão de transformações ocorridas em todas as ordens. Na Europa, a monarquia havia sido substituída pela democracia, pelo socialismo e comunismo. A partir da invenção do automóvel (1885) e do avião (1903), os transportes sofreram uma mudança radical. O início do processo cinematográfico (1896) e das transmissões de rádio (1895) apontou uma nova era para a comunicação humana. (Meggs, 1991b: 301)

As duas primeiras décadas do século XX também foram marcadas por atitudes revolucionárias, como as novas propostas dos movimentos de vanguarda, culminando no modernismo, que introduziu uma inovação na linguagem visual, ao tirar proveito dos meios técnicos e intensificar a força expressiva da palavra.

Por influência da Bauhaus, escola alemã de arquitetura e design, introduziu-se, a partir da década de 1920, um conceito de ordem e racionalismo, visando à clareza e à funcionalidade. Na década seguinte, os movimentos modernistas foram surpreendidos por governos nacionalistas e totalitários. Na Alemanha, os nazistas fecham a Bauhaus, o que obriga seus artistas e intelectuais a migrar para outros países, principalmente a Suíça e os Estados Unidos. (Gaudêncio, 2004: 74)

Dessa forma, entramos em um quarto período, marcadamente estruturalista e gráfico, orientado pela percepção modernista de que a "forma segue a função". É quando os designers e arquitetos alcançam soluções formais internacionais, ao substituir as de caráter regional e nacional e transformá-las em universais de acordo com necessidades funcionais, dando continuidade ao modernismo europeu.

Segundo Gui Bonsiepe (1997), até meados do século XX, o discurso projetual centrou-se na produtividade, na racionalização e na padronização. Processos de produção industrial, como o fordismo e o taylorismo, determinam metodologias voltadas para a agilização da produção, o que leva o mercado a seguir esse modelo para diferenciar o design do campo da arte e das artes aplicadas, dando maior credibilidade à nova disciplina do design nas empresas. Esse discurso ganhou peso particularmente na Europa, durante a fase de reconstrução, após a Segunda Guerra Mundial. (Bonsiepe, 1997: 10)

Para os designers gráficos que ajudaram a sociedade a se recompor depois das duas guerras mundiais, a ordem e a clareza tornaram-se objetivos principais. A demanda de uma população urbana com poder aquisitivo crescente incentivou a tecnologia, que por sua vez fomentou a oferta. O design assumiu o importante papel de tornar desejáveis os bens materiais. (Samara, 2002: 14)

O quinto período, que é o foco deste livro, teve seu início quando a página impressa se adapta e absorve a tecnologia da fotocomposição. No final dos anos 1970, a tecnologia digital começava a ser introduzida, mas ainda estava distante do cotidiano do cidadão comum, e a fotocomposição continuou como a principal tecnologia até que, em 1984, a Apple lança seus computadores.

26A- LETRA "STONE", SUMNER STONE, 1988

Nessa época proliferaram os computadores pessoais e o sistema DTP (Desktop Publishing), que reproduziam na tela uma simulação da informação gráfica ao usuário – o WYSIWYG (*what you see is what you get*, "o que se vê é o que se tem"). Posteriormente, surgiu a linguagem PostScript, da Adobe Systems, com o lançamento da primeira impressora a *laser* Apple Laserwriter e o *software* Page Maker, para diagramação. Foi somente a partir de 1987 que a tecnologia eletrônica começou a popularizar-se. O surgimento do Apple Macintosh acelerou a integração da informática ao mundo da comunicação, da editoração e do audiovisual, permitindo a generalização do hipertexto e da multimídia interativa. Com o desenvolvimento da linguagem PostScript, o problema da baixa resolução em saídas impressas foi minimizado. A nova linguagem passou a descrever ponto a ponto o contorno das letras para a impressora, possibilitando melhor definição por meio das "curvas Bezier". Isso tornou possível a criação de formas mais complexas com suaves pontos de tangência, levando a impressora a operar com uma maior variedade de resoluções. (Blackwell, 1992: 186) Enquanto os tipos metálicos demoraram décadas para se estabelecer e a fotocomposição levou vinte anos para conseguir o domínio sobre seus procedimentos, a tecnologia digital teve uma aceitação imediata e uma ascensão vertiginosa. Blackwell salienta que essa sequência de tecnologias foi tão rápida que esses três processos coincidiram no tempo. (Blackwell, 1992: 190)

 A informação e, como consequência imediata, a linguagem gráfica acompanharam o momento em que a tendência dominante nos meios de comunicação revolucionou os padrões tradicionais. O "menos é o mais" de Mies van der Rohe transformou-se no "quanto mais melhor", ou, como disse Robert Venturi, "menos é uma chatice". (Venturi, 1995: 6) O formal substituído pelo gestual, o desconstruir em vez do estruturar, a exploração dos truques de eletrônica, as repetições, inversões e fusões marcaram o visual do início da era digital, na qual tudo era permitido e a exploração de qualquer artifício em nome da investigação foi considerada válida.

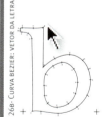

26B- CURVA BEZIER: VETOR DA LETRA "STONE", SUMNER STONE, 1985

26

3.1 DA ARTE APLICADA AO DESIGN GRÁFICO

27- Desenhos da Idade da Pedra, Espanha

Diversas foram as nomenclaturas utilizadas para especificar a atividade do profissional que elabora a linguagem visual e, durante o percurso da história, podemos perceber as mudanças ocorridas – arte aplicada, arte comercial, artes gráficas, comunicação visual – até chegarmos à palavra utilizada e difundida hoje para designar a profissão do designer gráfico.

Pode-se falar em comunicação gráfica com propósitos específicos desde muitos anos antes de Cristo, porém as diferenças de métodos de trabalho são bastante distintas. Dessa maneira, não se pode estabelecer uma comparação com o desenhista atual, pois o homem pré-histórico executava seu trabalho em um contexto humano pequeno e integrado, no qual a linguagem gráfica fazia parte de um cotidiano em que a imagem era utilizada para comunicar visualmente o aspecto formal de qualquer elemento que devesse ser apreendido. (Munari, 1974: 16)

No renascimento, de acordo com a filosofia humanista, o mundo ocidental reconheceu um novo conceito de arte que já enfocava os fins práticos e utilitários e, a partir do século XVI, graças a Copérnico, que enfrentou os mitos religiosos e pôde comprovar cientificamente que vivíamos em um planeta pertencente ao Sistema Solar, o homem europeu iniciou a exploração do mundo, rompendo o equilíbrio cultural existente à medida que novos territórios iam sendo descobertos. (Salinas, *apud* Calvera, 2005: 107)

Na segunda metade do século XIX, artistas e pintores, como Toulouse-Lautrec, começaram a criar cartazes para vender produtos. Esses cartazes foram os primeiros exemplos do que seria "arte publicitária", isto é, "arte aplicada". Essa atitude dos pintores deu início ao desenvolvimento de uma atividade profissional baseada no desenho. No transcurso da história, essa atividade diversificou-se de acordo com a demanda da sociedade, do comércio e da indústria, convertendo-se em especialidades do desenho, como desenho gráfico, desenho industrial e desenho têxtil.

Até o século XIX, o desenho das mensagens era elaborado por dois profissionais. O primeiro era educado como artista e o segundo como artesão, e ambos quase sempre eram instruídos nas mesmas escolas de artes e ofícios. (Frascara, 2005: 33)

28- Cartaz, Toulouse-Lautrec, 1891

29- Ford Modelo "T"

30- Linhas de montagem de carros

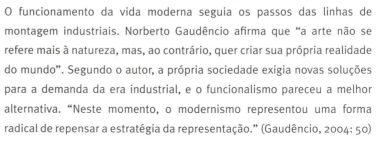
31- Organização do trabalho, Fábrica AEG, Alemanha, 1912

No início do século XX, o capitalismo, cujo avanço já se acentuava desde 1850, provoca uma verdadeira crise nos valores de representação, estabelecendo novas formas de pensar a relação tempo-espaço. O fluxo de capitais torna o dinheiro uma forma invisível de crédito, favorecendo a internacionalização do comércio. O surgimento da fotografia possibilita novas maneiras de perceber o espaço e o movimento. As novas tecnologias de impressão ampliam a circulação de informações por meio de altas tiragens de jornais e revistas.

Na primeira década do século XX, Henry Ford inaugurou a linha de montagem industrial, que fragmentou tarefas, e Frederick W. Taylor estabeleceu a metodologia de distribuição dessas tarefas no espaço para fins produtivos, acelerando novos processos sociais.

A nova tecnologia de impressão atraiu artistas plásticos para fora das galerias, e os artesãos passaram das oficinas para as fábricas. Estabeleceu-se um vínculo com o comércio, que rapidamente utilizou a tecnologia de impressão para produzir em massa reproduções de alta qualidade, manipulando fontes, cores, estilos de layout e, por fim, a fotografia, com o propósito de vender seus produtos. "O artista comercial, precursor do designer gráfico, nasceu dessa fusão entre arte e ofício, criando a nova linguagem visual necessária para se comunicar com um novo público consumidor." (Raimes, 2007: 14)

O funcionamento da vida moderna seguia os passos das linhas de montagem industriais. Norberto Gaudêncio afirma que "a arte não se refere mais à natureza, mas, ao contrário, quer criar sua própria realidade do mundo". Segundo o autor, a própria sociedade exigia novas soluções para a demanda da era industrial, e o funcionalismo pareceu a melhor alternativa. "Neste momento, o modernismo representou uma forma radical de repensar a estratégia da representação." (Gaudêncio, 2004: 50)

Em 1922, William Addison Dwiggins, mestre da tipografia americana, criou o termo "design gráfico" para "especificar o procedimento que estruturava e determinava a forma visual da comunicação impressa, colocando o indivíduo que gerava essa organização como herdeiro de uma linhagem específica dos escribas sumérios, dos artesãos egípcios, dos impressores chineses, dos iluminadores medievais e dos tipógrafos do século XV". (Meggs, 1991b: 9) Apesar disso, a noção de designer como profissional, com preparação e formação específica para uma atividade com objetivos determinados, só se expandiu depois de 1940. (Frascara, 2005: 21)

Bruno Munari, em seu livro *A arte como ofício*, também faz uma reflexão sobre os termos "belas-artes" e "artes industriais", comparando-os à "arte pura" e à "arte aplicada". Em 1968, ele distingue as atividades relacionadas ao desenho, nas quais o projetista trabalha em um amplo setor da atividade humana, e estabelece a seguinte divisão:

> "O design visual ocupa-se de imagens que têm a função de dar uma comunicação visual e uma informação visual: signos, sinais, símbolos, significados das formas e das cores, relações umas com as outras.
> O design industrial ocupa-se de projetar objetos de uso, segundo regras de economia, estudo dos meios técnicos e dos materiais.
> O design gráfico atua no mundo das estampas, dos livros e dos impressos publicitários, qualquer lugar onde apareça a palavra escrita, seja em uma folha de papel ou em uma garrafa.
> O design de investigação realiza experiências de estrutura, tanto no campo plástico ou visual, em várias dimensões, provando as possibilidades combinatórias de diversos materiais, tentando interferir nas imagens e no campo tecnológico." (Munari, 1976: 24)

※ Design gráfico: ao longo deste trabalho, esse será o nome adotado para denominar a profissão, visto que os mais conceituados dicionários da língua portuguesa absorveram a palavra "design" em seu léxico.

Em outro livro, *Artista e designer*, Munari ressalta o fato de que o designer não deveria ter estilo e que a forma final de seus projetos seria o resultado lógico de um desenvolvimento que proporia solucionar da melhor maneira todos os elementos de um problema. Para o autor, o designer não pode ser confundido com o artista. Naquele momento (anos 1960), o mundo não admitiria as propostas de um comportamento romântico de artista, de forma que o trabalho do designer deveria ser desprovido de atitudes pessoais, para que nada se interpusesse entre o público e a mensagem. (Munari, 1974: 55) ※ Até meados dos anos 1970, esse pensamento prevalecia para o desenvolvimento da linguagem visual, pois a indústria acreditava que ressaltar a influência do funcionalismo, em seus aspectos racionais e pragmáticos, auxiliaria a parte comercial.

"A comunicação gráfica, a publicidade convencional e o desenho tradicional do objeto estão baseados nas noções estéticas de suas épocas. Entende-se que a verdadeira condição do design gráfico é aquela que considera a visualidade a base cognitiva do processo de decisões de desenho. Hoje esse profissional comunica sua mensagem por meios massivos, não exercendo necessariamente um controle direto sobre o ato final da comunicação, e se dirige a uma grande variedade de receptores." (Frascara, 2005: 28)

Ellen Lupton resume o fato de que "o design gráfico emergiu em resposta à Revolução Industrial, em que artistas e artesãos reformistas tentaram imprimir uma <u>sensibilidade crítica ao fazer dos objetos e da comunicação. O design assumiu o papel de crítico da indústria</u>, ganhando maturidade e legitimando seu *status*, o que o tornou um agente de produção e consumo de massas. Hoje, as ramificações da eletrônica ameaçam dissolver a autoridade do design. O design está disperso em toda uma rede de tecnologias, instituições e serviços que definem a disciplina e os seus limites". (Lupton & Miller, 1996: 67)

Dessa maneira, o que chamamos de **DESIGN GRÁFICO** ※ contemporâneo é um complexo entrelaçamento de várias influências no decorrer dos tempos, as quais viriam alterar profundamente o curso da arte comercial, transformando-a em uma atividade profissional.

4. O MODERNISMO E A COMUNICAÇÃO VISUAL

32- Detalhe, página do Chaucer, William Morris, 1892

A Revolução Industrial, iniciada na Inglaterra na segunda metade do século XVIII, mudou a vida das pessoas e teve uma influência fundamental sobre a cultura. A descoberta da energia a vapor levou à procura pelos novos centros industriais, e o poder, até então nas mãos da nobreza rural, passou aos industriais e comerciantes.

Durante o século XIX e princípios do século XX, a mecanização interferiu tanto na impressão quanto na composição, transformando as artes gráficas e tudo o que se relacionava a elas. O século XX caracteriza-se pelo desaparecimento do trabalho individual do artesão, substituído pelo trabalho em equipe da indústria gráfica e do editorial. (Martín, 1970: 106)

❖ Arnold Hauser afirma que "o surgimento de um novo mercado levou a um aumento da produção, fazendo com que o desenvolvimento dos domínios dos novos meios, que deveria ser normal e suave, de acordo com uma exploração plena e progressiva, fosse atropelado pelo avanço técnico, o qual ocorreu de forma tão rápida que o homem não teve tempo de entrar no mesmo ritmo que as novas tecnologias". (Hauser, 1968: 114) Para Hauser, esse rápido desenvolvimento tecnológico resultou em uma queda na qualidade da produção, seja pela escassez de mão de obra especializada, seja pela dificuldade de adaptação dos próprios artesãos aos novos métodos.

❖ Com o intuito de contestar essa produção industrializada, surge William Morris, inspirado no escritor e crítico de arte John Ruskin, que acreditava na possibilidade de a arte ser a base de uma ordem social melhor, na qual a vida humana uniria arte e trabalho, como ocorrera na Idade Média.

❖ Com Morris, o estilo arts and crafts ganhou impulso, transformando-se e evoluindo para o estilo sensualmente orgânico do art nouveau na França e o Jungendstjil na Alemanha e Bélgica, à medida que os desenhistas e arquitetos acostumavam-se aos efeitos da industrialização e procuravam novas formas de expressão que dialogassem com o espírito da época. O art nouveau, influenciado pelo arts and crafts, tornou-se um estilo de design universal que abrangeu todas as áreas das artes visuais e da arquitetura, inspirando-se na natureza para criar estilos de letras, vinhetas ornamentais a partir de formas foliáceas orgânicas e motivos curvilíneos. (Satué, 1992: 106-113)

33- Wood and Plaster House, Frank Lloyd Wright, 1904

35- Logotipo AEG, Peter Behrens, 1912

34- Monogramas pessoais dos sócios da secessão de Viena, 1902

Koloman Moser   Josef Hoffmann   Leopold Bauer   Ernst Stöhr   Gustav Klimt   Adolf Böhm

Frank Lloyd Wright deu início a um sistemático distanciamento do orgânico, mas continuou defendendo os ideais do arts and crafts. Para Timothy Samara, a obra de Wright expressa a ideia de que a essência do design é o espaço, no qual "a parte está para o todo assim como o todo está para a parte, e tudo se destina a uma finalidade". (Samara, 2002: 15) Segundo o autor, relações de proporção e organizações assimétricas tornaram-se diretrizes do movimento modernista que estava nascendo.

36- Charles Rennie Mackintosh, 1901

❖ Na mesma época, um grupo de artistas escoceses – as irmãs Frances e Margaret MacDonald e seus respectivos maridos, James MacNair e Charles Rennie Mackintosh, todos formados na Glasgow School of Art – traduziu o movimento arts and crafts para articulações mais abstratas e geométricas. Ficaram conhecidos como The Glasgow Four, e seus projetos e ideias, difundidos pela revista *The Studio*, chegaram até Viena e Hamburgo. (Hollis, 2001: 20) Sob influência direta do grupo escocês e da secessão vienense (contramovimento inspirado em Wright e também nos Glasgow Four), surge Peter Behrens, arquiteto alemão educado em Hamburgo. Adepto do racionalismo, Behrens buscou a ordem e a unidade entre as artes, trabalhando o desenho de mobiliário, a tipografia e o layout de livros. Embora sua composição de página mantenha o formato retangular do manuscrito, Behrens lança bases importantes para o desenvolvimento posterior do grid, ao criar uma neutralidade na massa de texto, que realça sua forma sobre o espaço branco, de maneira que sua distribuição adquire maior importância visual. (Spencer, 1995: 15)

❖ Em 1907, Behrens participou do lançamento do Deutsche Werkbund, associação alemã dos artesãos, inspirada em Morris. Mas Behrens e seu grupo, em vez de repudiarem a máquina, aderiram a ela, adotando uma cultura universal por meio do desenho de objetos e acessórios do cotidiano. Esse projeto para o Werkbund coincidiu com uma proposta inédita na época, feita a Behrens pela empresa alemã AEG, para ser seu consultor artístico. Foi então que ele desenvolveu o projeto de arquitetura para essa fábrica, desenhou seus produtos industriais, como chaleiras e lustres, e assumiu a elaboração de toda a identidade visual da empresa, naquele que foi o primeiro projeto de padronização para uma corporação industrial. Partindo da marca, criou fontes, paletas de cores, cartazes, anúncios, salas comerciais, além de acessórios para a empresa. No projeto de Behrens, "cada item articulava-se em um conjunto específico, organizando a apresentação visual da AEG com base em uma unidade visual". (Samara, 2002: 16)

37- Fábrica AEG, Peter Behrens, 1908

DADA
De Stijl
Cubismo
Futurismo
CONSTR

A primeira metade do século XX foi marcada pela guerra, e, como consequência, foram introduzidas inovações, como a metralhadora, o tanque blindado, as minas e granadas. Ao mesmo tempo, era lançado o livro de Sigmund Freud sobre a psique humana, o que alimentou a pesquisa do absurdo na arte e no design. (Samara, 2002: 112)

Os movimentos artísticos do início do século XX e a agitação política que os acompanhou – como a Primeira Guerra Mundial e a Revolução Russa – geraram várias mudanças, que se manifestaram em todos os setores das chamadas "artes visuais". Em seu conjunto, esses movimentos se opunham às artes decorativas e populares de seu tempo, e até mesmo o art nouveau viu evoluir seu vocabulário gráfico, transformando-se no art déco, no qual se despertou um novo interesse pela geometria. (Frascara, 2005: 37)

Essa nova linguagem visual atraía simpatizantes, além de estudantes e designers de toda a Europa. A instabilidade política russa no começo do século valeu-se dos recursos visuais da abstração; a geometria pura do suprematismo fundiu-se ao cubismo, ao dadá, a De Stijl e ao futurismo para gerar o construtivismo, que significou a expressão da luta russa por uma nova ordem. Os dadaístas também absorveram esse novo formato da representação da linguagem visual para exprimir seu horror à guerra. Em 1914, Hugo Ball inaugurou o Cabaret Voltaire em Zurique, ponto de encontro de poetas, escritores, músicos e artistas que dividiam a mesma opinião. Entre eles estavam Tristan Tzara, Jean Arp e Marcel Duchamp, pintor que começou como cubista, mas depois se sentiu atraído pelo simbolismo e pelos jogos linguísticos. A linguagem experimental tornou-se um recurso expressivo dos cartazes dadaístas, nos quais as letras e as palavras não correspondiam a nenhum significado explícito: eram imagens psicológicas ou emocionais com arranjos visuais agressivos. Esse uso do tipo como imagem foi igualmente absorvido pelos futuristas, para os quais o tratamento visual da informação também era utilizado como meio pictórico para a livre associação do observador. Filippo Marinetti, principal expoente do futurismo, usava padrões repetitivos de letras e palavras e uma distribuição dinâmica para fazer passar a sensação do som, do movimento e da força violenta das máquinas. (Satué, 1992: 129)

Os poetas cubistas e simbolistas exploraram a representação sintática da palavra por meio da tipografia, utilizando-a como imagem. Exemplos disso são Stéphane Mallarmé e Guillaume Apollinaire, entusiasmados pelos textos do filósofo americano Charles Sanders Peirce e do linguista suíço Ferdinand de Saussure. A colagem também foi outro recurso utilizado pelos cubistas, que sobrepunham imagens para criar novas relações formais. O artista e designer alemão Kurt Schwitters, que se destacou por ter ajudado a criar o sistema de grid, utilizava simultaneamente colagens e recortes impressos em seus trabalhos. Schwitters foi um dos vários designers do século XX que ajudaram a institucionalizar abordagens não racionais, ao lado das desenvolvidas pelos estruturalistas racionais. (Samara, 2002: 113)

38- Capa de revista, Alexander Rodchenko, 1923

39- Cartaz, Theo van Doesburg e Kurt Schwitters, 1922

Essa expressão visual, baseada no jogo formal das palavras e na representação do tema ou da experiência concreta por meio de signos desconexos, tornou-se uma tendência do design gráfico, contrapondo-se ao desenvolvimento do racionalismo.

> Segundo Manuel Sesma (2004), a linguagem da vanguarda das duas primeiras décadas do século XX era ambígua e sem sentido, e de difícil acesso intelectual, por se constituir em um processo de busca de novos meios de expressão. No construtivismo, por exemplo, não existe diferença entre letra e tipografia, uma vez que se valoriza a plasticidade do desenho que elas formam. Os caracteres construtivistas não eram geométricos por uma intenção prévia, mas seguiam por esse caminho para criar um novo espaço expressivo. Sesma conclui que "a arte de vanguarda era fundamentalmente utilitária, com raízes políticas, e encontrou no design gráfico uma via de desenvolvimento teórico e um excelente campo para pôr em prática seus novos conceitos, percebendo que a máquina era um potente catalisador da nova cultura industrial dentro de uma nova concepção social". (Sesma, 2004: 105-108)

Com o fim da Primeira Guerra Mundial, arquitetos e desenhistas alemães dedicaram-se à reconstrução, e a vida cultural retomou seu curso com a Escola de Artes e Ofícios de Weimar, cujo diretor era Walter Gropius, ex-aluno de Peter Behrens. Gropius reformulou a escola, criando a Staatliches Bauhaus (Casa Estatal de Construção), na qual o racionalismo e o experimentalismo se tornariam ferramentas para construir a nova ordem social.

A Bauhaus desenvolveu seu método de projeto associado ao movimento moderno. Fundada em 1919, tornou-se renomada por seu currículo experimental e seus métodos de ensino inovadores, rejeitando a ornamentação em favor da funcionalidade. Além disso, a escola foi um reduto altamente politizado, com um direcionamento radical, tido por muitos como socialista. (Satué, 1992: 148)

> Walter Gropius acreditava que a tipografia era um dos mais importantes setores da arte aplicada e da indústria, tanto que difundiu o conceito de "arquitetura gráfica" e enfatizou a analogia existente entre a arquitetura e a tipografia, pelo fato de ambas terem pontos em comum, como o equilíbrio de vazios e massas, e, muitas vezes, utilizarem um vocabulário semelhante. Para Gropius, a estética da composição gráfica era similar ao conceito arquitetônico. Pela utilização da disciplina do módulo, estabeleceu--se uma fórmula interdisciplinar (teórica e prática) para tratar a arquitetura, o artesanato e o projeto em um único campo, levando forçosamente à simplificação dos aspectos formais do processo editorial. O livro tem um fim utilitário, funcional: estabelecer uma comunicação transmitindo uma mensagem que em geral se faz por meio de signos gráficos. (Satué, 1998: 22)

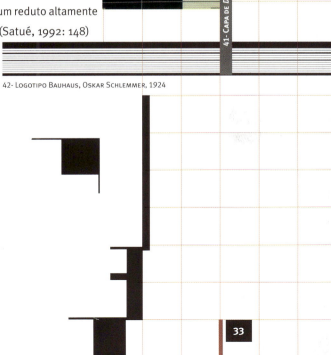

40- Capa de *Ruzové Viry*, Hlavack, 1927

41- Capa de *Die Norm in Industrie*, Theo Ballmer, 1928

42- Logotipo Bauhaus, Oskar Schlemmer, 1924

43- Folder Bauhaus, László Moholy-Nagy, 1927

44- Cartaz para Pelikan, El Lissítski, 1924

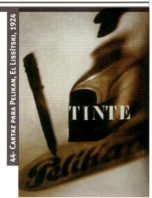

45- Capa do livro de Alexander Kusikov, El Lissítski, 1922

Seguindo esse pensamento de Gropius, como uma estrutura arquitetônica, os elementos que compõem uma página tipográfica organizam-se no espaço, criando uma inter-relação entre signos, medidas, composição e ajustes visuais, e estabelecendo lógicas internas que variam com princípios e regras estabelecidas de acordo com determinado momento histórico. A Bauhaus tentou tirar o máximo proveito da tecnologia dessa época ao fazer uma articulação entre a criação artística e as premissas industriais, levando sempre em conta o aproveitamento do potencial que as máquinas ofereciam, de forma que essas características ficassem explícitas em seus produtos. O ideal da Bauhaus era transmitir uma consciência de responsabilidade ao artista, voltada para o coletivo social. O artista deveria estar a serviço de uma coletividade – aspecto que fundamentava e dava sentido ao trabalho – e o produto, direcionado para uma finalidade social. Para Sesma (2004), essa visão pragmática da arte era prioridade não apenas na formação técnica e industrial, mas também na artística, o que proporcionava uma dimensão moral à criação. Segundo o autor, grande parte dos professores dessa escola provinha do campo da arte e se sentiam fascinados diante da ideia de criar um vínculo prático entre arte e tecnologia industrial. (Sesma, 2004: 136-142)

> Na Bauhaus foram elaborados vários estudos e experiências, como a abolição da simetria, a utilização dos caracteres sem serifa, a adoção de uma composição rígida, equilibrada e proporcionada, na qual as áreas impressas e não impressas tinham o mesmo valor, tirando partido do valor positivo e negativo que a tipografia consegue proporcionar. (Martín, 1970, vol. 1: 109)

> Em agosto de 1923, realiza-se a primeira exposição da Bauhaus, em Weimar, com obras de Herbert Bayer, Josef Albers, Marcel Breuer, Lyonel Feininger, Walter Gropius, Johannes Itten, Vassíli Kandínski, Paul Klee, László Moholy-Nagy, Oskar Schlemmer, Joost Schmidt.

El Lissítski (Lazar Markóvich), jovem construtivista russo, estudou arquitetura em Darmstadt, Alemanha, absorvendo toda a estética racionalista aí prevalecente. Com a eclosão da Primeira Guerra, retornou à Rússia, onde completou seus estudos em 1918, em plena Revolução Russa. Nessa época, os bolcheviques lutavam pelo poder, e Lissítski passou a dedicar-se à elaboração de cartazes de conteúdo político e formalmente caracterizados pela composição geométrica dinâmica. (Spencer, 1995: 89)

> Fica evidente que nas primeiras décadas do século XX, de uma atitude que enfatizava o estético, se passou a buscar uma nova linguagem que ampliasse a comunicação. Contudo, as mudanças decorrentes dessa nova postura não alcançaram a totalidade dos designers, mas somente os profissionais de vanguarda. Para Jorge Frascara, é necessário reconhecer a contribuição dos desenhistas dos anos 1920 e 1930, os quais introduziram a ideia de atrair a atenção do público mediante "gritos visuais". (Frascara, 2005: 58)

Essas novidades precisavam, ainda, ser assimiladas pela linguagem visual dominante. Eram relativamente poucos os artistas e professores que conheciam o uso da composição assimétrica, dos tipos sem serifa e da organização geométrica da informação. A publicidade europeia e a americana tinham ajudado a introduzir a composição em colunas nos jornais e revistas, mas a maioria dos artistas gráficos ainda estava presa à visualidade do século XIX. (Samara, 2002: 17)

Foi graças a Jan Tschichold (1902-1974), calígrafo e diagramador da editora alemã Insel-Verlag, que a partir da década de 1920 esses novos conceitos foram difundidos no mundo das artes gráficas. Em visita à exposição da Bauhaus de 1923, Tschichold assimilou toda a abordagem tipográfica e a sensibilidade abstrata da escola de Weimer. Em 1925, criou um encarte de 24 páginas com o título "Tipografia elementar" para a revista dos gráficos alemães, *Typographische Mitteilungen*, em que expôs, para um vasto público de compositores, diagramadores e impressores, a ideia de desenho assimétrico baseado no grid.

A chamada "nova tipografia" é uma manifestação lógica das ideias racionalistas da tipografia "bauhausiana", como também extrai suas raízes dos movimentos de vanguarda do início do século XX. Esses movimentos desenvolveram uma tipografia aparentemente caótica, se comparada com a suposta racionalidade e coerência das teorias surgidas em torno das ideias de Jan Tschichold, ainda que publicações e composições tipográficas dadaístas fossem os primeiros documentos representativos da nova tipografia. (Sesma, 2004: 143)

46- Capa de *Typographische Mitteilungen*, Jan Tschichold, 1925

Ao aliar as experiências das vanguardas às de Lissítski e da Bauhaus, Tschichold construiu composições em um sistema de alinhamento vertical e horizontal, introduzindo assim a estrutura do grid hierárquico para ordenar e criar espaços nos mais variados materiais gráficos. Defendia uma estética redutiva e intrinsecamente funcional, em que se eliminava o ornamento, se priorizava o tipo sem serifa e se criavam composições baseadas na função verbal da palavra. Os espaços negativos, os intervalos entre as áreas de texto e a relação entre as palavras formavam a base das preocupações do novo conceito tipográfico.

Tschichold pretendia fixar uma série de normas e regras com a finalidade de desligar a mão do tipógrafo da composição da obra tipográfica. Sesma enfatiza que Tschichold buscava uma universalidade extrema, rejeitando qualquer referência histórica. **"Tipografias clássicas, como Walbaum, Didot, Bodoni, não servem como tipos de uso diário. Sua composição tem associações românticas que desviam a atenção do leitor para determinadas associações emocionais e intelectuais que pertencem claramente a um passado com que não temos conexão." (Jan Tschichold, 1928: 78)**

47- Capa de *Die Neue Typographie*, Jan Tschichold, 1928

O livro de Tschichold, *Die Neue Typographie* (A nova tipografia), serviu de guia de referência de padronização para a geração de profissionais da época e das futuras. Por ter exercido tanta influência nos meios tipográficos, Tschichold causou comoção geral quando, alguns anos mais tarde, decide abandonar a nova tipografia e, segundo Paul Rand, vai abrigar-se na segurança da tipografia tradicional, a qual adotou com todo fervor, como fizera com a nova tipografia anos antes. (Rand, 1993: 26)

Para Manuel Sesma, essa mudança de concepções teóricas, manifestada em um artigo publicado em 1935, na *Typographische Gestaltung*, não tem grandes diferenças em sua essência. O próprio Tschichold explicou que sua repentina mudança de postura ocorreu pela comparação que fez entre a nova tipografia e o nacional-socialismo e o fascismo, concluindo que havia semelhanças óbvias entre esses regimes totalitários e as cruéis restrições formais impostas pela sua tipografia. Sesma afirma que essa atitude de Tschichold é mais uma resposta à repressão que sofreram tanto ele quanto sua família por parte do regime nazista. (Sesma, 2004: 152)

Porém, os estilos de Tschichold, antes e depois de sua mudança, apesar de parecerem absolutamente distintos, têm semelhanças com seus trabalhos simétricos e assimétricos. Em ambas as posturas, Tschichold pregava:

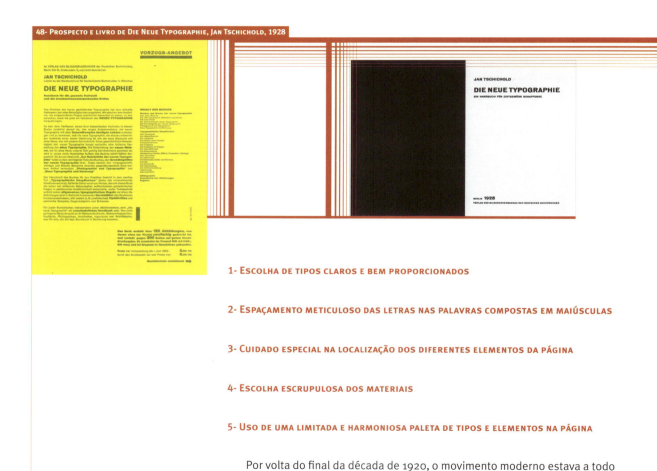

48- Prospecto e livro de Die Neue Typographie, Jan Tschichold, 1928

1- Escolha de tipos claros e bem proporcionados

2- Espaçamento meticuloso das letras nas palavras compostas em maiúsculas

3- Cuidado especial na localização dos diferentes elementos da página

4- Escolha escrupulosa dos materiais

5- Uso de uma limitada e harmoniosa paleta de tipos e elementos na página

> Por volta do final da década de 1920, o movimento moderno estava a todo vapor, mas a quebra de Wall Street em 1929 e a depressão que logo se seguiu transformaram as linhas limpas e econômicas da estética modernista em uma necessidade, mais do que uma escolha. (Raimes, 2007: 42)

4.1 O intercâmbio entre a escola suíça e a escola americana

O processo de conceituação do design gráfico tivera seu percurso alterado pelo avanço nazista, quando sobreveio a Segunda Guerra Mundial. A neutralidade então assumida pela Suíça, que não se envolveu em nenhuma das grandes guerras mundiais, facilitou a continuidade, em solo suíço, do pensamento dos vanguardistas do início do século XX.

Nas duas primeiras décadas do século XX, o alvoroço causado pelos movimentos de vanguarda mudou radicalmente a conceituação do significado visual das mensagens, rompendo com a tradição e revolucionando os caminhos da comunicação visual. "Este ímpeto revolucionário modernista foi diminuindo, ocorrendo uma sistematização do processo criativo, com a ideia de catalisar uma sociedade honesta e democrática. Rejeitaram-se os clichês artísticos de autoexpressão e da intuição pura." (Lupton, 2006: 125)

O conceito inicial era fazer do design uma disciplina científica. Com isso, inibiam-se as interpretações estéticas, na tentativa de abandonar qualquer rastro de expressividade individualista na comunicação impressa e que não fosse fruto de sua origem técnica.

As sementes plantadas pela estrutura pedagógica e metodológica da Bauhaus, como também as propostas estéticas formais do movimento construtivista – enfim, todos os conceitos criados pela nova tipografia, especialmente quanto ao uso da tipografia e da fotografia –, germinaram, consolidando-se em uma estética forte e simplificada. Dessa maneira, o desenho suíço absorveu algumas das principais características desses movimentos: o uso frequente da fotografia de objetos; o emprego do elemento tipográfico baseado em princípios essencialmente funcionais, com o conteúdo do texto sempre objetivo, recorrendo a letras sem serifa, frias, enxutas; as cores sempre relacionadas ao tema, mas dando preferência às primárias; composição rigorosa da página, baseada em uma disposição gráfica estruturada em um grid matematicamente planejado, com diagramações geométricas e sem ornamentação, explorando as silhuetas pictográficas como elemento gráfico da linguagem. (Müller-Brockmann, 1998: 133)

49- Símbolo da exposição nacional da Suíça, Armin Hofmann, 1964

50- Cartaz, Ernst Keller, 1935

Para Nikolaus Pevsner (1948) e seus contemporâneos, a fase heroica do movimento moderno tinha como fundamental a questão da reflexão estética para a compreensão do projeto. O funcionalismo, para eles, apesar de ser um método de desenho, tinha como objetivo estabelecer um padrão de beleza e mostrar caminhos seguramente eficazes.

Portanto, o desenho gráfico, assim como o desenho industrial, passou a ser entendido como um processo racional articulado por uma série de fases ordenadas em sequência contínua, que ia desde a compilação de dados até a apresentação final do projeto, seguindo um modelo preestabelecido: fixação de objetivos, variáveis e critérios do problema do desenho; análise das premissas; avaliação das situações, etc. Com isso, supostamente se chegaria a uma identificação de soluções consideradas ótimas, pelo refinamento e pela repressão de quaisquer subjetivismos, improvisações ou expressionismos visuais que ameaçassem contaminar as formas gráficas, idealizadas pelas tendências racionalistas. (Pelta, 2004: 32)

Ernst Keller foi um dos pioneiros desse movimento, denominado a princípio como "escola suíça" e, depois de sua internacionalização, como "estilo internacional". Em 1918, Keller vinculou-se à Kunstgewerbeschule Zürich, ou Escola de Artes Aplicadas de Zurique, para criar o curso de composição publicitária e de tipografia, cuja duração se estendeu até o ano de 1956. Entre seus primeiros alunos estavam Theo Ballmer e, mais tarde, Adrian Frutiger (1928) e Edouard Hoffman. (Blackwell 1992: 140)

Outro aluno de Ernst Keller, Armin Hofmann, juntamente com Emil Ruder – também formado na Escola de Artes Aplicadas de Zurique –, deu continuidade aos conceitos do estilo internacional. No ano de 1947, ambos lecionaram na Kunstgewerbeschule Basel, ou Escola de Design da Basileia, porém com uma abordagem diferente da adotada pelos designers de Zurique. Estabeleceram suas próprias versões a respeito dos princípios tipográficos, baseados no equilíbrio entre forma e função, na utilização dos espaços em branco com o intuito de alcançar uma correta aplicação entre figura e fundo, nos ritmos formais em relação ao tipo (investigando a distribuição entre linhas, palavras e letras e explorando as nuances do tipo de acordo com estruturas modulares como base de organização projetual), priorizando a legibilidade acima de tudo, e na crença em uma expressão gráfica absoluta e universal. Hofmann e Keller adotavam um método intuitivo de composição nos contrastes entre qualidades óticas abstratas: claro e escuro, curva e ângulo, orgânico e geométrico. A integração entre tipo e imagem tinha um importante papel no programa dessa escola. (Meggs, 1991: 422)

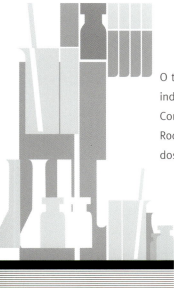

51- Símbolo da Clicheria Schwitter & Co., Karl Gerstner, 1965-1966

O trabalho realizado na Escola de Design da Basileia repercutiu por causa das indústrias químicas e farmacêuticas, setor significativo da economia suíça. Companhias de alcance internacional, como Ciba, Geigy, Sandoz, Hoffmann-La Roche, sediadas na Basileia representaram um importante segmento para a aplicação dos princípios desenvolvidos nessa escola, ajudando a promover seu prestígio.

A demanda de comunicação dessas empresas, que necessitavam de eficiência, tecnologia avançada e precisão de resultados, adequava-se à exploração da informação por meio de recursos gráficos. Tais indústrias precisavam de uma publicidade objetiva, informação clara nas embalagens e um diferencial nos rótulos. A Geigy formulou uma identidade característica em seus anúncios e embalagens, desenvolvida por uma equipe formada pela Escola de Design da Basileia, da qual fazia parte Karl Gerstner. A consistência dessa identidade baseada na unidade gráfica contribuiu para configurar o chamado "estilo suíço". (Meggs, 1991b: 420)

Karl Gerstner absorveu o conceito do grid tipográfico como uma diretriz proporcional para textos, tabelas, figuras, etc., criados a partir de uma unidade básica de medida tipográfica, pela qual o programa poderia ser aplicado a diferentes conteúdos. Com isso, Gerstner tentava equilibrar "a máxima eficiência com a máxima liberdade". A aplicação, sujeita à rigorosa lógica matemática, tinha muitos pontos em comum com as ideias de Emil Ruder.

Ainda sob a influência do estilo internacional, um novo direcionamento aparece com Otl Aicher, membro fundador da Hochschule für Gestaltung (Escola de Design) de Ulm, que na década de 1950 pretendeu renovar os princípios pregados pela Bauhaus por meio da revitalização de seus conceitos metodológicos de projeto, e que tanto influenciou determinados setores industriais e comerciais.

Segundo Satué, "o corpo docente da escola de Ulm foi inicialmente formado por Aicher, juntamente com Martin Krampen, Gui Bonsieppe, Tomás Maldonado, Max Bill e Dieter Rams, esse último diretor artístico e desenhista da empresa Braun, uma das indústrias que apostaram no desenho como valor diferencial". (Satué 1992: 320)

Max Bill também foi outro importante representante desse movimento. Estudou na Bauhaus de 1927 a 1929 e a partir de 1931 aderiu ao conceito da arte concreta, baseando todo o seu trabalho no "Manifesto da arte concreta", formulado por Theo van Doesburg em abril de 1930, quando clamava por uma "arte universal de claridade absoluta. Dessa maneira, [Bill] aplicou a teoria de base matemática a projetos profissionais de publicidade e identidade corporativa. Suas composições eram construídas com elementos geométricos essenciais e organizados com ordem absoluta". (Meggs, 1991b: 417)

Em 1950, Max Bill começou a lecionar na Escola de Design de Ulm, desenvolvendo um programa que incorporava seu aprendizado na Bauhaus e uma visão mais universal da tipografia. (Blackwell, 1992: 142)

52- CAPA DA REVISTA *NEUE GRAPHIK*, CARLO VIVARELLI, 1958

 O desenho suíço começava a ser incorporado como um movimento unificado e internacional quando se iniciou a publicação da revista *Neue Graphik/ New Graphic Design/Graphisme actuel*, cujos editores eram quatro designers de Zurique: Richard P. Lohse, Josef Müller-Brockmann, Hans Neuburg e Carlo L. Vivarelli. Editada em três línguas, a publicação apresentava os conceitos do movimento suíço a um público internacional. (Meggs, 1991b: 422)

Josef Müller-Brockmann, talvez o principal teórico do movimento, tinha como objetivo, segundo Meggs, "uma expressão gráfica absoluta e universal, por meio de uma apresentação objetiva e impessoal para comunicar-se com o público, sem interferência dos sentimentos subjetivos do desenhista e desprovida de técnicas propagandísticas de persuasão". (Meggs, 1991b: 422)

"OS ANOS DE GUERRA FORAM UM PERÍODO DE GRANDES AVANÇOS TECNOLÓGICOS, COMO O RADAR, A BOMBA DE HIDROGÊNIO, E TAMBÉM DE PROGRESSOS MENOS CONHECIDOS, COMO A PRODUÇÃO DE MOTORES, PLÁSTICOS, EQUIPAMENTOS ELETRÔNICOS E OUTROS COMPONENTES, PROPICIANDO UMA GRANDE EXPANSÃO INDUSTRIAL EM VÁRIOS PAÍSES, MAS PRINCIPALMENTE PELA INDÚSTRIA AMERICANA. UM DOS FENÔMENOS MAIS NOTÁVEIS DO PÓS-GUERRA FOI O CRESCIMENTO DAS MULTINACIONAIS, ACARRETANDO UMA INTERNACIONALIZAÇÃO ECONÔMICA QUE FOI DECISIVA PARA O DESENVOLVIMENTO MUNDIAL DO DESIGN". (DENIS, 2000: 146)

Esses representantes da escola suíça eram reconhecidos não só em toda a Europa, como também nos Estados Unidos, que já recebiam em seu mercado vários profissionais europeus. Sobressaltados pelo clima de guerra na Europa, haviam imigrado para o solo americano, vindo mais tarde a influenciar toda uma geração de designers. Já fazia algum tempo que o êxodo de profissionais europeus para os Estados Unidos era frequente, em virtude das possibilidades de trabalho oferecidas. Porém, segundo Satué, "com a perseguição nazista, a imigração dos europeus nesse período não só foi muito maior, como mais significativa, pois ela ocorreu com escolas ou tendências inteiras, contribuindo consideravelmente para a intelectualização do desenho gráfico ao estimular o desenvolvimento de um processo racional de elaboração de projetos". (Satué, 1992: 258)

Os anos 1940 foram de contraste: da Segunda Guerra, que assolou o mundo durante a primeira metade da década, ao primeiro avião supersônico, cujo voo aconteceu em 1947. Os Estados Unidos estavam saindo da Grande Depressão e relutavam em entrar em uma dispendiosa guerra internacional, ao serem surpreendidos, em 7 de dezembro de 1941, com o ataque japonês a Pearl Harbor. A ofensiva repentina deixou o governo americano com a difícil tarefa de convencer a opinião pública da necessidade de entrar na guerra. Em junho de 1942, o presidente Franklin D. Roosevelt criou o Office of War Information (OWI) com o objetivo de elaborar e transmitir mensagens sobre a guerra valendo-se de todas as mídias. Uma consequência disso foi a contratação de uma série de ilustradores e designers para produzir as informações, em um trabalho gráfico que variava de cartuns amadores a extravagantes pôsteres, abrangendo todos os aspectos da vida em tempo de guerra. (Raimes, 2007: 106)

53- PÁGINA DUPLA DA REVISTA *NEUE GRAPHIK* COM TRABALHO DE JOSEF MÜLLER-BROCKMANN, 1950.

Como forma econômica e imediata de comunicação, o pôster era a maneira perfeita de transmitir mensagens durante a guerra, porque, além de ser um meio de comunicação, estimulava o espírito comunitário. A estratégia era que esses cartazes fossem afixados durante a noite, de modo que as pessoas acordassem pela manhã e encontrassem mensagens visuais por toda a parte. Com o fim da guerra, esses recursos foram direcionados para as demandas da sociedade civil. (Raimes, 2007: 106)

54- Catálogo da exposição internacional "Modern Architecture", 1932

Entre 1935 e 1949, chegaram à América importantes desenhistas europeus: Aléxei Brodovitch, Herbert Matter, László Moholy-Nagy, Josef Albers, Georgy Kepes, George Giusti, Herbert Bayer, Will Burtin, Ladislav Sutnar, Erik Nitsche, Walter Allner, George Tscherny e Saul Steinberg. Moholy-Nagy chegou aos Estados Unidos em 1937, fundando em Chicago a School of Design, conhecida como New Bauhaus. Da mesma forma que o estilo internacional, a escola americana também surgiu sob essa influência bauhausiana. (Müller--Brockmann, 1998: 127)

No ano de 1950, os Estados Unidos já tinham um papel intenso no design gráfico mundial, e o Museu de Arte Moderna de Nova York (MoMA) foi um importante veículo de divulgação do movimento suíço.

Os americanos organizaram uma série de exposições entre 1932 e 1939, expondo o conceito ainda embrionário de estilo internacional, e a partir de 1950 começaram a promover uma visão modernista do que seria *good design* (bom desenho).

Segundo Anna Calvera, o *good design* foi, na perspectiva do movimento moderno, um cânon formal e conceitualmente classicista, cujo valor de qualidade derivava da coerência existente entre a essência tecnofuncional e uma aparência baseada na elegância austera ("o menos é mais"). Seus representantes queriam demonstrar que as coisas úteis poderiam ser belas e que essa beleza seria acessível a todos. (Calvera, 2005: 17)

"A partir destas exposições, os padrões do 'bom design' foram tomando força em todo o mundo, quando também diversas organizações governamentais começaram a oferecer prêmios de design, como Design Award na Inglaterra, Compasso d'Oro na Itália e o Beauté France na França." (Denis, 2000: 155)

A ideia de simplicidade como característica de "bom desenho" continuou por muitos anos. A tendência para simplificar influenciou todos os meios na vanguarda do desenho dos anos 1950, ao se começar a falar com mais frequência em legibilidade, desenvolvendo o consenso "de que não só o simples era o equivalente de 'bom', como também de mais legível". (Frascara, 2005: 42)

"A ideia Braun reflete o conceito da escola de Ulm, descrito por Charles Jencks como um design sem metáforas, frio, asséptico e objetivo. O fato de ter sido apropriado por uma indústria característica do neocapitalismo alemão não significa o surgimento de um styling desse neocapitalismo. Mas demonstra as limitações, como disse Tomás Maldonado, do velho conceito de 'gute Form', que prevaleceu dentro da escola de Ulm." (Souza, 2000: 72)

55- Símbolo da Braun, Dieter Rams, Ulm, 1960

56- Secador de cabelos Braun, 1964

Depois da Segunda Guerra Mundial, a tendência do mercado era funcionar de maneira global. Mudanças no panorama econômico da Suíça e países vizinhos levaram a uma intensificação do comércio e do capitalismo, e as empresas começaram a pensar em uma comercialização internacional. Nesse contexto, a objetividade e a ênfase nos métodos racionais e sistemáticos, que se tornavam características da escola suíça, confirmavam as tendências de eficiência e produtividade típicas do projeto industrial. (Fonseca, 2007: 84) As corporações multinacionais prosperaram e, diante da necessidade de uma comunicação mais ampla, capaz de atingir culturas e línguas distintas, precisavam de um design com proposta universal. A escola suíça preenchia perfeitamente esse requisito de universalidade, e a partir desse momento seus conceitos começaram a inserir-se em um contexto global, abrindo caminho para o estilo internacional. (Kopp, 2002: 67)

"As revistas cresceram em importância nos anos de pós-guerra. As pressões da época de guerra exigiam uma rápida compreensão dos fatos, estimulando o desenvolvimento do desenho da informação. Como consequência desta intensificação da comunicação, também ocorreu maior conscientização do que estava acontecendo em diferentes países no campo da linguagem visual, devido à proliferação de revistas de design gráfico nos países industrializados. Os anuários atraíam assinantes estrangeiros e aumentou o número de organizações, conferências e exposições internacionais sobre design." (Hollis, 2001: 116)

57- Página dupla, revista *Portfolio*, Aléxei Brodovitch, 1950- 1951

Os europeus admiravam o dinamismo da atividade comercial americana, e os americanos voltavam-se para a Europa em busca de cultura moderna e de sofisticação. Os que tomaram o caminho dos Estados Unidos converteram principalmente seu ideais para fins publicitários, trabalhando para as revistas ilustradas (*Vogue*, *Harper's Bazaar*, etc.), e os que optaram pela Suíça procuraram intensificar o sistema racional e funcionalista para as grandes empresas multinacionais.

Em 1964, o Conselho Internacional das Associações de Design Gráfico (Icograda) reuniu-se em Zurique, estabelecendo a discussão sobre design "profissional" e "arte comercial". Essa discussão já fora iniciada em 1959 pelo editor da revista *Graphic Design*, o japonês Masaru Katsumie, para quem o design gráfico era uma atividade diretamente ligada à impressão, e, como consequência, diretamente vinculada à ideia de reprodução. Katsumie defendia que a obra de design gráfico era parte de um processo industrial, podendo ser reproduzida múltiplas vezes a partir de um original, enquanto a arte comercial empregava as ilustrações feitas à mão. (Hollis, 2001: 145)

58- Esquema da Divina Proporção

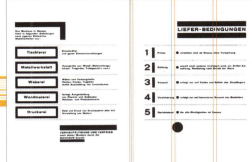

59- Catálogo Bauhaus, Herbert Bayer, 1925

O design gráfico internacionalizou-se, como demonstram os programas de identidade corporativa para as multinacionais, e o conceito de "design" foi incorporado ao marketing, à mídia e ao entretenimento. (Hollis, 2001: 202)

A ideologia do estilo internacional baseava-se na perspectiva de criação de formas universais que reduziriam as desigualdades, de maneira a promover uma sociedade mais justa – ideal esse compartilhado com as tendências coletivistas e comunistas, cuja intenção era gerar uma sociedade igualitária. O desenho era definido como atividade socialmente útil e importante, na qual a claridade e a ordem eram prioridade. "Esse desenho como disciplina estava relacionado mais com a ciência do que com a arte, o que funcionou do ponto de vista teórico, mas na prática as fórmulas não correspondiam à realidade." (Denis, 2000: 155)

Rafael Cardoso Denis enfatiza que há uma ironia histórica no fato de o estilo internacional não ter se tornado um estilo de massa, mas ter sido adotado como um estilo de comunicação e de arquitetura pelas grandes corporações multinacionais. Parte significativa do poder econômico estava na Suíça, nas mãos dessas corporações multinacionais, como os grandes laboratórios e empresas químicas. (Denis, 2000: 155)

Ellen Lupton (2006) acredita que os racionalistas suíços, ao expandir as ideias pioneiras de Herbet Bayer, Jan Tschichold e outros designers de vanguarda, rejeitaram o modelo secular da página-moldura em benefício de um espaço arquitetônico contínuo. Se um livro tradicional acomodava legendas, comentários, fólios em uma margem protetora, o diagrama racionalista seccionava a página em múltiplas colunas, todas com o mesmo peso em relação ao todo, sugerindo uma progressão indefinida para o exterior. As figuras eram recortadas para ajustar-se a seus módulos. (Lupton, 2006: 125)

60- Página de *The "Isms" of Art*, El Lissitski, 1923

61- Grid das publicações do Departamento Nacional de Parques, 1977

4.2 A INSTITUIÇÃO DO GRID COMO BASE DE PROJETO

62- *Boîte à musique*, logotipo, Karl Gerstner, 1964

63- Sistema de grid, Josef Müller-Brockmann, 1962

64- Símbolo da Lufthansa, realizado na Escola de Design de Ulm, Otl Aicher, 1962

A forte economia do Pós-guerra aumentou a demanda da indústria pela publicidade, e, como consequência, o design racionalista e funcional também prosperou, pois ele permitia criar recursos ágeis na elaboração de qualquer peça gráfica.

Grande parte dos desenhistas gráficos resvalou, de alguma forma, na ideologia da Bauhaus, que teve o grande mérito de romper com os antigos conceitos da educação artística.

Todas as instituições ligadas ao desenho das décadas seguintes tiveram como matriz mentora o programa da Bauhaus, incentivando seus alunos a perseguir a "ordem oculta", sempre na tentativa de encontrar algum princípio ordenador. Seus representantes insuflaram uma nova vida ao design: refinaram e reprimiram ainda mais qualquer subjetivismo e regionalismo; retiraram toda a informação desnecessária, deixando só o essencial; elaboraram mensagens com uma comunicação rápida e simples. O designer começa a perceber-se como um profissional que manipula conceitos, códigos e estética, e que estrutura suas mensagens de forma a ser imediatamente compreendidas pelo público destinatário, deixando clara a diferença entre arte e design.

Em meados dos anos 1950, o estilo internacional já havia se firmado como metodologia de desenho na Europa e nos Estados Unidos. Os mais destacados professores, como Emil Ruder, Armin Hofmann e Josef Müller-Brockmann, pregavam a superioridade universal de suas soluções minimalistas, rigidamente controladas pelo sistema de grid, adotado como forma eficiente de unificar todos os elementos inseridos no conjunto que compõe a identidade visual das grandes corporações multinacionais e entidades empresariais.

Os principais divulgadores desse movimento eram os próprios alunos das escolas da Basileia e de Zurique, que defendiam a estética redutiva e minimalista. (Hollis, 2001: 215)

> "O SISTEMA DE GRID SUPÕE A VONTADE DE SISTEMATIZAR E ESCLARECER, A VONTADE DE PENETRAR NOS PRINCÍPIOS ESSENCIAIS... A VONTADE DE CULTIVAR A OBJETIVIDADE, E NÃO A SUBJETIVIDADE." (MÜLLER-BROCKMANN, 1983)

Com a criação da revista *Neue Grafik* em 1958, a abordagem do grid passou a ser amplamente divulgada entre os designers. O grid criado para essa publicação tinha quatro colunas e três faixas horizontais, ou zonas especiais, que organizavam o conteúdo de texto e de imagens. Ao repetir esse padrão, a revista evidenciou um aperfeiçoamento da definição de módulo na página impressa: "uma pequena unidade espacial que, por meio da repetição, integra todas as partes da página". (Samara, 2002: 19)

O uso do grid começou a dominar o design europeu e o americano, transformando-se em uma forma eficiente de unificar os programas de comunicação das grandes entidades empresariais. Tais empresas conseguiam se beneficiar desses aspectos de unificação e de otimização dos custos por meio dos sistemas de identidade baseados no grid, uma vez que se agilizava o processo valendo-se de suas fórmulas preestabelecidas.

Ao construir diagramas cada vez mais elaborados, os designers usaram até o limite de uma estrutura repetitiva para gerar tanto a variação quanto a surpresa.

Tais sistemas poderiam ser ativados de diversas maneiras em uma mesma diagramação, sempre levando em conta a base de sua estrutura. (Lupton, 2006: 125)

A introdução do grid geométrico em função de um conteúdo, de maneira a definir o número de zonas em determinado campo visual, permitia especificar a quantidade de variedade dos temas. "Com a divisão de uma página ou cartaz em uma retícula, a série de módulos resultantes poderia ser usada como meio de articular claramente as proporções, equilíbrio e perspectiva dos diversos elementos integrantes". (Blackwell, 1992: 142)

Karl Gerstner, como Max Bill, utilizou-se desses sistemas e das ideias matemáticas. Em 1964, Gerstner publicou o livro *Programme Entwerfen* (Desenhar programas), no qual desenvolveu um intenso sistema de controle do grid para a diagramação de uma página – sistema que já havia sido utilizado nos primeiros livros produzidos pelos escribas medievais e que Herbert Bayer modernizou na Bauhaus. A tipografia sem serifa – principalmente as Akzidenz Grotesk – e a fotografia objetiva eram posicionadas sobre uma grade matemática oculta, de verticais e horizontais, em uma relação harmônica derivada de critérios objetivos e funcionais.

Em 1962, Otl Aicher implementou um programa para a empresa aérea Lufthansa, prevendo todas as necessidades da companhia, padronizando os formatos e impondo um grid rigoroso para unificar a comunicação visual em distintas escalas e materiais. Os manuais detalhados e as medidas garantiam a uniformidade visual em todas as aplicações, inclusive para a publicidade da empresa. Essa mesma postura foi empregada nos sistemas dos Jogos Olímpicos de Munique em 1972. (Hollis, 2001: 181)

Dessa maneira, os expoentes do estilo internacional, como Max Bill, Müller-Brockmann, Otl Aicher e outros, receberam adesão de seus colegas holandeses, ingleses, alemães, italianos e americanos. Na Holanda, a racionalidade do design foi encabeçada por Wim Crouwel, Ben Bos e Benno Wissing, fundadores da Total Design, empresa que se tornou exemplo na criação de programas de comunicação visual baseados no grid para empresas e instituições culturais. (Samara, 2002: 19)

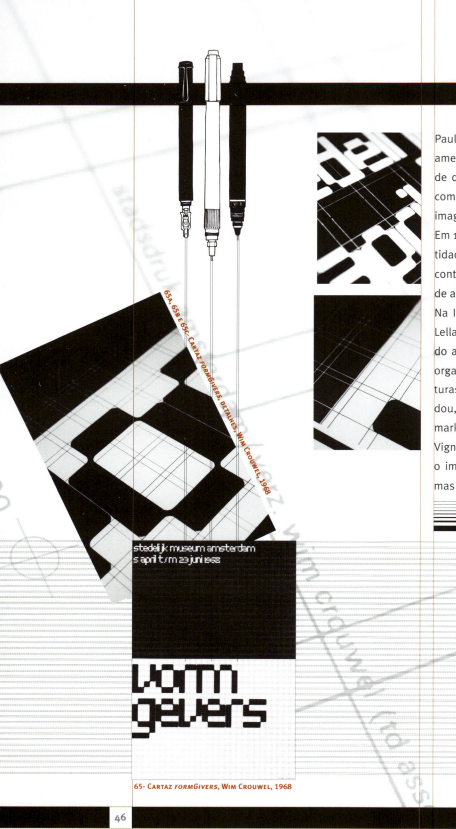

Paul Rand, considerado o pioneiro do design moderno americano, tinha conseguido convencer os empresários de que o design lhes seria útil, e eles se acostumaram com a ideia de utilizar sistemas capazes de organizar a imagem pública de suas empresas. (Samara, 2002: 20)

Em 1965, Rand desenvolveu grids complexos para a identidade da Westinghouse, com o intuito de assegurar a continuidade gráfica da marca em diferentes meios, desde a embalagem até a publicidade impressa e televisiva.

Na Itália, os arquitetos Massimo Vignelli e sua mulher, Lella, dirigiam em 1960 seu escritório em Milão utilizando a abordagem estrutural sistemática e rigorosamente organizada. Vignelli fez uma extensa exploração de estruturas modulares para diversas entidades, e em 1965 fundou, com outros profissionais, o escritório de design Unimark International, que chegou a ter filiais em 48 países. Vignelli sempre acreditou que o design deveria recusar o impulso de expressão individual e desenvolver sistemas mais abrangentes. Quando o casal abriu o escritório

65- Cartaz *formGivers*, Wim Crouwel, 1968

Vignelli Associates em Nova York, continuou a utilizar a filosofia do grid como pilar de sustentação da identidade corporativa. (Samara, 2002: 19)

Nas décadas de 1980 e 1990, Vignelli iniciou um experimentalismo radical com os grids, o que acabou levando a outros tipos de método de organização.

Em 1977, como parte do programa federal de melhoria do design, o governo americano contratou Massimo Vignelli para desenvolver um sistema de unificação das publicações do National Park Service. Esse sistema, chamado Unigrid, estabelecia um grid modular dividido por faixas horizontais que abrangia doze formatos e poderia caber em uma única folha de papel padronizado. Essa ordenação reduzia o desperdício de papel e o tempo de produção, permitindo que os designers dentro e fora do departamento se concentrassem nos aspectos criativos da comunicação da peça gráfica. (Samara, 2002: 20-21)

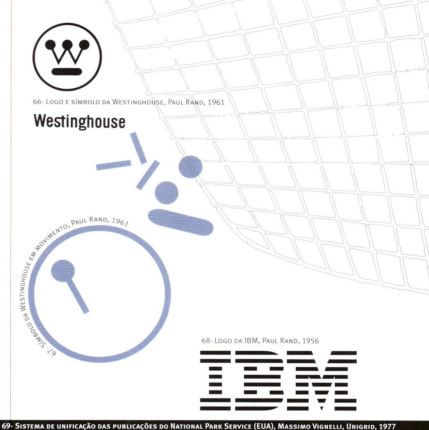

66- Logo e símbolo da Westinghouse, Paul Rand, 1961

67- Símbolo da Westinghouse em movimento, Paul Rand, 1961

68- Logo da IBM, Paul Rand, 1956

69- Sistema de unificação das publicações do National Park Service (EUA), Massimo Vignelli, Unigrid, 1977

5. A FUGA DO MODERNISMO E O FIM DO CONCEITO UNIVERSAL

70- Páginas do livro *Typographie*, Emil Ruder, 1967

Philip Meggs (1991b) e Enric Satué (1992) definiram o período de predomínio do conceito de estilo internacional como ausente de intenção expressiva, no qual prevalecia o caráter funcional da letra. Emil Ruder acreditava que "os resultados produzidos pela espontaneidade contradiziam a natureza tipográfica, que está baseada na claridade e nas proporções precisas. Nenhum detalhe poderia ser considerado acessório e perturbar a funcionalidade da letra". (Ruder, 1982: 162) Ruder defendia essas características, obedecendo a valores básicos de legibilidade e simplicidade, que, ao limitar as opções tipográficas e restringir os parâmetros criativos, obrigavam o desenhista a ir direto ao essencial, para alcançar, segundo ele, "uma beleza fria e fascinante". (Ruder *apud* Lupton, 2006: 125) Ao mesmo tempo, pregava a utilização da tipografia como imagem cujas qualidades visuais não poderiam ser ignoradas.

Existe um paradoxo tanto na obra de Emil Ruder quanto na de Armin Hofmann: a valorização da expressão dos significados das palavras por meio da alteração de suas construções visuais. Ambos ressaltavam o aspecto racional da linguagem ao mesmo tempo que incentivavam o exame rigoroso das qualidades visuais e semânticas do tipo. Essa postura não só antecipou o surgimento de trabalhos desconstrutivistas entre seus alunos, como levou ambos a criar individualmente uma obra de desconstrução. No âmbito do estilo internacional, os trabalhos de Ruder e Hofmann foram o elo na codificação das experiências sintáticas e semióticas, ajudando a lançar as sementes da desconstrução na estética racional do design gráfico. Um dos principais responsáveis pela sistematização e difusão da tipografia suíça, Emil Ruder atuou no ensino da Escola de Design da Basileia, disseminando valores relacionados à composição e à forma tipográfica, por várias gerações. (Samara, 2002: 114)

Em sua concepção utópica, os defensores do estilo internacional acreditavam que alcançariam a escrita neutra isolando-se das características nacionais e restringindo a paleta tipográfica. (Sesma, 2004: 167)

Essas soluções econômicas e contidas, justificadas pela ideologia do funcionalismo e do minimalismo, eram repetidas incessantemente, tornando-se em breve uma fórmula facilmente reproduzida, que se despia do caráter nacional e cultural para tornar-se permanente e universal, não raro pela eliminação dos contextos pertinentes à comunicação.

"Uma época aproxima-se de seu fim quando sua convicção fundamental começa a enfraquecer e não mais inspira entusiasmo entre seus defensores." (Albert Borgmann, 1992)

O próprio processo de desenho do tipo começou a modificar-se durante os anos 1960, com a introdução da tecnologia da fotocomposição e fotoletra, que permitia desenhar diretamente na tela, e com as possibilidades de uma ampla aplicação tipográfica, que exigia maior flexibilidade dessas tipografias. Após três décadas de domínio do estilo internacional, todo o ambiente era propício a uma reação contrária. (Blackwell, 1992: 182)

71- Logotipo Grumbacher, Herb Lubalin

🌶 Nos Estados Unidos, o design gráfico foi basicamente trazido pelos talentosos imigrantes europeus, que, ao fugir do clima político dominante na Europa durante os anos 1930, introduziram a vanguarda europeia em solo americano. Como vimos, nos anos 1940 esse intercâmbio foi acirrrado, e, segundo Philip Meggs (1991b), os americanos absorveram essas posturas e agregaram o aspecto intuitivo à tradição do design gráfico. 🌶 "O design europeu era teórico e extremamente estruturado". 🌶 "A sociedade americana, altamente competitiva, vai em busca da originalidade do conceito, procurando resolver os problemas de comunicação e satisfazer a necessidade de expressão pessoal. Dessa maneira, o design gráfico americano iniciou com base nas fortes raízes europeias, introduzindo um aspecto informal e ganhando destaque internacional nos anos 1950". (Meggs, 1991b: 436) 🌶 O designer gráfico americano, Herb Lubalin, foi uma presença marcante desse período. Além de suas habilidades como designer de tipos, Lubalin percebeu a facilidade com que os formatos de fontes originais poderiam ser reproduzidos. Determinado a assegurar que os designers que dedicaram tantas horas a esse trabalho fossem devidamente recompensados, Lubalin juntou-se a Edward Rondthaler e Aaron Burns para fundar a International Typeface Corporation (ITC). As fontes da ITC seguiram o exemplo estabelecido pela Univers e pela Helvetica, cujas características, altas e com ascendentes e descendentes curtas, inspiraram muitas fontes desenhadas nos anos 1970 e início dos anos 1980. Outro marco importante do design americano foi a criação, em 1971, do logotipo da Nike, não por um designer conhecido, mas por uma estudante, Carol Davidson. ♥ Poucos anos mais tarde, Milton Glaser criaria um dos símbolos gráficos mais conhecidos e adorados dos Estados Unidos. (Satué, 1992: 286)

72- Cartaz VGC Competition, Herb Lubalin

73- Logo da Nike, criado por Carolyn Davidson quando estudante de design da Universidade Estadual de Portland, 1971

74- "I love New York", Milton Glaser, 1975

A CRISE DO MOVIMENTO MODERNO FEZ COM QUE OS DESIGNERS FOSSEM ATRÁS DE NOVOS MODELOS E NOVAS TEORIAS. COMO SAÍDA, CORRERAM EM DIREÇÃO OPOSTA: SE A MODERNIDADE BUSCOU SAÍDA PELO GERAL, PELO SOCIAL E PELO INTERNACIONAL, A PÓS-MODERNIDADE SE VOLTOU PARA O INDIVIDUAL, O NACIONAL E O IDENTIFICÁVEL POR PEQUENOS GRUPOS. (PELTA, 2004: 38)

Em *Depois da arquitetura moderna*, Paolo Portoghesi demonstra que esse confronto resultou no surgimento de uma nova postura que punha fim às proibições impostas pelo puritanismo do movimento moderno e, ao mesmo tempo, propunha novos instrumentos de leitura da realidade, como "o reconhecimento de uma ambígua articulação dos grupos e classes sociais" que configuram a sociedade, distinguindo e analisando as diferentes culturas – até mesmo as chamadas "banais" – como fatores de identidade, por meio do estudo de suas relações. Essa nova postura constatava, ainda, "que existe, junto a uma produção individual, uma produção coletiva de obras e interesses estéticos nos quais os processos criativos estão ligados ao desenvolvimento e à formação da personalidade, e vinculados a processos subjetivos". Dessa maneira, Portoghesi postulava a revisão de uma realidade que mostrava que nem o mundo da alta cultura era perfeito nem a vida cotidiana um desastre. (Portoghesi, 1981: 38)

75- FOLDER *ANTON SCHÖB*, ROSMARIE TISSI, 1981

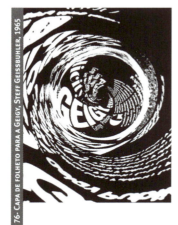
76- CAPA DE FOLHETO PARA A GEIGY, STEFF GEISSBUHLER, 1965

O principal preconceito em relação à prática modernista foi que ela tratou todos os lugares e pessoas da mesma forma, tornando-se uma ameaça à identidade visual e à tradição local. Esse aspecto, aliado aos ideais, formas, métodos e metodologia do modernismo, fez com que muitos designers modernistas se afastassem de seus meios regionais e culturais. Contudo, o mundo acadêmico não tardaria a reagir aos paradigmas da forma universal, ao desenho isento de valores locais, à racionalidade e à objetividade, acrescentando novos valores e características à conceituação gerada pelo movimento moderno.

Na esteira dos movimentos antimodernos e de contracultura que se articularam na década de 1960, de início nas universidades, nos centros artísticos, como também nas manifestações urbanas, culminando na agitação política mundial de 1968, as diretrizes racionalistas, apoiadas pelas formas corporativas defensoras da filosofia funcional, começaram a perder supremacia.

A eficiência metódica do estilo internacional confrontou-se com o impacto da revolução sexual, do rock-'n'-roll e da cultura pop. O psicodelismo, a televisão e a redescoberta do art nouveau geraram linguagens e contracorrentes de design que não se encaixavam nos cânones formalistas, e, nesse sentido, podemos considerá-las precursoras do pós-modernismo.

77- LOGO DA COMPANHIA UNION, SIEGFRIED ODERMATT, 1966

Os cartazes psicodélicos de Victor Moscoso, o estilo ilustrativo do Push Pin Studio, com Milton Glaser e Seymour Chwast, bem como a publicidade conceitual da "big idea" de Bob Gill, Bill Bernbach e Henry Wolf, são algumas das abordagens que floresceram entre os anos 1960 e 1970, caminhando em paralelo com o estilo internacional. Mas, mesmo assim, a escola suíça continuaria por mais algum tempo como a principal corrente a ser seguida, levando vários alunos para a Basileia, Zurique e Ulm. (Samara, 2002: 114)

Para Katherine McCoy, "esse racionalismo objetivo, particularmente o da Bauhaus, foi um antídoto necessário contra o sentimentalismo e o ecletismo gratuito encontrado na produção massiva, na comunicação visual e na arquitetura do século XIX. Unida ao funcionalismo, a análise objetiva formou a base conceitual para a criação dos métodos geradores de soluções de desenho funcionais, com a finalidade de melhorar a qualidade da vida cotidiana". (McCoy *apud* Martínez Meaves, 2005: 96). As programações visuais, geradas pelas fórmulas mecanizadas do estilo internacional, tornaram-se facilmente previsíveis e desinteressantes, passando a ser praticamente invisíveis após algum tempo. Dessa maneira, a previsibilidade do design moderno começou a ser contestada sistematicamente a partir de meados dos anos 1960.

78- Desenho gráfico, Tissi e Odermatt, 1984

Katherine McCoy também alertou para o fato de que, em várias ocasiões, os ensinamentos e as soluções projetuais apresentavam-se como "PORTA-VOZES SEM OPINIÃO DE MENSAGENS DE UM CLIENTE VENTRÍLOQUO. DEVOLVAMOS AOS DESIGNERS SUA CAPACIDADE DE FALAR E CONTRIBUIR MAIS PLENAMENTE PARA CONSTRUIR O MUNDO QUE O RODEIA". (McCoy *apud* Newark, 2002: 44)

Graças aos trabalhos de Rosmarie Tissi e Siegfried Odermatt, a escola suíça começou a ter seus princípios repensados, com o questionamento do purismo rígido do design suíço, no qual a repetição e a padronização de soluções levavam a resultados sempre muito similares. (Hollis, 2001: 157) Ao mesmo tempo, Tissi e Odermatt propunham formas alternativas menos pragmáticas, incentivando um retorno ao simbolismo e à improvisação, mediante a exploração da forma gráfica para obter maior impacto visual. Seguindo esses princípios, sem se preocupar tanto com a clareza e a legibilidade, Odermatt desenvolveu o logotipo da Union em 1966.

Para Meggs, os trabalhos de Tissi e Odermatt, longe de representarem uma ruptura com os princípios da escola suíça, ampliaram as possibilidades do estilo internacional e deram margem para aberturas de novos caminhos gráficos, entre os quais aquele iniciado nos anos 1970 por Wolfgang Weingart, e que inaugurou um novo período na história da linguagem visual: o movimento new wave. (Meggs, 1991b: 529)

79- Desenho gráfico, Tissi e Odermatt, 1992

6. ANTECEDENTES DIGITAIS

Nos últimos cinquenta anos ocorreram mudanças em todos os setores da sociedade. O processo de quebra do paradigma modernista e fordista-taylorista, que terminaria por levar ao período pós-moderno, percorreu um caminho bastante tortuoso. Hoje, a certa distância no tempo, podemos perceber que essa trajetória começou a delinear-se já no final da década de 1950, ficando claramente definida apenas no final dos anos 1980.

Como vimos, nas décadas de 1940 e 1950 o modernismo, representado pelo estilo internacional, insuflou uma nova vida ao design, eliminando toda a informação desnecessária, deixando só a essencial e fazendo que ela fosse recebida de forma clara e objetiva, pois o processo de comunicação necessitava de uma revolução em todos os seus padrões.

A indústria da comunicação – como Gui Bonsiepe (2005a) se refere ao cinema, rádio, televisão e veículos impressos – começou a se estabelecer nos anos 1920. Depois de uma fase de retração devida à economia de escassez, ela passa a viver, a partir dos anos 1950, um período de abundância, no qual a publicidade tem papel de destaque. Por sua vez, o crescimento da publicidade, favorecido pelo surgimento da televisão como veículo publicitário e pelo desenvolvimento do off-set, estimularia o design gráfico, setor com o qual a publicidade se acha fortemente entrelaçada. Corporações como a CBS americana começaram a perceber que a sequência de créditos, com letreiros e ilustrações junto aos trailers promocionais dos programas, tomava muito tempo de transmissão televisiva. Era necessário, portanto, adequar a publicidade ao meio, o que levou à criação, na década de 1960, de departamentos de design gráfico dentro dessas empresas. O resultado disso foi o aperfeiçoamento e a sofisticação do projeto de criação dessas sequências de animação. (Hollis, 2001: 176-178)

Com a introdução de novos meios, surgiram diferentes necessidades, acarretando uma mudança na atitude de projeto. Para Rudolph de Harak, a mudança surge como um processo natural de desenvolvimento ou devido a algo que deve ser melhorado, a fim de se adequar às novas necessidades. A linguagem visual dos anos 1960 começa a manifestar os efeitos provocados pelas mudanças tecnológicas, marcando, ao mesmo tempo, o início da atuação do designer nesses novos meios de comunicação e a valorização de sua atividade na divulgação da cultura. (*apud* Mosquera, 2001: 34)

Nessa época, a comunicação visual passara a ser denominada "design gráfico", cujo conceito já fazia parte do mundo dos negócios. Todas as empresas e organizações, independentemente de seu tamanho, sentiam necessidade de construir uma "imagem" sólida, capaz de representá-la e, principalmente, torná-la identificável e de fácil reconhecimento pelo público, e cabia ao designer a responsabilidade dessa tarefa.

Nos anos 1970, o tema "tecnologia apropriada" entrou no discurso projetual. Pela primeira vez, criticou-se abertamente a concepção universalista da "boa forma" ou do "bom desenho". (Bonsiepe, 1997: 13) A década seguinte assistiria à intensificação da crítica ao racionalismo e ao funcionalismo. O design abandonou as soluções universais para valorizar e abraçar as linguagens individuais. O resultado foi o desenvolvimento de novos conceitos seguido da retomada das discussões sobre o estilo e a forma, que novamente acabaram por dominar o momento. Para Bonsiepe, existe uma relação mútua entre a fragilidade do discurso projetual e a ausência de uma teoria rigorosa do design. (*Ibid*.: 15)

Bonsiepe propõe uma interpretação do design fora do referencial da boa forma e de suas tendências:

1	O design é um domínio que pode manifestar-se em qualquer área do conhecimento e da práxis humana
2	O design é orientado para o futuro
3	O design está relacionado com a inovação. O ato projetual introduz um mundo novo
4	O design está ligado ao corpo e ao espaço, particularmente ao espaço retinal, porém não se limita a ele
5	O design visa à ação efetiva
6	O design está linguisticamente ancorado no campo dos juízos
7	O design orienta-se para a interação entre usuário e artefato. O domínio do design é o domínio da interface

O termo "design" refere-se a um potencial ao qual cada um tem acesso e que se manifesta na invenção de novas práticas da vida cotidiana. (Bonsiepe, 1997: 15)

Em sua apresentação do ensaio "Decline of the Visual", de Marshall McLuhan, para o livro *Looking Closer 3*, Rick Poynor comenta a brilhante trajetória do teórico canadense como estudioso dos meios de comunicação nos anos 1960 e sua posterior perda de prestígio. (Bierut *et al*., 2005: 213) Contudo, Poynor lembra que, no início da década de 1990, uma nova geração de leitores começou a perceber as excepcionais "clarividências" demonstradas por McLuhan em suas formulações sobre a tecnologia, as mídias e a sociedade da "aldeia global". Obras de McLuhan, como *Os meios de comunicação como extensões do homem* (1964) e *O meio são as massa-gens* (1967), foram relançadas pela revista *Wired*, acompanhadas de estudos acadêmicos. As colaborações de McLuhan foram recuperadas como tentativas paradigmáticas de desafio à hierarquia do texto e à imagem estabelecida na área editorial. Em "Decline of the Visual", originalmente escrito para a *Dot Zero Magazine* (maio de 1964), McLuhan retoma temas como a eletricidade como extensão global do sistema nervoso humano e outras revelações, cujo sentido abrangente só hoje conseguimos perceber. Poynor enfatiza que a afirmação feita por McLuhan de que a revolução elétrica liberaria o tipógrafo para diagramar letras como "desenhos esculturais abstratos" prenuncia a tipografia digital experimental dos anos 1990. (*Ibidem*)

A seguir, foi feita uma periodização por meio das análises das décadas para que se possa perceber com mais clareza as transformações ocorridas na elaboração da linguagem visual.

6.1 década de 1950
Linguagens de destaque

Desde a década de 1950, quando o estilo internacional era a corrente dominante, vários designers, como Paul Rand, Rudolph de Harak e George Tscherny, foram hábeis na arte de produzir neutralidade tipográfica para enquadrar fortes ideias visuais. Já em 1947, no livro *Thoughts on Design* (Reflexões sobre o design), Rand observa que o designer precisa "descobrir um meio de comunicação entre ele e o espectador". (Rand *apud* Hollis, 2001: 119) Segundo Richard Hollis, Rand tirou o máximo proveito do vasto conjunto de técnicas introduzidas pelo movimento moderno, tomando de empréstimo as características estilísticas de pintores como Miró, Arp e Klee, recursos que se tornaram marcantes em sua obra. Sua assinatura nos trabalhos reforça a ideia de que é o designer, e não o cliente, que se comunica com o público receptor. Paul Rand foi o pioneiro da chamada "nova publicidade" americana, na qual o público receptor tinha um papel ativo, e não passivo, pois a curiosidade despertada pelo anúncio necessitava da inteligência do leitor para completar o sentido. (Hollis, 2001: 119)

80- Tipo Helvetica, Max Miedinger, 1954

Antes do aparecimento da nova publicidade, o design americano passou por um estágio de desenvolvimento intermediário, que consistiu na total integração da palavra com a imagem e na utilização de textos mínimos. (Hollis, 2001 : 119)

Um expoente desse minimalismo foi Saul Bass, cuja obra recebeu influência de Paul Rand. Nascido em Nova York, mudou-se para Los Angeles, onde trabalhou, dos anos 1950 a 1990, como designer de cartazes e aberturas de filmes de famosos cineastas, como Otto Preminger, Alfred Hitchcock e Stanley Kubrick. Seu desprendimento da complexidade, reduzindo a comunicação a uma imagem simples e pictográfica, contribuiu para a consolidação do design americano. Bass utilizava papéis cortados com tesoura ou traçados com um pincel, tirando partido das texturas e dos contrastes que o material e a técnica proporcionavam, fazendo um jogo descontraído entre os elementos, utilizando o recurso de imagens simbólicas e simplificadas. (Satué, 1992: 282) Saul Bass, cuja formação passava pela fotografia, ilustração, desenho e direção de arte, é considerado por alguns historiadores um dos maiores talentos do design americano.

O Push Pin Studio, grupo que também se destacou nessa época, foi fundado em 1954 por Milton Glaser, Seymour Chwast, Edward Sorel e Reynold Ruffins. O grupo, impulsionado principalmente por Glaser e Chwast, transformou a ilustração em uma categoria publicitária artística. Os profissionais do Push Pin demonstraram que o design gráfico poderia variar do sério ao engraçado, enquanto resolvia um amplo espectro de problemas, dissolvendo a ideia de tipografia como elemento neutro sobre uma página geometricamente organizada. Para eles, ao contrário, a tipografia tinha voz e personalidade. (Satué, 1992: 284)

81 Tipo Univers, Adrian Frutiger, 1954

Bradbury Thompson, designer dos mais influentes do Pós-guerra, conseguiu expressar-se por

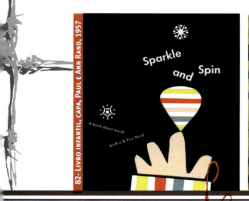
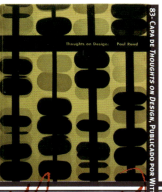

82 - Livro infantil, capa, Paul e Ann Rand, 1957

83 - Capa de Thoughts on Design, publicado por Wittenborn & Company, Paul Rand, 1947

"A 'NOVA TIPOGRAFIA NORTE-AMERICANA', SE É QUE EXISTE, SEM DÚVIDA TEM SOTAQUE ESTRANGEIRO. E PROVAVELMENTE FALA EM DEMASIA. MUITO DO QUE ELA DIZ É UM DISPARATE. ESSE DISCURSO É, EM GRANDE PARTE, TÃO EMPOLADO QUE PARECE ABSURDO, EMBORA, SE OUVIRMOS COM BASTANTE ATENÇÃO, VEREMOS QUE NÃO É... TOTALMENTE. É APENAS EXCESSIVAMENTE COMPLICADO. QUANDO TRADUZIDO AO INGLÊS DE ANTES DA GUERRA, É SIMPLESMENTE ÓBVIO."

(William Golden, 1959 in Bierut et al., 2005: 151)

84 - Marca do filme The Man with Golden Arm, Saul Bass, 1955

85 - Abertura do filme The Man with Golden Arm, Saul Bass, 1955

"OS FATORES SOCIAIS, POLÍTICOS E ECONÔMICOS DERAM LUGAR À EXPERIMENTAÇÃO EM DIVERSAS ÁREAS DE CRIAÇÃO. EM NOSSA PEQUENA ÁREA DO DESIGN TIPOGRÁFICO, ESSAS INFLUÊNCIAS ENGENDRARAM, EM MINHA OPINIÃO, O NASCIMENTO DE UMA TRADIÇÃO AMERICANA NA TIPOGRAFIA. SEMPRE FOMOS FORTEMENTE INFLUENCIADOS PELOS TIPÓGRAFOS E DESIGNERS EUROPEUS E PELAS ESCOLAS QUE ELES REPRESENTAM. CREIO QUE AGORA, PELA PRIMEIRA VEZ, SURGIMOS COM UMA TIPOGRAFIA TIPICAMENTE AMERICANA E QUE CONTRIBUI E INFLUENCIA O RESTO DO MUNDO."

(Herb Lubalin, 2005: 157)

86 - Push Pin Studio

87 - Cartaz, Seymour Chwast e Milton Glaser

55

década de 1950

Linguagens de destaque

meio de uma linguagem muito particular. Sua produção para a revista *Westvaco Inspirations*, entre 1939 e 1961, exerceu grande impacto no campo do design gráfico. (Meggs, 1991b: 440)

Se não fosse por Thompson, a *Westvaco Inspirations* – que na década de 1930 era, segundo Steven Heller (2007), uma insípida revista promocional de uma empresa do setor de papel – não teria se tornado referência no campo do design gráfico e o livro-texto de toda uma geração. Essa publicação, que completou sessenta números, transformou-se em uma importante fonte de informação sobre layout e tipografia modernos, com edições especiais dedicadas a temas como: "O tipo como brinquedo", "Arte primitiva como design moderno", "Monoalfabeto". Thompson transformou a *Inspirations* no que de melhor existia no setor editorial do design gráfico da época, publicando textos sobre estética e filosofia do design gráfico. Basicamente, sua produção partia de uma visão que unia o moderno refinamento do espírito europeu a uma ousada atitude gráfica. Bradbury Thompson tinha um profundo conhecimento das técnicas de impressão e delas conseguia extrair todo o potencial, especialmente se considerarmos a produção convencional a que a *Westvaco Inspirations* estava sujeita, o que fazia dela uma publicação singular. Thompson sabia contornar as limitações da impressão e da composição tipográfica a quente, conseguindo ampliar as fronteiras e testar a flexibilidade do design. Com isso, mostrou que o design gráfico poderia ser expressivo, emotivo, pessoal, e, ainda assim, alcançar um resultado eficiente e esteticamente sofisticado. (Heller, 2007: 216)

Também foi enorme o impacto de Aléxei Brodovitch sobre uma geração de designers editoriais e fotógrafos durante a década de 1950, quando o design editorial experimentou todo o seu esplendor. Em 1930, Brodovitch chegou à Filadélfia, onde ministrou cursos noturnos, no que ele chamava de "laboratório de design", influenciando toda uma geração de artistas americanos. Começou a trabalhar na *Harper's Bazaar* em 1934. (Hollis, 2001: 103)

Vários autores também ressaltam a importância desse designer russo que se refugiou em Paris no ano de 1920 e que criou os cenários dos Ballets Russes de Diaghilev, companhia de dança ligada ao movimento parisiense "impressive poster". Embora seu trabalho não esteja diretamente vinculado a nenhum movimento formal, Brodovitch absorveu muito das melhores influências de todos eles. Segundo Meggs, "os alunos de Brodovitch aprendiam a examinar profundamente cada problema, a desenvolver uma solução a partir de sua compreensão para alcançar uma representação visual brilhante". (Meggs, 1991b: 446)

88- Página da revista, *Harper's Bazaar*, Aléxei Brodovitch, 1955

89- Página de revista, *Harper's Bazaar*, Aléxei Brodovitch, 1954

90- Capa da revista, *Harper's Bazaar*, Aléxei Brodovitch, 1956

Nos anos 1950, designers de Nova York passaram a trabalhar a tipografia segundo um enfoque figurativo, dando início a uma tendência de linguagem lúdica no design gráfico americano. Para esse figurativismo tipográfico, que continuaria pela década seguinte, as letras converteram-se em objetos, e vice-versa. Gene Federico foi um dos primeiros profissionais a utilizar as propriedades visuais da tipografia figurativa para expressar uma ideia. (Meggs, 1991b: 453)

Foi na agência Doyle, Dane & Bernbach que Federico produziu o brilhante anúncio "Go Out", em 1953. Para convencer anunciantes a comprar espaço publicitário da revista *Woman's Day*, Federico dispôs fotos de uma leitora no decorrer das páginas duplas, nas quais demonstrava sua condição de consumidora, fazendo referência às suas necessidades. Para isso, usou a imagem da mulher saindo de casa para comprar *Woman's Day*, subentendendo que, ao abrir a revista, ela poderá deparar-se com anúncios de produtos, e, como consumidora, possivelmente irá comprá-los. Coroando essa ideia, Gene Federico utiliza o impecável artifício de substituir as letras "o" da expressão "go out" por pneus de bicicleta. (Hollis, 2001: 120)

Os últimos anos da década de 1950 representaram, segundo Blackwell (1992), o fim do predomínio dos tipos de metal fundido. Hermann Zapf, cujos interesses se dividiam entre a tradição e as mudanças, produziu tipos extremamente significativos, como Palatino (1948), Melior (1952) e Optima (1958). Nesses trabalhos, Zapf manifesta a importância de seus interesses caligráficos, ao mesmo tempo que busca enfrentar e resolver os novos problemas técnicos do momento. Para Blackwell, as letras de Zapf não foram "tipos de uso corrente, mas ficou claro o interesse pelo potencial da forma da escrita cursiva como meio de renovar a comunicação, principalmente na esfera comercial e publicitária". (Blackwell, 1992: 138)

91- PÁGINA DA REVISTA *HARPER'S BAZAAR*, ALÉXEY BRODOVITCH, 1956

década de 1950 Linguagens de destaque

Hermann Zapf, Adrian e Mattew Carter foram profissionais que projetaram para as três tecnologias do século XX: o tipo móvel, a fotocomposição, e o tipo digital. Zapf ressalta a importância de ter a percepção de trabalhar formas reconhecíveis no processo de mudança em função de novas demandas, dos novos meios e da nova tecnologia. (Blackwell, 1992: 134)

Uma nova fase do desenho do tipo encontrou contexto para uma série de mudanças radicais nos meios de produção de caracteres para composição. Apesar de já existirem várias máquinas experimentais desde a década de 1930, foi somente no final da década de 1930, foi somente no final da década de 1950 que iniciou um onda de introdução do novo maquinário, baseado no processo que consistia na produção de um negativo-padrão de caracteres para exposição em papel fotográfico. Existiam vários problemas a serem contornados, como o de foco, o do espaçamento, o do tempo de exposição, como também as ampliações para diferentes tamanhos baseados em um mesmo padrão, levando a princípio a uma degradação da qualidade do desenho do tipo. Porém os benefícios eram maiores, pois tratava-se de um sistema de composição mais barato, limpo e rápido, de todos esse problemas foram se resolvendo no decorrer de sua utilização. As explorações de composição por computador também derivam desta época. Outra introdução tecnoólogica do momento, menos, sofisticada, mas também significativa, foi o processo instantâneo de transferência da Letraset, que ajudou na introdução do espírito eclético dos anos de 1960, levando a experimentação tipográfica a qualquer um que pudesse comprar uma folha de letra transferível. (Blackwell, 1992: 150)

"A SAÚDE FORMAL INERENTE ÀS LETRAS CONSTITUI UMA SURPRESA RENOVADA SEM FIM. TENDO EM CONTA QUE EXISTEM MUITOS TIPOS ESPLÊNDIDOS, PERTENCENTES A SÉCULOS PASSADOS E QUE AGORA UTILIZAMOS COM PRAZER, PODERÍAMOS NOS PERGUNTAR: POR QUE SE DESENHAM NOVOS TIPOS? NOSSO TEMPO RESERVA AO DESIGNER TAREFAS DISTINTAS DAS DO PASSADO. UM TIPO NOVO, ALÉM DE SER BELO E LEGÍVEL, DEVE ADAPTAR-SE AOS REQUERIMENTOS TÉCNICOS ATUAIS, EM VIRTUDE DOS QUAIS AS MÁQUINAS DE ALTA VELOCIDADE E AS ROTATÓRIAS SUBSTITUÍRAM A IMPRESSÃO MANUAL, E O PAPEL FABRICADO PARA ESSAS MÁQUINAS SUBSTITUIU A FOLHA DE PAPEL MANUAL." (HERMANN ZAPF)

((BLACKWELL, 1992: 133)

58

95- ESTUDO DA LETRA OPTIMA, HERMANN ZAPF, 1958

96- ESTUDO DA LETRA MEDICI CURSIVA, HERMANN ZAPF, 1960

6.1.1 O CONJUNTO DOS MOVIMENTOS PÓS-MODERNOS

Steven Heller define o pós-modernismo como um conjunto de várias teorias e práticas conceituais espalhadas pelo mundo, podendo também ser interpretado como toda a manifestação contemporânea que reagiu contra a rigidez do estilo internacional. Isso envolve qualquer estilo e subestilo nascido a partir da década de 1960 cuja característica foi romper com a previsibilidade da escola suíça ou estilo internacional. Vários recursos foram identificados em certos movimentos dessa época, os quais, de forma consciente ou não, acabaram influenciando direta ou indiretamente a atividade do design gráfico. Isso levou diversos historiadores a denominar tais manifestações como o "conjunto dos movimentos pós-modernos". Por essa razão, no decorrer do relato da história do design gráfico das últimas décadas do século XX, serão descritos, paralelamente, esses movimentos, os quais, embora possam não estar diretamente ligados à década em questão, foram de alguma forma afetados por ela ou decorrentes de seus acontecimentos.

97- Filme de fotocomposição

98- Folha de Letraset

6.2 década de 1960
Linguagens de destaque

Nos anos 1960, uma grande corrente de profissionais começou a superar, segundo Steven Heller, o ideal utópico que induzira os missionários do modernismo a estabelecer regras limitando a composição gráfica e a utilização da tipografia. Nessa década teve início uma reação mais efetiva contra a rigidez do estilo internacional, levando os designers a ampliar as fronteiras da tipografia, o que foi facilitado pela introdução de novas tecnologias. (Heller, 2007: 182)

Contrariando a abordagem do estilo internacional, o Push Pin Studio já havia começado a ressuscitar, desde a década anterior, as letras e os tipos do texto vitoriano, do art nouveau e do art déco, no que foi bastante favorecido pela tecnologia da fotocomposição. A tipografia psicodélica da década de 1960, baseada nesses estilos do século XIX e início do século XX, fez com que a linguagem tipográfica iniciasse um processo de revisão, e, ao mesmo tempo, a grande quantidade de fontes disponibilizada pela fotocomposição inauguraria um período de exploração tipográfica. (Heller, 2007: 182)

A tradicional tipografia moderna, marcada por composições claras, simples e frias, foi substituída por trocadilhos visuais inspirados na série lançada por Bradbury Thompson da *Westvaco Inspirations*, cuja composição continuava a influenciar os profissionais e a provar que a tipografia "fala" – e fala com "emoção". Como vimos, Gene Federico já havia se apoderado dos efeitos da plasticidade dos tipos com o objetivo de transmitir informação. (Heller, 2007: 183)

Nessa mesma atmosfera americana também estavam Herb Lubalin e Lou Dorfsman, colegas de estudo na Cooper Union que, junto com Saul Bass, formaram o que Philip Meggs denomina "escola de Nova York" e que Enric Satué (1992) chama de "desenhistas artesanais".

Em 1957, Ivan Chermayeff associou-se a Tom Geismar e Robert Brownjohn para formar um grupo de designers que se destacaria na década de 1960 e décadas seguintes. No ano de 1960, Brownjohn saiu da sociedade, e a empresa se tornou a Chermayeff e Geismar Associates, mantendo a grande reputação dos anos iniciais, baseada na surpreendente qualidade artística e em um entendimento da história da tipografia e da arte. Isso permitiu que o grupo traçasse uma rota particular por vários anos, seguindo sempre a filosofia de "rejeitar a noção de um estilo oficial" em favor de soluções que se desprendam do problema. (Meggs, 1991b: 478)

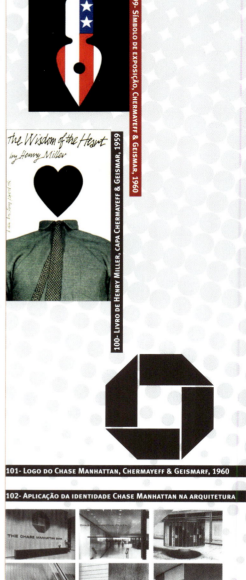

99- Símbolo de exposição, Chermayeff & Geismar, 1960

100- Livro de Henry Miller, capa Chermayeff & Geismar, 1959

101- Logo do Chase Manhattan, Chermayeff & Geismarf, 1960

102- Aplicação da identidade Chase Manhattan na arquitetura

O CONJUNTO DOS MOVIMENTOS PÓS-MODERNOS

6.2.1 POP ART

As mudanças tecnológicas, desde os sistemas de fotocomposição, máquinas elétricas de escrever, até as letras transferíveis, abriram caminho para uma ampla investigação sobre o desenho. Desse questionamento surge, como reação ao consumismo americano dos anos 1950, a pop art. Ao apropriar-se de grande parte do patrimônio visual dos desenhistas gráficos (etiquetas, frascos, embalagens, rótulos, objetos de consumo, vinhetas cômicas), a pop art incorporou na obra de arte elementos da tipografia e do grafismo popular. (Satué, 1992: 284)

De início, boa parte da produção dos designers do Push Pin Studio era mais o reflexo de uma atitude influenciada pela cultura pop aplicada à comunicação visual, sempre aberta a novas experiências e novas ideias. (Raimes, 2007: 120) Dessa maneira, designers gráficos como Milton Glaser foram altamente influenciados pela pop art, que por sua vez recebeu influência da cultura popular comercial.

Os principais expoentes da pop art foram Eduardo Paolozzi e Richard Hamilton, na Inglaterra, e Andy Warhol, Roy Lichtenstein e Robert Indiana, nos Estados Unidos. (Blackwell, 1992: 158)

A publicidade americana e o design gráfico também exploraram o potencial visual e conceitual da tipografia, repercutindo nos trabalhos dos ingleses Alan Fletcher, Colin Forbes e Bob Gill. Desse núcleo surgiria, em meados dos anos 1970, o grupo Pentagram, que, sob a direção de Fletcher, Forbes e Theo Crosby, se notabilizou por meio dos trabalhos para as empresas Pirelli e Olivetti. (Blackwell, 1992: 160).

103- Estudos parede de lanchonete, prédio CBS, desenhos, Lou Dorfsman, Tom Carnase e Herb Lubalin, 1966

104- Foto parede de lanchonete, prédio CBS, Lou Dorfsman, Tom Carnase e Herb Lubalin, 1966

105- Dylan, cartaz da Columbia Records, Milton Glaser, 1966

1960
Linguagens de destaque

A tipografia sempre foi pensada como uma relação de superfícies, e não de contornos, porque, apesar de entendermos o caractere como uma forma unificada, o designer de tipos tem a preocupação de projetar o desenho da letra em duas partes – forma e contraforma –, resultando na forma composta. Para Adrian Frutiger, ao invertermos a impressão normal que nos causam as imagens das letras, os espaços internos parecem figuras esculturais que conferem à escrita o seu ritmo e estilos característicos. (Frutiger, 1999: 141)

Com a mesma ideia de Frutiger, os designers artesanais tiraram partido desse aspecto da letra, agregando um outro valor à informação.

Como Steven Heller enfatiza, a representação gráfica desse período foi transitória, porém serviu de ponte entre dois grupos, permitindo não apenas a criação de uma linguagem de design que se tornou a essência da expressão da época, como também de toda uma atmosfera propícia para o surgimento de uma nova face da tipografia nas décadas posteriores.

Herb Lubalin empenhou-se em organizar o espaço compositivo da página por meio da letra tipográfica ou caligráfica. Com isso, abandonou os padrões modernistas para desenvolver um estilo tipográfico próprio, com serifas bem marcadas, e estabelecer novas formas de ligaduras, colocando o movimento caligráfico como parte de seu grafismo. Lubalin também se destacou no design editorial. Depois de reformular a *Saturday Evening Post* em 1961, desenhou várias publicações: a revista trimestral Eros; o jornal *Upper & Lower Case*, que serviu de publicidade para a empresa de fotocomposição American Typeface Corporation; a revista *Fact*, além da *Avant Garde*. Para essa última revista, Lubalin desenvolveu um logotipo composto de maiúsculas ligadas e integradas de maneira compacta, utilizando uma família de tipos desenhada por ele próprio, também chamada Avant Garde, que teve grande aceitação na década de 1970. (Satué, 1992: 282-283)

A generalização da fotocomposição e da fotoletra ampliou as possibilidades da ação de projeto. Essa técnica, ao favorecer o surgimento do campo da exploração do experimental na tipografia, possibilitou maior liberdade de criação, resultando em significativas mudanças no layout da página impressa.

106- Projetos de Herb Lubalin, 1964-1965

107- Elektra Records, Push Pin Studio, 1965

62

O CONJUNTO DOS MOVIMENTOS PÓS-MODERNOS

6.2.3 UNDERGROUND

A cultura underground, ou contracultura, também era uma forma de repúdio à ordem estabelecida, valendo-se, inclusive, dos meios de comunicação que essa mesma ordem estabelecida colocava à disposição das pessoas.

O movimento underground surgiu em decorrência de uma atitude de oposição por parte de muitos jovens designers de classe média, que adotaram valores culturais e posições políticas alternativas, fora dos padrões sociais convencionais. Tais valores se refletiam em uma postura gráfica alternativa, levada a efeito por meio de material impresso barato e da tecnologia do "faça você mesmo". Esse estilo, cuja informalidade das publicações passava a ideia de que não era preciso ter nenhuma qualificação especial para produzir uma revista, fez surgir na Inglaterra a revista OZ, e, na Holanda, a *Hitweek*, a *Real Free Press* e a *Hotcha*. Nos Estados Unidos, os cartazes psicodélicos de Victor Moscoso são exemplos típicos desse estilo, que, imitado na Inglaterra, propiciou o renascimento das ideias do art nouveau.

As revistas underground introduziram uma mistura inédita de elementos gráficos. Por sua rapidez, a fotolitografia tornou-se uma técnica muito utilizada: desenhava-se à mão diretamente sobre a pedra ou sobre a própria prancha de composição, imitando letras que evocavam os tempos da ornamentação, mas ressaltando a improvisação impressa em cores vivas. (Hollis, 2001: 196)

6.2.2 O "REVIVAL" E O VERNACULAR

Os trabalhos do Push Pin Studio também marcaram as raízes do design pós-moderno. A rejeição desse grupo à funcionalidade e à neutralidade do estilo internacional manifestou-se por meio de um grafismo lúdico e eclético, que resgatou pedaços da história ao utilizar imagens e recursos do estilo vitoriano, do art nouveau e do art déco, com cores luminosas, formas sinuosas e exageradas. Herb Lubalin lançou mão de elementos da linguagem vernacular específica de um período, abandonando os padrões modernistas ou menos na mesma época, também lançou mão de e desenvolvendo um estilo alfabético que marcaria os anos 1970.

O resgate desses estilos decorativos e a incorporação do vernacular viriam, mais tarde, a influenciar outros movimentos como o rétro, reconhecível nos trabalhos de Paula Scher e Louise Fili na década de 1980. A linguagem gráfica do cotidiano foi explorada pela polêmica obra do casal de arquitetos Robert Venturi e Denise Scott Brown, com o livro *Learning from Las Vegas*, de 1972.

108- Capas Revista OZ nº11 - Abril, 1968

109- Push Pin Studio

110- Revista de férias Lincoln Center, Push Pin Studio - 1968

111- Material publicitário Lincoln Center, Push Pin Studio, 1968

112- Capa Revista OZ nº7 - Martin Da Sharp, Outubro, 1967

63

6.3 década de 1970

113- Edifício 9, West 57, Nova York, Chermayeff e Geismar

114- Logo da revista *Avant Garde*, Herb Lubalin, 1970

Linguagens de destaque

Para Philip Meggs, as tendências do desenho que foram etiquetadas de "pós-modernismo" **"são basicamente trabalhos de pessoas treinadas nas normas do estilo suíço e que quiseram ampliar seu repertório"**. (Meggs, 1991b: 528)

> "Ser moderno foi um valor fundamental, porque existia uma fé no progresso cujas raízes se fundem com a noção de história concebida como um processo linear em que o futuro entendia-se como superação do presente." (Pelta, 2004: 43)

Esse discurso, segundo Raquel Pelta (2004), fazia parte de uma visão social utópica e ideológica, e, mesmo que pareça contraditório, essa ideia tentou cristalizar-se no tempo. O design moderno veiculou propostas racionalizadoras na tentativa de melhorar a comunicação. Tais propostas tinham a pretensão de alcançar uma validade universal e por isso se apresentavam de maneira neutra, de tal modo que essa neutralidade asseguraria sua continuidade no tempo. (Pelta, 2004: 43) A hegemonia do estilo internacional, obtida graças a sua ampla divulgação por intermédio de todas as peças das grandes corporações, difundidas em escala global no amplo espectro da atividade do design gráfico, tirava o estímulo à criação de linguagens individualizadas. As próprias empresas, por menores que fossem, sentiam-se mais seguras adotando esse tipo de linguagem, porque assim poderiam igualar-se a uma corporação de grande porte somente pela adoção de um visual universal ou internacional.

↘ Exceto alguns exemplos de linguagens especiais, já vistos nos relatos das décadas de 1950 e 1960, esse era o princípio norteador do design gráfico até meados da década de 1970, quando mudanças generalizadas passaram a ocorrer no campo da linguagem visual, levando a novos direcionamentos e posturas. Novas justificativas para novas definições despertaram discussões sobre metodologias, cujo resultado foi uma ruptura na comunidade global do design gráfico, para dar lugar a um crescente número de grupos de tendências distintas, que buscavam novas teorias que os apoiassem. Um dos principais enfoques desse novo direcionamento era estabelecer regras baseadas nos princípios vigentes para em seguida quebrá-las. (Pelta, 2004: 35)

↘ Nos anos 1970, surgem movimentos, como a new wave e o punk, além de outros, derivados da crescente reação contra o racionalismo e a pretensão de certas vanguardas do passado: era o estopim para desafiar todo o formalismo e racionalismo do estilo internacional, criado como um escudo de proteção do ambiente visual contra o que era considerado visualmente desagradável. (Pelta, 2004: 36)

6.3.1 NEW WAVE

A new wave foi mais uma das reações contrárias ao estilo internacional, e seu principal instigador foi o desenhista suíço Wolfgang Weingart, que, como vimos, integrou o corpo docente da Escola de Design da Basileia, onde já havia estudado. Weingart opunha-se às ideias da tipografia suíça, representada naquela instituição por Emil Ruder e Armin Hofmann. Foi convidado a lecionar na escola em 1968, atuando no curso de design avançado, na área de tipografia. Suas contribuições reergueram a tipografia suíça, aumentando o léxico do design gráfico, e mais tarde esses recursos seriam adotados como maneirismos contemporâneos. (Heller, 2007: 272)

Segundo Poynor, os designers mais experimentados e que seguiam à risca os conceitos do estilo internacional, acostumados a eliminar o estritamente pessoal, começaram a se preocupar com a expansão da subjetividade de Weingart, para quem o design poderia ser uma forma de arte. Por acreditarem que os elementos e os efeitos estilísticos da new wave impediam a clara transmissão da mensagem, rejeitaram essas experiências, as quais qualificaram como moda passageira. (Poynor, 2003: 26)

Designers como April Greiman e Dan Friedman, após estudarem com Weingart na Basileia, retornaram aos Estados Unidos para ensinar e trabalhar. A expansão desse espírito exploratório iniciado por Weingart foi consolidada como uma "nova onda" nos Estados Unidos. (Heller, 2007: 273)

116- CARTAZ, DETALHE, WOLFGANG WEINGART, 1979

O próprio processo de desenho do tipo começou a modificar-se durante os anos 1970, e as possibilidades de aplicação tipográfica aumentaram, exigindo maior flexibilidade das tipografias.

Segundo Rick Poynor, Wolfgang Weingart foi uma figura fundamental para o desenvolvimento da new wave, estilo que inauguraria um novo direcionamento no campo do design gráfico. (Poynor, 2003: 19) Weingart formou-se compositor de textos na Escola de Design da Basileia e, desde 1968, era professor dessa instituição. Quando aprendiz de composição, foi obrigado a decorar todos os problemas de desenho que apareciam nos manuais de tipografia. Isso lhe deu condições para mais tarde questionar a prática tipográfica e ampliar ao máximo as capacidades expressivas da tipografia. Partindo de tipos de imprensa, investigou as relações básicas das letras, como o corpo, a cor tipográfica, a inclinação e os limites da legibilidade. Sentia-se fascinado pelos efeitos de espaçamento e usava esse recurso tanto para a separação entre letras quanto entre linhas, até que o texto se tornasse quase ilegível. Dessa forma, Weingart decidiu não se restringir às limitadas convenções da tipografia suíça, que na sua opinião havia caído em uma rede ortodoxa e formal. (Ibid.: 20)

Por ser intuitivo, espontâneo e emocional, o trabalho de Weingart teve grande influência no design americano. Os americanos Dan Friedman e April Greiman foram seus alunos na Basileia e posteriormente difundiram os conhecimentos do mestre pelos Estados Unidos. Foi por insistência de Friedman que Wolfgang Weingart aceitou realizar em solo americano uma série de conferências descrevendo seu trabalho.

década de 1970
Linguagens de destaque

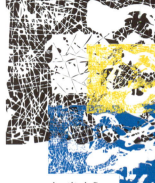

117- Exposição "Kunstkredit", Wolfgang Weingart, 1978

118- God Save the Queen, disco do Sex Pistols, Jamie Reid, 1977

No final dos anos 1970, Weingart recebeu proposta para desenhar cartazes de museus e instituições culturais, e sua obra, segundo Poynor, passou por uma mudança radical. Seus cartazes-colagem para a exposição "Kunstkredit" entre os anos de 1977 e 1982 foram compostos com fragmentos independentes de filme, submetidos à superexposição e fixados em uma base preparada para ser transferida diretamente a uma prancha de litografia off-set. Nessa época, Weingart conseguiu criar espaços pictóricos sem precedentes, cuja complexidade era fruto da fusão da tipografia, de elementos gráficos e de fragmentos fotográficos, deixando aparente algumas partes do grid. Laterais rasgadas, com superfícies sobrepostas que, segundo Poynor, remetiam à geometria cubista, e um expressionismo fotomecânico, cuja descoberta foi feita enquanto trabalhava em câmara escura e com caixa de luz, são elementos utilizados por Weingart para atuar sobre o sentido e as emoções do espectador e, dessa forma, demonstrar que o design gráfico por vezes pode ser um meio de expressão artística autônoma. (Poynor, 2003: 22)

O trabalho de Wolfgang Weingart antecedeu a tecnologia digital e acabou influenciando toda a geração seguinte, que assumiria o computador como principal ferramenta de trabalho.

Enquanto a Nasa lançava seu primeiro ônibus espacial em 1977, o punk surgia com força na Inglaterra, para em seguida espalhar-se pelo mundo, exercendo enorme influência sobre a cultura contemporânea. Com reflexos na música, nas artes, na moda e na literatura, esse movimento foi sintetizado pela banda inglesa Sex Pistols. Com seu estilo gráfico de cortar e colar e transmissão de mensagens diretas, a arte punk estampada nas capas dos discos das bandas de punk rock da época era em geral altamente politizada. Algumas das mais conhecidas capas são de Jamie Reid para o álbum *Never Mind the Bollocks Here's the Sex Pistols* e para o *single God Save the Queen*, ambos do Sex Pistols. (Raimes, 2007: 154)

Jamie Reid foi uma figura central desse movimento, e suas criações antidesign chegaram a definir o estilo do design gráfico punk, à medida que essa insurreição estendia-se para outros países. (Poynor, 2003: 38) Esse movimento funcionou como um agente catalisador do nascimento de uma nova abordagem do design gráfico na Inglaterra. Estilo vivo, rude e anárquico, o punk não só captou a energia e a fúria frustrada da cultura juvenil contemporânea, como também ridicularizou o requinte estético e sério do modernismo. (Fiell, 2005: 28)

Em 1977, Terry Jones, desenhista inglês e antigo editor da revista *Vogue*, desenhou e editou o livro *Not Another Punk Book*, no qual satirizava as técnicas gráficas do estilo punk utilizando pedaços rasgados de jornal, imagens prontas e letreiros produzidos com máquina de etiquetar. (Hollis, 2001: 206)

O CONJUNTO DOS MOVIMENTOS PÓS-MODERNOS

6.3.2 PUNK

No começo da década de 1970, a sensibilidade underground deu lugar ao movimento punk, que também se tornaria uns dos expoentes do conjunto pós-moderno no campo do design gráfico. Nele os designers se mostraram antiartísticos e introduziram as letras recortadas, da mesma forma que o resgate das imagens do passado e do desenho vernacular foi atribuído ao Push Pin e a Herb Lubalin, e a transformação do conceito de legibilidade, com a quebra da noção de clareza e de ordem, é atribuída a Weingart. O punk assimila o ruído como um recurso gráfico, e seus representantes mantiveram as bases para continuar uma ofensiva contra os métodos ordenados e convencionais do design gráfico moderno. Richard Hollis afirma que o dadaísmo foi antiarte e o punk, antidesign. O estilo punk tornou-se uma representação de parte da cultura das drogas e da música pop. Com o propósito de chocar, os designers utilizavam imagens e textos recortados de jornais populares, escritos à mão e à máquina de escrever, e os colavam e sobrepunham de maneira a formar um original que era reproduzido por serigrafia ou fotocópia. O nascimento desse estilo ocorreu nas ruas de Londres, direcionado ao público jovem. (Hollis, 2001: 203)

O desenho punk não foi reconhecido pela corrente dominante do design profissional nem foi aceito como forma válida de desenho até o princípio dos anos 1980, quando alguns designers já aceitavam e utilizavam os mesmos recursos e estratégias.

A transformação das limitações da nova tecnologia em atributos positivos, segundo Hollis, foi uma atitude essencialmente punk. (Hollis, 2001: 306)

Os designers ingleses constituíram um movimento que estava intimamente ligado a um estilo musical surgido em Londres no final dos anos 1970: o punk rock. Como Neville Brody, outras figuras-chave desse movimento foram Barney Bubbles, Peter Saville e Malcolm Garrett. Seus trabalhos pouco se assemelhavam aos realizados paralelamente nos Estados Unidos. Os ingleses não queriam seguir nenhum modelo preestabelecido; eram ecléticos e pluralistas em suas aplicações.

119- Logo Sex Pistols, Jamie Reid, 1977

Rick Poynor (2003) afirma que na Inglaterra essa contestação em nome da busca de uma nova identidade poderia ser interpretada como um gesto pós-moderno. Isso porque, apesar de muitos designers utilizarem o enfoque estabelecido nos anos 1970, outros mais influentes dirigiam-se a um público mais próximo de seus interesses. Nesse sentido, o design gráfico inglês tornou-se um aspecto da subcultura, uma ferramenta criativa, usada pelos jovens para se comunicarem entre si. A indústria fonográfica, em plena expansão no final da década de 1970, permitia um alto grau de experimentação, motivo pelo qual esse momento foi denominado "a era da apropriação da história".

Os designers ingleses, como Barney Bubbles, Malcolm Garrett, Peter Saville e Neville Brody, adotaram essa fonte de inspiração do passado. O livro de Herbert Spencer, publicado em 1966, tinha exercido uma grande influência sobre essa geração, introduzindo as obras de El Lissítski, Theo van Doesburg, Kurt Schwitters, Alexander Rodchenko, László Moholy-Nagy, Herbert Bayer e Jan Tschichold.

Neville Brody, em particular, procurava estabelecer uma distinção entre copiar meramente uma obra dos dadaístas ou construtivistas, o que não lhe agradava, e chegar a conclusões mais gerais a partir do exame da obra, tentando "avaliar o sentido do que estava fazendo e por quê. O que se extraía dessa análise era uma espécie de dinamismo, um humanismo e uma aceitação das regras e dos valores tradicionais. Uma vez examinada, poderia procurar a própria resposta". Para Brody, no que concerne ao design, os últimos quinze anos seriam um período de "reciclagem de ideias já exploradas". (Poynor, 2003: 76)

6.4 década de 1980
Linguagens de destaque

"Não temos um estilo coletivo. Temos estilos distintos e trabalhamos intuitivamente, enquanto outros o fazem de forma controlada. Tampouco costumamos descartar material e aproveitamos grande quantidade de elementos. Nesse sentido, somos bastante agressivos. Misturamos qualquer cor e tipo de letra. Na revista, não nos preocupa seguir as regras, ou seguir o grafismo que se supõe correto. Nossa preocupação não se centra na legibilidade ou na funcionalidade, mas sim na imagem total, mesmo que esta imagem seja ilegível."

(Hard Werken, 1985

apud Poynor, 2003: 43)

120- Capas da revista *i-D*, Terry Jones, 1981

A década de 1980 caracterizou-se por uma pluralidade de expressões que continuavam reagindo contra o movimento moderno.

Terry Jones prosseguiu seu trabalho, lançando em 1980 uma revista em estilo de rua, chamada *i-D*, que era a expressão de todo o tipo de tecnologia nova, em excesso. Terry questiona a legibilidade de um modo muito similar ao que se fazia nos anos do psicodelismo. (Blackwell, 1992: 202)

Terry descreveu seu método de trabalhar, rápido e jornalístico, como "design instantâneo", e assim classificou as técnicas gráficas utilizadas por ele para obter as rápidas reproduções da moda do momento: marcas manuais de datas com carimbos, lápis, esferográficas, carimbos de borracha, máquinas de escrever elétricas e manuais, tipografia de computador bitmap, colagem, fotocópias, blocos de caracteres ou logotipos e efeitos de impressão constantemente desenvolvidos a partir de erro. No decorrer dos anos 1980, todos esses recursos foram utilizados na revista *i-D*, que teve inúmeras vezes modificados seu estilo gráfico, formato e tipo de papel. (Poynor, 2003: 41-42)

Neville Brody, com a revista inglesa *The Face*, também transformou a linguagem gráfica dos anos 1980, ao utilizar a manipulação da linguagem por meio da tipografia digital como elemento de exploração.

A princípio, Brody estava ligado às ideias de Weingart e à new wave, participando depois do movimento punk. Para Richard Hollis (2001), Brody domou o estilo punk, transformando-o no idioma gráfico do consumidor dos anos 1980. Enquanto as palavras e as imagens da revista *i-D* eram apresentadas na mesma textura, a *The Face* – revista de cultura e estilo também lançada em 1980, cuja direção de arte estava a cargo de Neville Brody – desmontava o layout convencional das revistas de consumo com títulos impressos em letras de formatos bizarros, algumas vezes geradas por computador, outras vezes construídas geometricamente em estilo art déco. (Hollis, 2001: 209)

121- Página da revista *The Face*, Neville Brody, 1982

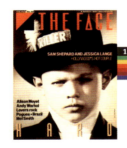

122- Capa da *The Face*, Neville Brody, 1985

Para Lewis Blackwell, os trabalhos de Neville Brody revelaram um progressivo refinamento, inspirados nos conceitos racionalistas e até no estilo internacional. No entanto, Brody sempre manteve uma atitude questionadora, que o tornou um desenhista independente e diretor de sua própria fundição tipográfica digital, a Font Works. (Blackwell 1992: 201) Junto com Erik Spiekermann, Brody também abriu a Fontshop, empresa com escritório em Berlim e Londres. Spiekermann transformou a tipografia alemã, ao desenhar a fonte Meta (1985) com a ideia de ser uma alternativa à Helvetica. Sócio do escritório MetaDesign desde 2001, Spiekermann especializou-se em tipografia e design de informação, elaborando o sistema de sinalização do Aeroporto de Düsseldorf. Desenhou também a fonte ITC Officina (1988-1990) e a FF Info.

Na realidade, para Poynor, o trabalho de Neville foi, em príncipio, pouco reconhecido pelos designers americanos. Embora publicada na *The Face* – à qual certamente os designers americanos tinham acesso –, a maioria de seus trabalhos só começaria a ficar conhecida no final da década de 1980, com o lançamento do livro *The Graphic Language of Neville Brody*. (Poynor, 2003: 33)

Em 1985, a Adobe Systems introduziu a linguagem Post Script, e pela primeira vez o designer tinha controle total sobre o processo criativo. A acessibilidade e a redução de custos no campo da tecnologia dos computadores resultaram na "democratização da profissão".
Em 1990, Matthew Carter, tipógrafo britânico radicado nos Estados Unidos, declarou:
"Como parte da democratização da indústria, a criação dos tipos foi desmitificada. Graças à popularidade dos programas, o processo da tipografia mudou rapidamente. Em poucos anos, designers criaram o mesmo número de tipos novos que haviam sido feitos em quinhentos anos de história". (Matthew Carter *apud* Blackwell, 1992: 194)

Nos Estados Unidos, no transcurso dos anos 1970, o rétro converteu-se no estilo dominante da década. Paula Scher era uma das figuras mais influentes, por sua compreensão da forma histórica e sua eclética habilidade para reinventá-la a serviço de seus clientes. Depois de deixar a CBS, Scher, juntamente com Terry Koppel, fundou a Koppel & Scher. Qualquer estilo histórico era válido, e seus resultados eram eficientes do ponto de vista comercial. Porém, à medida que a década foi avançando, a tendência à reciclagem foi posta em dúvida.

123- Folheto Promocional, Paula Scher, 1984

124- Marcas rétro, Louise Fili

69

Linguagens de destaque 1980

125- *Emigre*, Nº 4, CAPA E PÁGINA, 1986

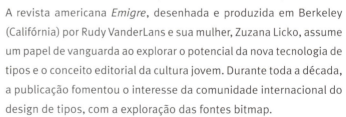

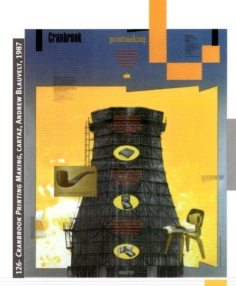

126- Cranbrook Printing Making, cartaz, Andrew Blauvelt, 1987

Durante os anos 1980, o design tornou-se objeto de constante revisão, na qual se recorreu com frequência à fusão entre teoria e prática para melhor definir a ação projetual. A síntese da multidisciplinaridade no campo do design gráfico abre caminho para um novo direcionamento da atividade, causando maior impacto social.

A tipografia assume um novo papel, levando o leitor a se tornar parte ativa na construção da mensagem, interagindo com ela e abandonando a posição passiva habitual. A proposta dessa nova tipografia era que os leitores aprendessem a ler imagens abertas e fechadas com a mesma atenção que demandava o conteúdo. Para Jeffery Keedy, o trabalho de cada designer deveria alcançar vida própria, tornando-se um elo ativador e intermediador para o leitor. (Pelta, 2004: 130)

A revista americana *Emigre*, desenhada e produzida em Berkeley (Califórnia) por Rudy VanderLans e sua mulher, Zuzana Licko, assume um papel de vanguarda ao explorar o potencial da nova tecnologia de tipos e o conceito editorial da cultura jovem. Durante toda a década, a publicação fomentou o interesse da comunidade internacional do design de tipos, com a exploração das fontes bitmap.

Os conceitos de tipografia e de tipo digital se fundem, graças ao impulso recebido por parte de estudantes da Cranbrook Academy of Art, escola que desde a década de 1970 se transformara em centro de vanguarda do design nos Estados Unidos. Os ensinamentos e a obra de Katherine McCoy, então coordenadora do departamento de design gráfico da Cranbrook, contaram com a adesão de estudantes-chave, como Jeffery Keedy e Edward (Ed) Fella. Um dos primeiros projetos dos alunos foi o desenho de um número da revista acadêmica de teoria da comunicação, *Visible Language*. Apoiado por McCoy, esse projeto era parte de um exercício de exploração da teoria linguística, no qual os alunos, ao apreenderem um conhecimento do significado a partir do significante, retomaram a discussão sobre a teoria da linguagem de Ferdinand de Saussure, porém confrontando-a com a teoria desconstrutivista de Jacques Derrida.

6.4.1 DESCONSTRUTIVISMO

O conceito de "desconstrução" foi introduzido por Jacques Derrida em seu livro *Gramatologia*, publicado na França em 1967 e traduzido para o inglês em 1976. O desconstrutivismo tornou-se a vanguarda literária para os intelectuais americanos das décadas de 1970 e 1980, colocando em foco os sistemas linguísticos e institucionais que sustentavam a produção. (Lupton & Miller, 1996: 7)

Jeffery Keedy, Katherine McCoy, Edward Fella, Rudy VanderLans, Barry Deck, entre outros, estavam totalmente convencidos de que o design gráfico não deveria mais ser anônimo e impessoal, como o estilo internacional pregava.

Para eles, toda a linguagem era pessoal, e, por isso, era permitido utilizar-se de todos os meios para conseguir uma expressão efetiva, e era unânime a opinião de que cada designer deveria estar envolvido com a comunicação das mensagens e, como tal, deveria decidir e responsabilizar-se pelo seu aspecto. (Pelta, 2004: 44)

A maioria das experiências tipográficas, sejam elas desconstrutivistas ou não, eliminava um dos principais alicerces do design gráfico: a legibilidade. Esses profissionais argumentavam, a exemplo de Zuzana Licko, que não existia nenhum tipo naturalmente legível. Para Licko, e também para VanderLans, a legibilidade depende da familiaridade dos leitores com determinados tipos de letra, e essa legibilidade deve estar proporcionalmente ligada a seu conteúdo emocional.

O estilo suíço, ordenado, linear, objetivo, que defendia o conceito de legibilidade como premissa para a neutralidade e a utilização do grid como elemento organizador e racionalizador da ação projetual, deixou de ser prioridade, e a tipografia assumiu um papel mais sensível a essa nova situação, na qual os designers começaram a despertar para a possibilidade de leituras distintas, com diferentes expectativas de compreensão. (Pelta, 2004: 130) "No final dos anos 1980, essa emergente sensibilidade assistiu ao nascimento do fenômeno tridimensional, que teria grande influência internacional." (Poynor, 2003: 26)

> "DESCONSTRUÇÃO PERTENCE AO AMPLO CAMPO CRÍTICO CONHECIDO COMO PÓS-ESTRUTURALISMO, E ENTRE SUAS FIGURAS-CHAVE ESTÃO OS PENSADORES ROLAND BARTHES, MICHAEL FOUCAULT E JEAN BAUDRILLARD. CADA UM DESSES ESCRITORES ENTENDEU OS MODOS DE REPRESENTAÇÃO – DESDE A CONVENÇÃO DA LITERATURA E DA FOTOGRAFIA ATÉ O DESIGN DE ESCOLAS DE DESIGN E AS PRISÕES – COMO PODEROSAS TECNOLOGIAS QUE CONSTROEM E RECRIAM O MUNDO SOCIAL. O ATAQUE DA DESCONSTRUÇÃO À NEUTRALIDADE DOS SINAIS TAMBÉM ESTÁ PRESENTE NAS MITOLOGIAS DO CONSUMIDOR DE BARTHES, NA ARQUEOLOGIA INSTITUCIONAL DE FOUCAULT E NA ESTÉTICA SIMULATIVA DE BAUDRILLARD."
>
> (LUPTON & MILLER, 1996: 7)

década de 1980
Linguagens de destaque

O grupo italiano Memphis foi fundado pelos arquitetos Ettore Sottsass e Michele de Lucchi. O Memphis e todos os seus seguidores são atraídos pelas texturas das superfícies, pelos elementos geométricos descontraídos, pelas cores e, como consequência, são marcadamente ecléticos e pluralistas. O grupo escolheu esse nome por refletir seu interesse pela cultura popular contemporânea e pelos artefatos e ornamentos das culturas antigas. Essa atitude experimental dominou a cena do design nos anos 1980 e tornou-se sinônimo de extravagância decorativa. (Meggs, 1998 [1991b]: 442) Os objetos do Memphis surpreendiam pelo uso de materiais plastificados impressos com uma grande variedade de estampas coloridas. Esses objetos caracterizavam-se pela ausência de identidade: cafeteiras, geladeiras, restaurantes de comida rápida, cozinhas, etc. O Memphis lançou mão dessa matéria-prima barata até em peças luxuosas para sala de estar. A capa de seu primeiro catálogo, de 1981, apresenta uma mescla irregular de diferentes tramas. (Poynor, 2003: 29-30)

127- Material promocional para o estúdio Memphis, Michael Vanderbyl, 1985

128- Connections, cartaz para a Simpson Paper, Michael Vanderbyl, 1983

129- The Language of Michael Graves, cartaz, William Longhauser, 1983

Um folheto do estudio Memphis, desenhado em 1985, demonstra até que ponto, naquela época, as inovações estilísticas do momento já haviam sido aceitas pelos clientes mais comerciais. A textura característica do Memphis usada na palavra *innovation* contribui para a coesão das letras espaçadas de diferentes estilos, apoiando uma coleção de móveis e objetos do grupo. Outro cartaz que simboliza esse momento foi desenhado por William Longhauser para uma exposição de Michael Graves. Cada letra do sobrenome "Graves" faz uma alusão a um aspecto de sua linguagem arquitetônica. (Poynor, 2003: 31) Em São Francisco, Michael Vanderbyl criou uma série de peças compactuando com as novas tendências de arquitetura e design. Em um cartaz para a Simpson Paper, de 1983, Vanderbyl elaborou uma fileira de figuras que saltam no vazio do alto de um arranha-céu moderno, simbolizando um caminho para chegar a uma coluna clássica; essa imagem, segundo Poynor, significa uma chamada evidente para o valor das formas culturais pré-modernas.

Portanto, ao longo da década de 1980, por meio da utilização das ferramentas eletrônicas disponíveis, os designers criaram um repertório de imagens híbridas com mensagens codificadas, proporcionando um novo alento à atividade. Dessa maneira, o conjunto dos movimentos pós-modernos trouxe ao design uma multiplicidade de estilos, desatando as amarras do conceito modernista.

6.5 década 1990
Linguagens de destaque

"Zuzana Licko [...] demonstra que cada forma tipológica em suporte não convencional carrega em si o estigma de ser menos legível do que outras com as quais o olho humano já se acostumou. 'As formas de tipos não são intrinsecamente legíveis. É antes a familiaridade do leitor com a forma da letra que resulta em sua legibilidade, e elas se tornam mais legíveis por seu uso reiterado, pois a legibilidade é um processo dinâmico'."

"Anteriormente, a legibilidade dependia de uma série de normas estabelecidas, que hoje não são mais aplicáveis. Zuzana Licko [...], afirma:

'Se lê melhor o que mais se lê'."

"Ela acredita que no futuro suas tipografias se tornem mais fáceis de ler e afirma que as letras e seus suportes não são inerentemente legíveis, mas sim que se tornam mais legíveis pelo seu uso reiterado. E que a legibilidade é um processo dinâmico."

(Emigre, nº 15, 1991)

A ascensão da internet reacendeu o interesse pelo pensamento universal. A invenção da *world wide web*, a "teia do tamanho do mundo", conhecida pela sigla www, foi obra de Tim Berners-Lee no início da década de 1990, quando trabalhava no Centro Europeu de Pesquisa Nuclear (Cern) e enfrentava problemas para entrelaçar as informações de pesquisa cujos participantes estavam muitas vezes separados por longas distâncias e usando diferentes redes de computadores. A ferramenta desenvolvida por Berners-Lee resolveu esse entrave. (Lupton, 2006: 134)

Segundo seu criador, a web foi desenhada para ser um espaço colaborativo, e em 1996 já atingia a faixa dos 30 milhões de usuários, praticamente quintuplicando esse número um ano depois. Em 2006, chegava aos 800 milhões, alcançando, em 2010, cerca de 1,96 bilhão de usuários no mundo. (*Folha On-line*, 28-11-2008; *site* Internet World Stats, 2010)

As tecnologias digitais também iriam modificar o modo de utilizar a letra. Ficou evidente, nos anos 1990, o declínio dos *standard* tipográficos, e o questionamento do conceito de atemporalidade continuava, abalando a ideia de que a tipografia deveria ser desenhada de forma a permanecer no tempo. Como em outros âmbitos da cultura, reivindicava-se o efêmero, conceito que, para designers como Massimo Vignelli, seria a base de um novo tipo de poluição visual a ameaçar a cultura. A era do grafismo eletrônico fomentou certo abandono de *standard* do desenho. A tela converteu-se na área de trabalho.

Diante dessa postura, Jeffery Keedy questionava se, em uma era na qual "existiam milhares de aparelhos de televisão, revistas, livros, jornais, web e uma inconcebível quantidade de informação, somente alguns poucos tipos seriam suficientes. Em um mundo assim, tudo era permitido, porque, para os partidários dessa postura, diversidade e excelência não se excluíam mutuamente". (Keedy, 1998)

década de 1990
Linguagens de destaque

Isso significava, segundo Raquel Pelta, que as necessidades tipográficas eram flexíveis e que não havia nenhum inconveniente no fato de os tipógrafos terem maior liberdade na hora de selecionar um tipo, visto que uma fonte que era apropriada para uma revista não seria necessariamente ideal para uma enciclopédia, um jornal ou um catálogo de arte. Isso quer dizer que cada tipo tem sua funcionalidade. (Pelta, 2004: 128)

Nas duas últimas décadas do século XX, a presença do designer começou a ser reivindicada: tal qual seu tom de voz, a seleção que fazia dos tipos era uma forma de assegurar que cada projeto de desenho tivesse uma identidade específica. Essa era a postura de Rudy VanderLans, Jonathan Barnbrook, Neville Brody e Max Kisman. Tal reivindicação, acompanhada da influência do pós-estruturalismo, especialmente em relação ao tema "a morte do autor", arremeterá contra a invisibilidade dos tipos, ou melhor, contra sua transparência. (Pelta, 2004: 129)

Os primeiros anos da década de 1990 receberam influência das teorias pós-estruturalistas do design gráfico, segundo as quais um texto é um desenho, e vice-versa. De acordo com Peter Bil'ak, algum tempo se passou até que os designers desse período começassem a perceber que um texto comunica de forma diferente de um desenho. Isso os fez entender que o processo de leitura não é linear; pelo contrário, é dinâmico e ativo. A utilização da tipografia é uma forma de tornar mais agradável o ato da leitura; dessa maneira, a manipulação do tipo, dos espaçamentos tem influência fundamental sobre o leitor, ajudando a guiá-lo na interpretação do conteúdo.

Em 1991 teve início a publicação da revista *Fuse*, um "projeto para a investigação da linguagem". Neville Brody e Jon Wozencroft, seus idealizadores, caracterizaram a experiência como uma tentativa de reunir "designers gráficos, cultura popular e filosofia". A importância desse projeto foi confirmada quando passou a fazer parte da coleção permanente do Victoria and Albert Museum, de Londres. A *Fuse* continuou em sua linha gráfica até o ano de 1999.

130- Capas da revista *Fuse*, Neville Brody, anos 1990

131- Capa da revista *Ray Gun*, nº 14, David Carson, 1993

Tibor Kalman e Ed Fella eram designers autodidatas, mas o método que utilizavam para transgredir as normas era fruto de um profundo conhecimento de suas convenções, de modo que tinham autoridade para questioná-las.
David Carson percorreu um caminho diferente dentro da escola autodidata, tendo como alicerce de seu trabalho o talento e a intuição sem restrições. Considerado uma exceção por Rick Poynor, Carson foi o designer mais reconhecido dos anos 1990. Adotou uma posição inusitada ao declarar, sem constrangimentos, que era exatamente a sua ignorância das regras, e de todas as suas possibilidades e limitações, que lhe permitia realizar desenhos em nada semelhantes àqueles com os quais o público estava acostumado:

"Nunca aprendi o que não se deve fazer, simplesmente ponho em prática o que tem mais sentido [...]. Não existe grid, não existe formato. Creio que no final se consegue um resultado mais interessante do que aplicar meramente as regras formais de desenho." (David Carson *apud* Poynor, 2003: 13)

Carson conseguiu resultados extraordinários e muito sugestivos do ponto de vista plástico, o que para muitos pareceu confirmar, pelo menos por um tempo, a absoluta irrelevância das regras: o designer confiava em sua intuição para saber o que funciona e o que está adequado. Desligando a página da grade, cada elemento de desenho opera por meio de uma associação ilógica, atrapalhando o olhar e chamando a atenção para uma aventura dos sentidos no campo aberto da página. Segundo Poynor, esse comentário, vindo de um crítico de uma revista de moda e estilo inglesa, foi suficiente para provocar vários anos de introspecção nas escolas de desenho, já que os princípios básicos vigentes do design gráfico nunca haviam sido colocados em xeque até essa época. (Poynor, 2003: 61) Porém, ficou claro que, tendo em vista a prática de milhares de imitadores sem nenhum talento especial, a ilógica associação levou ao caos absoluto. A intuição por si só não basta.
Se no fim dos anos 1990 a tipografia viu questionados aspectos como a invisibilidade da letra, a objetividade, a legibilidade e o grid, o começo do século XXI passa a suavizar as turbulências ideológicas, dando lugar a uma fase em que os designers estão mais interessados em outras questões, como a transmissão de conteúdos, a organização da informação e o desafio dos novos meios. (Pelta, 2004: 132)

7. O NOVO SUPORTE INFORMÁTICO

"À MEDIDA QUE PASSAMOS DA IDEOGRAFIA AO ALFABETO E DA CALIGRAFIA À IMPRESSÃO, O TEMPO TORNA-SE CADA VEZ MAIS LINEAR, HISTÓRICO. A ORDEM SEQUENCIAL DOS SIGNOS APARECE SOBRE A PÁGINA OU MONUMENTO. A ACUMULAÇÃO, O AUMENTO POTENCIALMENTE INFINITO DO *CORPUS* TRANSMISSÍVEL DISTENDEM O CÍRCULO DA ORALIDADE ATÉ QUEBRÁ-LO." (LÉVY, 2000: 94)

"O EFEITO *ANTI-ALIAS* SUAVIZA AS BORDAS DE UMA IMAGEM OU TIPO, AO MISTURAR OS PIXELS DA BORDA COM OS PIXELS DO FUNDO. POR EXEMPLO, SE A BORDA ESTÁ NA COR PRETA E O FUNDO NA COR BRANCA, O *ANTI-ALIAS* COLOCA NA BORDA UMA GRADAÇÃO DE TONS CINZA. ASSIM, O CONTORNO DA IMAGEM ALCANÇA UMA MAIOR RESOLUÇÃO." (LUPTON, 2006: 55)

135. SÍMBOLO DA APPLE, ROB JANOFF, 1976. O ARCO-ÍRIS FOI UTILIZADO ATÉ 1998.

Nos últimos anos, fomos testemunhas de uma das mudanças mais importantes no desenvolvimento da linguagem visual desde a invenção da impressão de tipos móveis. O novo campo tecnológico, considerado antes de tudo uma ferramenta, converte-se também em suporte de leitura. Até o fim da década de 1980, antes de iniciar-se essa revolução tecnológica, o estudo das interfaces voltava-se para as necessidades de um usuário acadêmico específico, não se interessando pelo cidadão comum. Posteriormente, junto com a implantação da informática nas empresas, surgiu a necessidade de tornar compreensível sua aplicação para esse usuário comum, o que fez com que os designers se vissem obrigados a adaptar a tecnologia e o vocabulário para esse público. Com a invenção da interface gráfica, muitos aí perceberam o nascimento de uma ferramenta que se tornaria uma nova forma de comunicação, tão importante quanto os êxitos alcançados pelo papel, pela tinta ou pela prensa. Como toda inovação tecnológica, antes do refinamento e do total aproveitamento das possibilidades, essa ferramenta passou por um período experimental, em que ocorreram sucessivos estágios de aprimoramento, que vão desde as telas pretas com os caracteres bitmap verdes até alcançar a linguagem Postscript, passando por inúmeras atualizações dos sistemas operacionais destinadas a melhorar a legibilidade, como a incorporação do *anti-alias* ao sistema, proporcionando maior conforto e claridade para a leitura da palavra em um suporte virtual. Depois de quase 25 anos, os computadores pessoais foram incorporados por todos os cidadãos, tanto os mais ortodoxos quanto os mais revolucionários. Da mesma forma que o papel e seu processo de impressão impõem limitações, a tecnologia digital também coloca as suas. A familiaridade no manuseio do mouse, do cursor, o costume de ler em monitores de diferentes tamanhos e a potencialização do uso massivo da internet fazem do computador uma ferramenta de trabalho e ao mesmo tempo um meio de leitura.

O surgimento do Apple Macintosh, em 1984, acelerou a integração da informática ao mundo da comunicação. As numerosas características de interface típicas do Mac foram logo imitadas por outros fabricantes, de forma que em pouquíssimo tempo a interface se tornou amigável, por meio dos ícones e do mouse. Steve Jobs e alguns de seus colaboradores, ao visitarem os laboratórios do Palo-Alto Research (Parc), da Xerox, viram pela primeira vez que era possível interagir com um computador de forma intuitiva, sem intermédio de códigos abstratos. Sob a direção de Alan Kay, Larry Tesler e a equipe do Parc trabalhavam no desenvolvimento de uma interface informática que simulasse um ambiente de trabalho. Deslizando um pequeno aparelho sobre uma superfície plana, era possível selecionar, na tela do computador, ideogramas (ícones) que representavam documentos, pastas ou instrumentos de desenho, e, ao apertar o botão desse dispositivo (o mouse), podia-se efetuar uma série de operações sobre os objetos selecionados. (Lévy, 2000: 48)

Nessa interface, o usuário tinha sempre à vista diferentes planos nos quais se desenvolvia o trabalho, bastando abrir e fechar janelas. Pierre Lévy afirma que Jobs reverteu em proveito da Apple as ideias da Xerox, acrescentando outras características de interface que remetem umas às outras, redefinem-se e valorizam-se mutuamente, como textos e imagens interconectados em um hipertexto. (Lévy, 2000: 48-49)

O jornal ou a revista, refugos da impressão, bem como a biblioteca moderna, são particularmente bem adaptados a uma atitude de atenção flutuante ou interesse potencial em relação à informação. Não se trata de caçar ou perseguir uma informação particular, mas de recolher coisas aqui e ali, sem ter uma ideia preconcebida. O verbo inglês *to browse* ("recolher", mas também "dar uma olhada") é empregado para designar o procedimento curioso de quem navega em um hipertexto. No território quadriculado do livro ou da biblioteca, é necessário o uso de mediações, como índices ou sumários.

Ao contrário, o leitor do jornal realiza diretamente uma navegação a olho nu. As manchetes chamam a atenção, dando uma primeira ideia, pinça-se aqui e ali algumas frases, uma foto, e depois, de repente, um artigo fisga sua atenção. (Lévy, 2000: 35-36)

Os inconvenientes iniciais de consulta através da tela foram parcialmente compensados por certo número de características de interface que se disseminaram durante os anos 1980, as quais podemos chamar de princípios básicos da integração da informática:

"Diagramação figurada, diagramática ou icônica das estruturas da informação e dos comandos (por oposição a representações codificadas abstratas).;

"O uso do mouse, que permite ao usuário agir sobre o que ocorre na tela de forma intuitiva, sensório-motora e não através do envio de sequências de caracteres alfanuméricos.

"Os menus que mostram constantemente ao usuário as operações que ele pode realizar.

"A tela gráfica de alta resolução." (Lévy, 2000: 35)

Partindo de traços tomados de empréstimo de várias mídias, o hipertexto constitui, portanto, uma rede original de interfaces. Algumas de suas particularidades (seu aspecto dinâmico e multimidiático) devem-se a seu suporte de inscrição ótica ou magnética e a seu ambiente de consulta do tipo "interface amigável". As possibilidades de pesquisa por palavras-chave e a organização subjacente das informações remetem aos bancos de dados clássicos. (Lévy, 2000: 36)

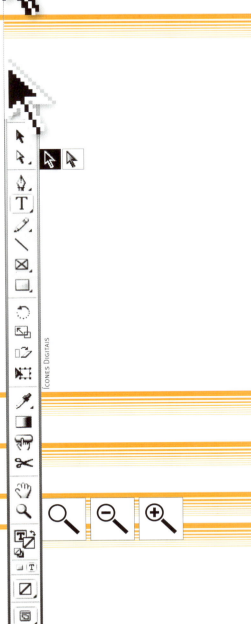

Ícones Digitais

77

8. TIPOGRAFIA: UMA INTERFACE

TRADIÇÕES E MUTAÇÕES DA LINGUAGEM VISUAL

Pensar em linguagem visual é pensar em todo o nosso entorno. Ele nos envolve, comunicando, identificando, atribuindo significados ou até mesmo transformando-os. As representações gráficas – que podem ser sinais, como letras, ou ser parte de qualquer sistema de signos gráficos – estão presentes nas ruas e em tudo que lemos. Dessa maneira, todos os seus elementos pertencem ao repertório visual do cidadão não apenas como representação da linguagem verbal, mas também pela impregnação de seus efeitos gráficos, seja nos veículos de comunicação, seja em todos os espaços urbanos, de forma a integrar-se e interagir com o desenho da cidade. Tais sinais gráficos (por exemplo, os sistemas de sinalização – tanto os planejados quanto os espontâneos) são parte real de nossa cultura e transformaram-se em símbolos dos grandes centros urbanos.

O design gráfico mantém sua função de organizador e estruturador de qualquer sistema de comunicação que utilize texto e imagens, seja no plano bidimensional, tridimensional ou virtual. Continua desempenhando o papel de dar forma à mensagem e de ordenar a informação por meio da representação gráfica da linguagem verbal, a fim de transmitir simbolicamente uma intenção, criando, para isso, linguagens particulares, diversificadas e específicas, dirigidas a diferentes grupos, de forma que cada público consiga ter uma reação e estabelecer uma interação com a mensagem. Portanto, podemos dizer que o design gráfico continua sendo a arte de criar e escolher imagens, combinando-as em qualquer superfície para transmitir e comunicar uma mensagem.

Uma nova tecnologia faz com que o horizonte se amplie, causando um impacto social, e, como consequência, altera o exercício profissional pelas mutações da ação projetual.

O livro não é mais o principal responsável pela manutenção da escrita. Os símbolos, ícones e padrões tipográficos são poderosas variantes da alfabetização que operam deixando marcas no meio urbano, nas diferentes superfícies e espaços que o compõem. Com a internet, novas e velhas convenções ligadas a apresentação de textos rapidamente se transformaram, apropriando-se de linguagens provenientes de diferentes nichos, como a imprensa, a arquitetura, o cinema e a televisão. Anteriormente, as condições materiais e técnicas de uma matriz carregada de informação estabeleciam o alcance e as limitações de seu uso. Hoje, com a mudança do suporte, os dados digitalizados carregam a mensagem de um meio para outro, apresentando-se automaticamente em diversos formatos. (Lupton, 2006: 76)

A tecnologia exerce grande influência sobre as direções seguidas pela tipografia. Desde o processo de composição com tipos móveis até a introdução da composição mecânica no final do século XIX, poucas mudanças ocorreram. A composição mecânica, como os sistemas Linotype e Monotype, incrementou a velocidade, mas manteve inalterado o aspecto geral da página impressa. Para Martin Solomon, a introdução da fotocomposição alterou a forma de produção dos tipos, assim como sua expressão tipográfica. Mas, na realidade, foi a tecnologia digital que revolucionou os fundamentos conceituais do design gráfico: "Até o final da década de 1980, os designers pouco participavam dos processos físicos da composição tipográfica. Eles estavam acostumados a dar diretrizes de execução aos artesãos ou operadores capacitados para a tarefa. O computador fez com que boa parte dessas tarefas fosse assumida pelos designers, agilizando tanto o processo de produção quanto o de execução". (Solomon, 1996: 16)

Para Peter Bil'ak, o desenho tipográfico, como tantas disciplinas, foi dirigido pela tecnologia. Cada mudança tecnológica na esfera da impressão impulsionou o desenvolvimento de novos enfoques, incentivados pelas novas possibilidades. Assim, por exemplo, as novas tipografias do século XVIII aproveitaram as inovações na fabricação do papel e as melhores técnicas de entintamento para obter um aumento considerável do contraste entre os traços grossos e finos dos caracteres.

A introdução do gravador e das matrizes pantográficas no final do século XX permitiu a produção de numerosas variações de uma tipografia a partir de um só desenho. A compressão da escala mecânica das formas transformou a noção do alfabeto. Esse se converteu em um sistema flexível, que possibilitava numerosas variantes tipográficas: comprimidas, expandidas, etc. Na metade do século XX, a adoção do sistema de fotocomposição significou a possibilidade de ajustar com maior precisão o espaçamento entre letras. Entre as numerosas inovações estão também as fototecnologias e o desenvolvimento de fontes que simulam a escrita manuscrita com letras interconectadas. E, mais recentemente, a tecnologia digital estimulou uma onda de fontes com base em fatores de aleatoriedade. (Bil'ak, 2003)

> PODEMOS TRAÇAR PARALELOS ENTRE ÉPOCAS HISTORICAMENTE BEM DEFINIDAS EM TERMOS DE MUDANÇAS TECNOLÓGICAS.
>
> NO SÉCULO XV, OS TIPÓGRAFOS ENFRENTARAM PROBLEMAS PARA CHEGAR AO CORRETO MANUSEIO DO METAL OU AOS AJUSTES NO CORTE DO TIPO, POIS SEU DESENHO ESTAVA DIRETAMENTE VINCULADO ÀS CARACTERÍSTICAS FORMAIS QUE A PENA CALIGRÁFICA IMPUNHA.
>
> NO SÉCULO XIX, DURANTE A REVOLUÇÃO INDUSTRIAL, O ADVENTO DE NOVAS TECNOLOGIAS A VAPOR IMPLICOU A NECESSIDADE DE ADAPTAÇÃO DO HOMEM À MÁQUINA, O QUE A PRINCÍPIO ACARRETOU PROBLEMAS TÉCNICOS GERADOS PELO NOVO SISTEMA MECÂNICO, E SÓ DEPOIS O PROCESSO PROJETUAL ENTRARIA GRADATIVAMENTE EM SINTONIA COM O PROCESSO EXECUTIVO.
>
> NA DÉCADA DE 1950, COM A INTRODUÇÃO DA FOTOCOMPOSIÇÃO, A QUALIDADE GRÁFICA DA COMPOSIÇÃO DOS ELEMENTOS DECAIU, EM PARTE DEVIDO A PROBLEMAS TÉCNICOS CRIADOS POR UM NOVO SISTEMA E EM PARTE PELA INEXPERIÊNCIA DOS OPERADORES, QUE HAVIAM SIDO TREINADOS POR PESSOAL ESPECIALIZADO NA UTILIZAÇÃO DA MÁQUINA DE FOTOCOMPOSIÇÃO, E NÃO POR CONHECEDORES DA FORMA TIPOGRÁFICA.

Uma das palavras mais comuns utilizadas atualmente é "digital", reforçando a ideia de que os computadores dependem de correntes de dígitos, e, na realidade, quase todos os dados, seja na forma de palavra, números ou imagens, podem ser digitalizados e transmitidos por meio dessas novas correntes tecnológicas.

A civilização globalizada foi influenciada pela tecnologia da informação e do design. Os computadores pessoais penetraram no cotidiano do cidadão, independentemente de seu contexto, idade ou cultura. Durante a última década, a prática do design gráfico sofreu importantes modificações em todas as ordens, graças à obtenção de uma melhor definição dos pixels para a saída de impressão e à substituição das ferramentas tradicionais pelos *softwares*. Se, por um lado, a internet e a disponibilização global da informação proporcionaram maior velocidade à prática profissional do desenho gráfico, por outro, aceleraram o desgaste de soluções, enfatizando o modismo nesse campo.

> Nas últimas décadas, o design gráfico passou de um meio basicamente estático de mensagens organizadas dentro de peças fechadas – como livros, revistas, cartazes – a um meio no qual a mensagem surge em constante movimento e ação, propondo uma interatividade com o usuário por intermédio das chamadas "interfaces gráficas do usuário" (GUI – *graphic user interface*). Essas interfaces gráficas, ou ícones, são peças centrais que permitem a qualquer pessoa conectar-se aos computadores por meio de uma simplificação de seus conteúdos. Tornaram-se a chave para que os usuários interpretem e controlem sua interação com o computador, valendo-se de símbolos gráficos que formam um outro meio de comunicação universal. (Gordon, 2002: 9)

Beatrice Warde (1956), tipógrafa, escritora e intelectual americana, rejeitava o movimento de vanguarda na área do design gráfico: acreditava que a tipografia clássica fornecia uma melhor comunicação de ideias. Warde defendia o conceito de "transparência tipográfica" – mencionado em seu ensaio "The Crystal Goblet or Printing Should Be Invisible", publicado em *Sixteen Essays on Typography* –, comparando a boa tipografia com uma taça de cristal que contém o vinho, mas que é invisível. Ou seja, sua função é não interferir, mas apenas conter. (Warde, 1956) Da mesma forma, Stanley Morison também acreditava que "nada poderia interferir entre o autor e o leitor". (Morison, 1957: 15)

Para Stanley Morison, *a tipografia era* **"essencialmente utilitária e só acidentalmente estética".**
(Morison, 1957: 15)

Esses conceitos utilitaristas das primeiras décadas do século XX transformaram-se em estandartes dos racionalistas. Fazem parte da história de uma época em que se pretendia alcançar a neutralidade com o intuito funcionalista de uma linguagem universal. Essa invisibilidade tipográfica que defendiam Warde e Morison deveria estar diretamente ligada ao conceito de "razão", portanto distanciado do "sentir", pertencente à arte e à expressividade, que para eles deveriam estar distantes do conceito tipográfico. (Sesma, 2004: 42)

Dessa maneira, segundo a visão tradicional de design tipográfico entre os funcionalistas, o texto era um mediador entre o autor e o leitor. Essa noção fez da tipografia uma convenção cristalizada de regras universais, um veículo invisível da palavra.

Como vimos anteriormente, contra essas restrições racionalistas, os movimentos antimodernos e de contracultura começaram a se articular na década de 1960, concentrando-se inicialmente nas universidades, nos centros artísticos e na expressão cultural urbana. Sua disseminação marcou a agitação mundial de 1968, considerada por alguns críticos do design, como Steven Heller e Rick Poynor, a precursora cultural e política do pós-modernismo.

Raquel Pelta ressalta que o meio impresso teve um extraordinário renascimento nos últimos anos, da mesma forma que a letra. O número de publicações aumentou para estimular o leitor: O cheiro da tinta, a textura do papel, as capas e encadernações dos mais variados materiais enfatizam a materialidade do livro, contrastando com o que a tela não pode nos dar. Mas a tela tem seus próprios recursos, como o movimento e a interatividade, e fascina pela luminosidade de suas cores. Dessa maneira, algumas das características próprias da mídia digital estão sendo absorvidas pela mídia impressa, que passa a colocar imagens de forma sequencial, com a ideia de sugerir o movimento ou provocar o usuário, estimulando o desejo de tocar, cheirar ou julgar o objeto-livro. Em alguns casos, transferiu-se automaticamente a linguagem da tela recorrendo à tipografia em três dimensões, fotografias capturadas por câmera de filmar. A ideia é provocar no leitor a sensação de que ele se encontra em um espaço virtual. (Pelta, 2004: 130-133)

Vemos, assim, que os primeiros anos da relação entre tipografia impressa e tipografia da tela foram momentos de empréstimos e interferências de ambas as partes. Segundo Ellen Lupton, "na era digital, quando os caracteres não são recolhidos das pesadas gavetas cheias de unidades manufaturadas, mas acessados com mouse e teclado, o espaço tornou-se mais líquido e menos concreto, e a tipografia evoluiu do corpo estável de objetos para um sistema flexível de atributos". (Lupton, 2006: 69)

Para Ellen Lupton,

a tipografia passa a ser ***um modo de interpretação.***
(Lupton, 2006: 73)

RELEMBRANDO:
SE OS PRIMEIROS PASSOS DO PROCESSO TIPOGRÁFICO, NO SÉCULO XV, FORAM GUIADOS PELA TÉCNICA DOS CALÍGRAFOS, NO SÉCULO SEGUINTE A SITUAÇÃO SE INVERTERIA, COM O APROVEITAMENTO DOS AVANÇOS DA TIPOGRAFIA PARA DELINEAR UM NOVO CONCEITO RACIONAL E PESSOAL, CUJO CARÁTER, ESTRITAMENTE DIDÁTICO, FEZ SURGIR OS MANUAIS DE CALIGRAFIA. ESSES MANUAIS LIMITAVAM-SE A APRESENTAR AMOSTRAS CALIGRÁFICAS, NAS QUAIS PREVALECIA O CRITÉRIO TÉCNICO DA ESCRITA MANUAL. ISSO PROPICIOU UMA SISTEMATIZAÇÃO DO PROCESSO CALIGRÁFICO QUE NOS FORNECE ELEMENTOS SINTÉTICOS DO REFERENCIAL INICIAL DO PROCESSO DE REPRODUÇÃO DO SISTEMA DE IMPRESSÃO. NESSE PERÍODO, TAIS CONCEITOS DA ESCRITA MANUAL JÁ HAVIAM SIDO ESQUEMATIZADOS E RACIONALIZADOS DEPOIS DE INÚMERAS METAMORFOSES E SIMPLIFICAÇÕES, ACABANDO POR FORNECER A IDEIA ESQUEMÁTICA DE SUA DINÂMICA, QUE DEMONSTRAVA AS PRINCIPAIS CARACTERÍSTICAS ESTÉTICAS E TECNOLÓGICAS DESSA HABILIDADE MANUAL DA REPRESENTAÇÃO DO SIGNO. (BOMENY, 2010)

Até mesmo os espaços vazios, tão valorizados pelo estilo internacional, segundo Ellen Lupton, ficaram sujeitos à revisão do usuário nessa época. Para ela, o espaço em branco nem sempre é um recurso gráfico. Essa tese é exemplificada pelos trabalhos do designer Edward Tufte, segundo o qual uma só superfície carregada de informações bem organizadas pode ser melhor que várias páginas com muito espaço em branco; é portanto a favor da densidade visual, que ajudaria o leitor a conectar, comparar e localizar dados rapidamente. (Lupton, 2004: 75)

Tentelerumalinhadetextosemespacejamentopararapercebersuaimportância. (LUPTON, 2006: 67)

Aspalavrasapenaspodemserdistinguidasseforemseparadascomoshabituaisespaçosembranco.

Pela vertente racionalista, Otl Aicher (2004) acredita que, para compreender tipografia de maneira correta, é preciso começar pela análise das mensagens do cotidiano e da capacidade de captar suas qualidades. Para ele, "tipografia é um processo de otimização referente a sua qualidade gráfica e a ordenação dos estilos e sua representação". (Aicher, 2004: 145) Aicher reforça a ideia de que, quando as frases são captadas integralmente, os problemas de tipografia estão resolvidos. As letras não são os únicos requisitos para isso. Da mesma forma que necessitamos dos pictogramas, também necessitamos de seus contrários, querendo dizer, as pausas e os intervalos.

Ellen Lupton segue pelo mesmo caminho de Aicher, ao acreditar que para trabalhar com tipografia é necessário utilizar a linguagem visual, a fim de apresentar e traduzir ideias do campo verbal. (Lupton, 2006: 8-9) Para a autora, o termo **TEXTO** é definido, em tipografia, como uma sequência contínua de palavras, também conhecida como "texto corrido". Letras reúnem-se em palavras; palavras constroem sentenças. O design é tanto um ato de marcar quanto de espaçar: "A arte do tipógrafo não lida apenas com a textura positiva das letras, mas com os espaços negativos entre elas e o seu entorno. Na prensa tipográfica, todo espaço era construído por um objeto físico. Os lingotes de chumbo e as fatias de cobre inseridas entre as palavras e letras eram tão físicos quanto os caracteres a sua volta". (*Ibid*.: 63) Ellen Lupton reforça o fato de que a tipografia permitiu ao texto tornar-se uma "forma fixa e estável". Assim como ocorreu com o corpo da letra, "o corpo do texto foi transformado pela imprensa em um produto industrial que gradualmente tornou-se mais aberto e flexível". (*Ibid*.: 76)

Hoje, tanto o meio impresso quanto a tela fazem parte de nossa cultura; ambos têm um vocabulário formado capaz de criar significados mediante o uso de palavras e imagens.

Para Michel Worthington, "na sociedade industrial, o lugar da tipografia era mais tangível e geralmente linear (como na leitura de um livro). Porém, vivemos em uma sociedade pós-industrial, na qual muitos de nossos produtos são informações e imagens que podem estar disponíveis em uma tela/em um espaço virtual em movimento. Progredimos desde o tipo móvel até o tipo em movimento, desde o desenho de coisas tangíveis até o de coisas intangíveis". (Worthington, 1999: 28-29)

O filósofo francês Jacques Derrida, criador da teoria desconstrutivista nos anos 1960, declarou que, embora o alfabeto represente o som, ele não pode funcionar sem marcas nem espaços de silêncio. Ellen Lupton corrobora essa ideia, ao afirmar que "a tipografia manipula essas dimensões silenciosas do alfabeto empregando os espaçamento e as pontuações. Em vez de tornar um código transparente de gravação do discurso falado, o alfabeto desenvolveu recursos visuais próprios, ganhando poder tecnológico ao deixar para trás suas conexões com o mundo falado". (Lupton, 2006: 66)

As palavras são mais fáceis de ser identificadas com os espaços entre elas.

No campo da oralidade, a entonação da voz é o principal recurso enfático da linguagem verbal. No campo da palavra escrita ocorre um processo similar, porque, seja qual for a solução gráfica adotada, sempre se estará sugerindo ao leitor uma certa interpretação dos elementos gráficos (textos, imagens, etc.), e seus significados serão distintos, dependendo de sua composição. Essa interpretação causará diversas reações no leitor e, conforme os recursos gráficos utilizados, poderá potencializar ou minimizar o conteúdo dos textos e das imagens, atingindo o inconsciente do receptor.

> O corpo da página de texto tradicional está apoiado nas características de navegação do livro – massa de texto, títulos e subtítulos, índice, apêndice, resumo, nota e sumário – que marcam a posição do leitor. Essa sequência fixa da página estabelece um percurso de leitura por meio dessas coordenadas conhecidas.

Para Pierre Lévy, o **HIPERTEXTO** retoma e transforma antigas interfaces da escrita. A noção de interface, na verdade, não deve limitar-se às técnicas de comunicação contemporâneas, uma vez que a impressão é um operador quantitativo, isto é, multiplica suas cópias e nelas reproduz todos os dispositivos classificatórios, capítulos, índice, remissão a outras partes do texto em páginas uniformemente numeradas, em uma estrutura absolutamente sistemática, o que sem dúvida a caracteriza como uma interface. (Lévy, 2000: 34)

> "A tipografia é uma ferramenta com a qual o conteúdo ganha forma, a linguagem ganha corpo físico e as mensagens ganham um fluxo de compreensão social."
> (Ellen Lupton, 2006: 8)

LÉVY ENFATIZA QUE

"o objetivo de todo texto é o de provocar em seu leitor um certo estado de excitação da grande rede heterogênea da memória, ou então orientar sua atenção para uma certa zona de seu mundo interior, ou então disparar a projeção de um espetáculo de multimídia na tela de sua imaginação". (Pierre Lévy, 2000: 24)

A interface da escrita, segundo Lévy, tornou-se estável no século XV e foi sendo lentamente aperfeiçoada. Para o autor, a página é a unidade de dobra elementar do texto: "A dobradura do códex é uniforme, calibrada, numerada. Os sinais de pontuação, as separações de capítulos e de parágrafos, estes pequenos amarrotados, ou marcas de dobra, não têm, por assim dizer, nada além de uma existência lógica, já que são figurados por signos convencionais, e não talhados na própria matéria do livro. O hipertexto informatizado, em compensação, permite todas as dobras imagináveis: 10 mil signos ou somente cinquenta redobrados atrás de uma palavra ou ícone, encaixes complicados ou adaptações para o leitor". (Lévy, 2000: 35) Lévy acredita ainda que o formato uniforme da página, a dobra do papel, a encadernação independente da estrutura lógica do texto não têm mais razão de ser, cedendo lugar à superfície ativa da tela.

Segundo consta de um documento da Apple, interface é "o conjunto de toda comunicação entre computador e usuário". Para definir interface, Gui Bonsiepe recorre ao conceito de "acoplamento estrutural" de Maturana e Varela: "A interface é o domínio de acoplamento estrutural entre ferramenta e usuário". Segundo o autor, com base nesse conceito, "podemos dizer que a interface é para o programa o que o cabo é para o martelo". Bonsiepe acrescenta que "o espaço retinal é estruturado por meio de distinções gráficas, tais como forma, cor, tamanho, posição, orientação, textura, transições ou transformações no tempo". (Bonsiepe, 1997: 43)

Uma definição bastante simplificada de hipertexto pode ser dada como uma escrita não sequencial em que o leitor controla as correlações. Para Elizabeth Saad Corrêa, no mundo da informação digital a estrutura não linear de apresentação de conteúdos é o grande diferencial. O mundo digital permite que as mesmas formas da informação sejam potencializadas mediante uma ampla gama de recursos que apoiam os leitores-usuários em sua tarefa de dar sentido à informação. A mensagem transformada em conteúdo traz com maior inovação as qualidades da hipermídia e da interatividade, as quais, segundo Corrêa, não eram possíveis nas chamadas mídias tradicionais. (Corrêa, 2001: 113) Para a autora, considerando que, nas mídias categorizadas como de um emissor para muitos receptores, as mensagens já vêm redigidas, ordenadas, editadas conforme uma lógica previamente definida, ou seja, a lógica linear do

o quê, quem, quando, como e por quê.

Com a tecnologia digital, essa linearidade é quebrada ao primeiro contato com a informação.

No meio impresso, a temporalidade reside no olho humano, que se move ativamente, orientado pela hierarquia da página, enquanto a superfície permanece quieta; na tela, porém, a superfície permanece em movimento constante e, por isso, não se pode dar o mesmo tratamento a diferentes meios. Existem tipos que só funcionam para a tela, e existem outros que podem ser usados em diversos meios; é o caso do tipo criado por Matthew Carter – o Verdana –, que, embora tenha sido desenhado especificamente para a tela do computador, é largamente utilizado em vários materiais impressos.

Hoje, os designers que trabalham com o fluxo de múltiplos meios encaram o texto de inúmeras maneiras e dão forma não apenas a corpos extensos, mas também a textos de manchetes, olhos, legendas, notas, logotipos, barra de navegação, construindo ou desconstruindo o corpo principal do texto.

O que se pode perceber, a partir do ano 2000, é uma intensificação do uso dos recursos da web, por conta de mudanças estabelecidas pelas empresas informativas em seus processos de produção de conteúdo, procedimentos de arquivo e de recuperação da informação, uso de *softwares* de busca e estabelecimento de parcerias.

Em termos práticos, verificam-se recursos como a utilização de hiperlinks coerentes e oportunos, que conduzem a novos conteúdos complementares e esclarecedores do conteúdo principal; a apresentação de listas de outras matérias correlacionadas; a presença de ícones ao longo do texto, abrindo vídeos e/ou galerias de fotos digitais; o uso de gráficos e mapas animados; a apresentação de relatos pessoais da experiência e vinculação a websites. A prática da narrativa hipermidiática consolidou-se e criou novos caminhos. (Corrêa, 2001: 112)

 Para Lupton, todos esses dispositivos vão de encontro à linearidade da comunicação, na medida em que fornecem meios de acesso e fuga da corrente do discurso: "Se a fala flui em uma única dimensão, a escrita ocupa tempo e espaço". (Lupton, 2006: 76) Embora os meios digitais sejam caracterizados por seu potencial de comunicação não linear, a linearidade continua a ser também aplicada no meio eletrônico. A linearidade é automática nos programas que supostamente revolucionaram a escrita e a comunicação cotidiana, como os *softwares* de processamento de texto que tratam os documentos como um fluxo linear. Programas de editoração, como o Quark Express e agora o InDesign, ao contrário, permitem ao profissional trabalhar com quebras de textos em colunas e páginas que podem ser ancoradas e localizadas. (*Ibidem*)

Porém, segundo Lupton, "toda a leitura continua sendo feita de forma linear, e nessa tão falada era da sobrecarga de informação, as pessoas continuam a processar só uma mensagem por vez". (Lupton, 2006: 68)

Programas como o Power Point destinam-se a guiar a fala e a audiência pelo desdobramento linear do discurso oral. A internet está forçando autores, editores e designers a trabalhar inventivamente com novas modalidades de "microconteúdo" – títulos, palavras-chave, *alt tags* (códigos que identificam arquivos em imagem) –, que permitem a busca, a indexação, a marcação, etc. (Lupton, 2006: 69)

"O microcomputador fora composto por interfaces sucessivas, em um processo de pesquisa cega, no qual foram negociados, aos poucos, acessos a redes cada vez mais vastas, até que um limite fosse rompido e a conexão fosse estabelecida com os circuitos sociotécnicos da educação e do escritório. Simultaneamente, estes mesmos circuitos começavam a se redefinir em função da nova máquina. A 'revolução da informátca' havia começado." (Pierre Lévy, 2000: 48)

Mas os ícones e o mouse não bastam para explicar o relativo sucesso do Macintosh. A Apple estabeleceu para essa máquina outras características da interface que interagem umas com as outras e que seriam em pouco tempo absorvidas por outros fabricantes de computadores.

"Entre todas as características da interface, é preciso levar em conta a velocidade de cálculo do computador, seu tamanho, sua aparência, a independência do teclado, o desenho dos ícones e das janelas, etc., sem esquecer o preço da máquina (que remete, por sua vez, à elegância de sua concepção e portanto à facilidade de fabricação). Os mais ínfimos detalhes, desde aspectos aparentemente mais 'técnicos' até o que poderia ser visto como sendo apenas floreios estéticos indignos de uma discussão entre engenheiros, passando pelo próprio nome da máquina (o de um tipo de maçã), tudo isto foi discutido apaixonadamente pela equipe que concebeu o Macintosh." (Pierre Lévy, 2000: 49)

9. MODERNO, MODERNISMO E MODERNIDADE ····> PÓS-MODERNO

136- New National Gallery, Mies van der Rohe, 1962-1968

É necessário elucidar algumas terminologias antes de começarmos a fazer uma análise mais precisa do que foi o design gráfico a partir da década de 1970, ou por que o período foi denominado "pós-moderno".

MODERNO, MODERNISMO E MODERNIDADE são termos que suscitam muitas interpretações. No livro *Arte contemporânea: uma introdução* (1992), Anne Cauquelin faz uma incursão na obra de vários autores, buscando dar significado a essas palavras. A autora conclui que o modernismo é a radicalização dos traços da arte moderna, e carrega consigo as qualidades de pureza abstrata, de abstração formal, que tendem a dar à arte uma autonomia total, deixando bem atrás delas referências exógenas, típicas da arte moderna. (Anne Cauquelin, 2005: 24)

MODERNO, para Cauquelin, é o termo designativo de certa forma de arte que, por volta de 1860, conquista seu lugar e ao mesmo tempo adota esse nome, prolongando-se pelo século XX, até a intervenção do que se chama "arte contemporânea". O posicionamento histórico, ligado à denominação "moderno", sugere alguns conteúdos como o gosto pela novidade; a recusa do passado, qualificado de acadêmico; a posição ambivalente de uma arte ao mesmo tempo "da moda" (efêmera) e substancial (eterna). No campo da arte, a "arte moderna" é característica de um período econômico bem definido – a era industrial –, cujo desenvolvimento extremo resulta na sociedade de consumo. (Cauquelin, 2005: 27) Origina-se da ruptura com o antigo sistema de academismo, extremamente protegido e centralizado. (*Ibid*.: 52)

MODERNISMO, de acordo com a língua, designa um comportamento, uma atitude favorável diante das inovações culturais e sociais. Modernista é aquele que abraça o modernismo. É aquele que é a favor da novidade, seja em que domínio for. É aquele que é atraído pelos modismos, adota-os com entusiasmo, propaga-os e contribui para fabricá-los. A cronologia desse termo pode englobar todos os períodos: a começar pelo século XV, no qual se encontra o registro de *modernus*, termo do baixo-latim que, enraizado em uma tradição medieval mais antiga, atravessaria o renascimento e o século XVII carregando a ideia de uma temporalidade sempre renovada e de criação contínua, que opunha o passado ao presente, e marcando de algum modo uma fronteira. (Cauquelin, 2005: 25-26)

MODERNIDADE, termo abstrato, designa o conjunto dos traços sociais e culturais que podem ser detectados em um momento determinado, em uma determinada sociedade. Nesse sentido, o termo "modernidade" pode ser aplicado da mesma forma à época que nos é contemporânea, como poderia ser aplicado a qualquer outra época, no momento em que a adesão à cultura dessa época fosse reivindicada. Assim, há uma modernidade de 1920, de 1950, de 1960 ou de 2011. (Cauquelin, 2005: 25)

137- Ópera de Sydney, Jørn Utzon, 1973

Para elucidar o conceito de "MODERNIDADE", David Harvey recorre à definição contida em um artigo de Charles Baudelaire, "O pintor da vida moderna", publicado em 1863: "A modernidade é o transitório, o fugidio, o contingente; é uma metade da arte, sendo a outra o eterno e o imutável". (Baudelaire *apud* Harvey, 1993: 21) Anne Cauquelin ressalta o fato de que foi somente a partir da publicação de "O PINTOR DA VIDA MODERNA" que se convencionou ligar a palavra "MODERNIDADE" à "MODA", atribuindo à essa última um valor específico de temporalidade efêmera, de circunstancialidade. Nesse artigo, Baudelaire acentua o alcance estético de um olhar "modal", de um olhar presente que tem origem nas modificações impostas ao artista pelas condições sociais e históricas. (Cauquelin, 2005: 26) Harvey vai buscar em Marshall Berman os elementos que reforçam esse aspecto mutável, efêmero, e mesmo ambíguo, da modernidade: "SER MODERNO É ENCONTRAR-SE EM UM AMBIENTE QUE PROMETE AVENTURA, PODER, ALEGRIA, CRESCIMENTO, TRANSFORMAÇÃO DE SI E DO MUNDO – E, AO MESMO TEMPO, QUE AMEAÇA DESTRUIR TUDO O QUE TEMOS, TUDO O QUE SABEMOS, TUDO O QUE SOMOS". Para Berman, "a modernidade une toda a humanidade", uma vez que os espaços e experiências modernas transcendem as identidades étnicas, de classe, de nação, de ideologia ou de religião. Berman, porém, ressalta o caráter paradoxal dessa unidade, ao afirmar que se trata de "UMA UNIDADE DA DESUNIDADE", uma unidade que "nos arroja num redemoinho de perpétua desintegração e renovação, de luta e contradição, de ambiguidade e angústia". (Berman, 1982 *apud* Harvey, 1993: 21)

◆ Mike Featherstone afirma que modernismo, em seu sentido mais restrito, "INDICA OS ESTILOS ASSOCIADOS AOS MOVIMENTOS ARTÍSTICOS ORIGINADOS NA VIRADA DO SÉCULO XX E QUE ATÉ RECENTEMENTE PREDOMINARAM EM VÁRIAS ARTES". Segundo o autor, há um grande debate sobre a partir de que ponto do século XIX o modernismo poderia ser identificado (alguns querem fazê-lo retroceder até a vanguarda boêmia da década de 1830). (Featherstone, 1995: 24)

A preocupação com a linguagem, fruto da crença na possibilidade da descoberta de uma modalidade original de representação de "verdades eternas", é outro aspecto essencial do modernismo, desde a sua origem. Nesse contexto, o indivíduo – mais exatamente o artista – vai buscar na inovação da linguagem e das formas de representação o meio de realizar-se. O resultado disso, segundo Harvey, é "QUE A OBRA MODERNISTA, como Lunn observa, 'COM FREQUÊNCIA REVELA VOLUNTARIAMENTE SUA PRÓPRIA REALIDADE DE CONSTRUÇÃO OU ARTIFÍCIO', transformando assim boa parte da arte em um 'constructo autorreferencial', em vez de um espelho da sociedade". (Harvey, 1993: 30)

> "SER MODERNO É SER PARTE DE UM UNIVERSO EM QUE, COMO DISSE MARX, 'TUDO O QUE É SÓLIDO DESMANCHA NO AR'."
>
> (MARSHALL BERMAN *APUD* HARVEY, 1993: 21)

"A **MAIORIA** DOS ESCRITORES MODERNOS RECONHECEU QUE A **ÚNICA** COISA **SEGURA** NA MODERNIDADE É A SUA INSEGURANÇA, E ATÉ A SUA INCLINAÇÃO PARA O **CAOS** TOTALIZANTE."

(Harvey, 1993: 22)

Harvey ressalta que, até a Primeira Guerra Mundial, o modernismo pode ser visto mais como uma reação às novas condições socioeconômicas (de produção, circulação e consumo) impostas pelo capitalismo industrial, do que um movimento gerador dessas mudanças. Segundo o autor, entretanto, "a forma tomada pela reação teria uma considerável importância subsequente", uma vez que "ela não apenas forneceu meios de absorver, codificar e refletir sobre essas rápidas mudanças, como sugeriu linhas de ação capazes de modificá-las ou sustentá-las". Como exemplo dessa reação, Harvey menciona William Morris, que, diante da desprofissionalização dos artesãos decorrente da larga disseminação das máquinas e da produção fabril, "tentou promover uma nova cultura artesã que combinava o poder da tradição artesanal com uma forte defesa da 'simplicidade de desenho, da retirada de toda exibição, de todo desperdício e de todo comodismo'". A própria Bauhaus, acrescenta Harvey, sofreu, em seus primórdios, forte influência do movimento arts and crafts, fundado por Morris, e só a partir de 1923 adotaria o princípio de que "a máquina é o nosso meio moderno de design". Para ele, a profunda influência da Bauhaus sobre a produção e o design do século XX só foi possível a partir do momento em que ela redefiniu "ofício artesanal" como "a habilidade de produzir em massa bens de natureza esteticamente agradável com a eficiência da máquina". (Harvey, 1993: 32)

A partir de 1945, após um período "heroico" durante o Entreguerras, o modernismo assumiu seu caráter universalista, tornando-se, de acordo com Harvey, "alto modernismo". Acomodava-se, assim, às necessidades do capitalismo internacional – agora mais estável em sua "versão corporativa do projeto iluminista de desenvolvimento", sob a égide da hegemonia americana –, demonstrando "uma relação [...] mais confortável com os centros de poder dominantes da sociedade". Nesse contexto, a arte, a arquitetura, a literatura, e também o design, passam a ser, em grande medida, expressões do *establishment*, e aquela "busca de um mito apropriado pareceu ceder em parte". (Harvey, 1993: 42)

"A crença 'no progresso linear, nas verdades absolutas e no planejamento racional de ordens sociais ideais', sob condições padronizadas de conhecimento e de produção, era particularmente forte. Por isso, o modernismo resultante era 'positivista, tecnocêntrico e racionalista', ao mesmo tempo que era imposto como a obra de uma elite de vanguarda formada por planejadores, artistas, arquitetos, críticos e outros guardiães do gosto refinado." (Harvey, 1993: 42)

Citando Gottlieb e Rothko, Harvey demonstra que, nesse período, a América se tornou o centro intelectual do Ocidente e solicitava "valores culturais em um plano verdadeiramente global". Isso implicava "uma rápida passagem do nacionalismo para o internacionalismo e, deste, para o universalismo", cujo resultado seria o advento de "uma 'nova estética viável' a partir de matérias-primas distintamente americanas. O que tivesse essa característica tinha de ser celebrado como a essência da cultura ocidental". (Harvey, 1993: 43-44)

E foi assim que floresceu "o expressionismo abstrato, ao lado do liberalismo, da Coca-Cola, dos Chevrolets e das casas de subúrbio cheias de bens de consumo duráveis". (Harvey, 1993: 44) Imbuídos de individualismo político e neutralidade estética, artistas de vanguarda "articulavam em suas obras valores que seriam mais tarde assimilados, utilizados e cooptados pelos políticos, disso resultando a transformação da rebelião artística em agressiva ideologia liberal". (Guilbaut *apud* Harvey, 1993: 44)

> Essa absorção significou que, pela primeira vez na história do modernismo, a revolta artística e cultural, bem como a revolta política progressista, teve de ser dirigida para uma poderosa versão do próprio modernismo, que havia perdido seu atrativo de antídoto revolucionário para alguma ideologia reacionária e tradicionalista. Foi justamente nesse contexto que se originaram os vários movimentos contraculturais e antimodernos dos anos 1960. (Harvey, 1993: 46)

Além disso, a partir da década de 1960, os pensadores pós-estruturalistas começaram a reconsiderar as ideias de Saussure e de seus seguidores estruturalistas. Tais ideias haviam influenciado o desenvolvimento do movimento moderno e foram adotadas pelos profissionais de arquitetura, bem como pelos designers industriais, gráficos e tipográficos, atraídos pelo princípio de que os autores ou designers podem transmitir significados predeterminados por meio de formas construídas.

Roland Barthes, Michel Foucault e Jean Baudrillard começaram a questionar a afirmação de Saussure de que os signos linguísticos – as palavras – são arbitrários. Barthes, crítico literário e linguista francês, foi quem empreendeu a análise e o questionamento do princípio estruturalista de que o significado se baseia na inter-relação dos signos do sistema. Os três autores desenvolveram ideias que desafiavam os preceitos estabelecidos em vários campos, como a literatura, a arquitetura, o design, a publicidade, etc. Suas análises tinham em comum o questionamento das verdades absolutas. Para os pensadores pós-estruturalistas, a maioria dos conceitos continha uma dualidade e, dessa maneira, o modo de receber e interpretar a linguagem começava a ser alterado.

PÓS-MODERNO é o termo que designa o heterogêneo, ou a desordem de uma situação na qual se conjugam a preocupação de se manter ligado à tradição histórica da arte, retomando formas artísticas experimentadas, e a de estar presente na transmissão pelas redes, desprezando um conteúdo formal determinado. Cauquelin lembra também que o termo é primeiramente utilizado pelos arquitetos em sua contestação do modernismo, como o da Bauhaus, e que, nesse caso, o "pós" equivale então a um "anti". Para a autora, as duas preposições sugerem uma sequência, um processo temporal. (Cauquelin, 2005: 129)

10. O Pós-Moderno

"Rejeitando a ideia de progresso, o pós-modernismo abandona todo o sentido de continuidade e memória histórica, enquanto desenvolve uma incrível capacidade de pilhar a história e absorver tudo o que nela classifica como aspecto do presente".

(Harvey, 1993: 58)

O termo "pós-moderno" é adequado para designar as transformações culturais a que assistimos nas últimas décadas do século XX. Para David Harvey, não é mudança de paradigma, mas sim um conjunto pós-moderno de pressupostos, experiências e proposições de um período já existente. É na arquitetura urbana, segundo ele, que o pós-modernismo se manifesta em seu sentido amplo, como uma ruptura com a ideia modernista de que o planejamento e o desenvolvimento devem concentrar-se em planos urbanos de larga escala, de alcance metropolitano, tecnologicamente racionais e eficientes, sustentados por uma arquitetura despojada. (Harvey, 1993: 69)

Pós-modernidade é a condição sociocultural e estética do capitalismo contemporâneo, também denominado pós-industrial ou financeiro. O uso do termo tornou-se corrente, embora haja controvérsias quanto ao seu significado e pertinência. Tais controvérsias possivelmente resultam da dificuldade de se examinarem processos em curso com suficiente distanciamento e, principalmente, de se perceber com clareza os limites ou os sinais de ruptura nesses processos.

O conceito de "pós-modernismo" no campo das artes, segundo a socióloga Gisela B. Taschener, gerou mais confusões do que esclarecimentos: "Introduzido no debate na década de 1970, entrou e saiu de moda, e até hoje não existe um consenso sobre ele. O pós-modernismo aparece, ora como um momento que sucedeu o modernismo, ora como um evento que, como tal, rompe com ele". (Taschener 1999: 6)

Como vimos, uma das dificuldades em se definir o par "moderno" *versus* "pós--moderno", conforme Featherstone (1995), está no fato de que o prefixo "pós-" indica algo que vem depois; trata-se de um corte ou uma ruptura com o moderno, que se define em contraposição a ele. O conceito de pós-modernismo está baseado, segundo o autor, na negação do moderno. (Featherstone, 1995: 19)

Para Taschener (1999), a modernidade contemporânea está calcada em uma sociedade de produção industrial rígida e em série, de produtos padronizados: a produção se faz em um sentido taylorista-fordista (separação entre mão e cérebro), que criou o trabalhador parcial (depois do operário industrial) alienado e fragmentou a figura do capitalista em uma série de ordens de serviço emanadas de uma gerência científica, na qual o trabalho do intelectual também é dividido entre especialistas, em uma organização de estrutura burocrática. (Taschener, 1999: 9)

138- Vanna Venturi House (ilustração), Robert Venturi e Vanna Venturi, 1961-1964

139- Museu Guggenheim de Bilbao, Frank Gehry, 1993-1997

♦ Para David Harvey, o período entre 1965 e 1973 deixou patente a incapacidade dos paradigmas fordista e keynesiano de resolver as contradições internas do capitalismo. Entre essas contradições, o autor cita "a rigidez dos investimentos de capital fixo de larga escala a longo prazo em sistemas de produção em massa", que impedia uma flexibilidade de planejamento em um "crescimento estável em mercados de consumo invariantes". Tal rigidez, segundo ele, estendia-se aos mercados, bem como à alocação e aos contratos de trabalho (quanto aos contratos, o autor menciona a "força aparentemente invencível" das organizações e do poder da classe trabalhadora). (Harvey, 1993: 135) O autor aponta uma política monetária seguida de uma onda inflacionária como a resposta "flexível" do capitalismo à rigidez do modelo vigente. A passagem do fordismo para a chamada "acumulação flexível" significa a substituição da produção em escala, típicas do modelo fordista de massa, pela "crescente capacidade de manufatura de uma variedade de bens e preços baixos em pequenos lotes". Em outras palavras, as economias de escala deram lugar às economias de escopo, nas quais a produção em pequenos lotes e a subcontratação da mão de obra apresentam-se como fatores responsáveis por "superar a rigidez do sistema fordista e de atender a uma gama bem mais ampla de necessidades do mercado, incluindo as rapidamente cambiáveis". De acordo com Harvey, tal flexibilidade gerou não apenas um processo acelerado de inovação do produto, mas também a possibilidade de explorar segmentos de mercado "altamente especializados e de pequena escala". (Harvey, 1993: 148)

♦ Outro fator apontado por Harvey, na transição para a acumulação flexível, é a dramática redução do tempo de giro resultante do uso de novas tecnologias de produção (automação, robôs), bem como de novas formas organizacionais (como o gerenciamento de estoques *just-in-time*, que reduz drasticamente a quantidade de material necessária para manter o fluxo da produção). Aliada à aceleração do tempo de giro da produção está a redução do tempo de giro de consumo e da vida útil de um produto: "A meia-vida de um produto fordista típico era de cinco a sete anos, mas a acumulação flexível diminuiu isso em mais da metade em certos setores (como o têxtil e o de vestuário), enquanto em outros – tais como as chamadas indústrias de *thoughtware* (por exemplo, videogames e programas de computador) – a meia-vida está caindo para menos de dezoito meses". Em termos de consumo, a acumulação flexível significou uma adesão à fugacidade das modas e um estímulo aos meios de indução de necessidades, quer de natureza material (consumo de bens materiais), quer de natureza cultural (consumo de bens culturais). Harvey conclui que "a estética relativamente estável do modernismo fordista cedeu lugar à instabilidade e qualidades fugidias de uma estética pós-moderna que celebra a diferença, a efemeridade, o espetáculo, a moda e a mercadificação de formas culturais". (Harvey, 1993: 148)

140- Demolição do conjunto Pruitt-Igoe, 1972

Sob a influência da nova reprodutibilidade tecnoeletrônica, foram reinventadas a produção em série e a linha de montagem. Isso conduziu a uma mudança no significado da atividade projetual, que, uma vez submetida ao mercado de consumo de massas, acabou se transformando em projeto de informação. "A revolução industrial eletrônica marca o fim da era de Gutenberg e substitui o caráter funcional pela multiplicidade e pela simultaneidade de tecnologias, linguagens, códigos e imagens. A compressão do tempo e do espaço como responsável pela globalização da cultura." (Ferrara, 2005: 179)

"[...] EMBORA AS RAÍZES DESSA TRANSIÇÃO SEJAM, EVIDENTEMENTE, PROFUNDAS E COMPLICADAS, SUA CONSISTÊNCIA COM UMA TRANSIÇÃO DO FORDISMO PARA A ACUMULAÇÃO FLEXÍVEL É RAZOAVELMENTE CLARA, MESMO QUE A DIREÇÃO (SE É QUE HÁ ALGUMA) DA CASUALIDADE NÃO O SEJA. PARA COMEÇAR, O MOVIMENTO MAIS FLEXÍVEL DO CAPITAL ACENTUA O NOVO, O FUGIDIO, O EFÊMERO, O FUGAZ E O CONTINGENTE DA VIDA MODERNA, EM VEZ DOS VALORES MAIS SÓLIDOS IMPLANTADOS NA VIGÊNCIA DO FORDISMO. NA MEDIDA EM QUE A AÇÃO COLETIVA SE TORNOU, EM CONSEQUÊNCIA DISSO, MAIS DIFÍCIL – TENDO ESSA DIFICULDADE CONSTITUÍDO, COM EFEITO, A META CENTRAL DO IMPULSO DE INCREMENTO DO CONTROLE DO TRABALHO –, O INDIVIDUALISMO EXACERBADO SE ENCAIXA NO QUADRO GERAL COMO CONDIÇÃO NECESSÁRIA, EMBORA NÃO SUFICIENTE, NA TRANSIÇÃO DO FORDISMO PARA A ACUMULAÇÃO FLEXÍVEL." (HARVEY,1993: 161)

Nos anos 1970, vários críticos e arquitetos continuaram aplicando o termo "pós-moderno", mas, segundo Poynor (2003), foi Charles Jencks, em seu livro *The Language of Post-Modern Architecture*, publicado em 1977, que contribuiu para estabelecer o conceito. Os arquitetos pós-modernos afirmavam que seguiam sendo, em parte, modernos, pela sensibilidade e pelo uso da tecnologia. No entanto, o estilo pós-moderno distingue-se por ser "híbrido", ter um "duplo código" e basear-se em "dualidades fundamentais". Na verdade, desenvolve a justaposição do velho e do novo, ou a inversão engenhosa do velho. Para Jencks, o pós-modernismo significa o fim do extremismo da vanguarda moderna e o retorno parcial à tradição. As formas híbridas e duplamente codificadas da arquitetura pós-moderna tentavam alcançar tanto a elite profissional, capaz de decifrar suas referências, quanto o público em geral, que podia divertir-se com seus elementos lúdicos. Charles Jencks declarou o fim simbólico do modernismo e a passagem para o pós-moderno na arquitetura, ao fazer o pronunciamento sobre a "morte da arquitetura moderna" no dia 15 de julho de 1972, às 15h32, por ocasião da demolição do conjunto habitacional Pruitt-Igoe em St. Louis (Missouri, EUA), projetado por Minoru Yamasaki segundo os cânones da arquitetura moderna. (Jencks, 1991: 23)

Jencks acreditava que a arquitetura pós-moderna se sustentaria em outra perspectiva, que é a de construir para indivíduos, e não para um homem universal. Em sua opinião, o polêmico edifício de Michael Graves, vencedor do concurso em Portland (1982), com seu enorme pilar decorativo, foi o primeiro monumento da arquitetura pós-moderna. (Jencks, 1991: 9)

10.1 O design pós-moderno

Para Jeffery Keedy, o pós-modernismo não teve muito impacto na área do design gráfico até metade dos anos 1980. Inicialmente, muitos designers tinham a atitude da mera indisciplina. A multiplicidade de estilos, sem ter um ideal unificado ou um vocabulário formal, era o sonho de muitos alunos dos novos programas de graduação. Na realidade, porém, mais que indisciplina ou diversidade de estilos, tratava-se de um novo caminho para explorar a profissão, no qual a investigação era um novo modo de projetar. Os designers passaram a atuar como mediadores da cultura, e podia-se perceber que eles não tinham mais a intenção de esconder-se por trás dos problemas, mas sim resolvê-los. Essa mudança de postura surge quando os novos designers começam a rejeitar a transparência tipográfica: "Eles queriam que seus conhecimentos tivessem uma postura única na cultura, podendo escolher qualquer atitude cultural ou ideológica". (Keedy, 1998)

O vernacular, a alta e baixa cultura, a cultura pop, a nostalgia, a paródia, a ironia, o pastiche, a desconstrução e a antiestética representaram algumas das ideias que começaram a delinear-se a partir dos anos 1980, formando uma concepção prática e teórica na década seguinte. Depois dessa reflexão, os designers puderam escolher o anonimato ou não, mas não queriam mais ser invisíveis. Para Jeffery Keedy, os designers fazem parte da mensagem da mídia. Na era do pós-modernismo, eles se tornaram os mediadores da informação, mas com uma atitude criativa e individual em relação à cultura visual. (Keedy, 1998)

Embora sempre tenha havido alguma confusão sobre a definição de pós-modernismo, sua característica mais evidente é que foi uma reação – Rick Poynor, como Jeffery Keedy, deixa bem claro que não se tratou de uma rejeição – às regras estabelecidas pelo modernismo. A segunda característica mais proeminente do pós-modernismo no campo do design gráfico é a de não demarcar os limites entre alta cultura e cultura popular.

Conforme vimos anteriormente, no final da década de 1980, um impulso antiestético surgiu, em oposição ao cânone modernista do "bom design", como uma reação às atitudes formalistas. O design gráfico apostou em uma maior reivindicação para a cultura e expandiu as possibilidades expressivas da linguagem visual.

Para Rick Poynor (2003), passados vinte anos o termo "pós-moderno", apesar de sua incipiente generalização, continua sendo uma questão difícil. No final dos anos 1980, o termo aparecia em várias publicações da área de design gráfico, nas quais se tentava explicar seu significado. Algumas vezes simplesmente o ridicularizaram, e poucos designers definiam seus trabalhos como "pós-modernos". (Poynor, 2003: 10)

Como vimos, diversos autores do campo do design gráfico – principalmente Rick Poynor e Jeffery Keedy – acreditam que o pós-modernismo não pode ser entendido sem se fazer referência ao moderno. Mesmo que o prefixo "pós" possa sugerir que o pós-modernismo seja consequência do moderno, substituindo-o ou rejeitando-o, muitos críticos o apontam como uma espécie de parasita que depende de seu hospedeiro e que exibe muitas de suas características, exceto seu significado, que variou. A principal diferença é que o pós-modernismo perde a confiança nos ideais progressistas defendidos pelo movimento moderno, herança da fé ilustrada do século XVIII, que acreditava no progresso humano por meio da razão e da ciência. (Poynor, 2003: 11)

Poynor afirma que o termo "pós-moderno" foi aplicado ao campo do design primeiramente na revista inglesa *Design*, em 1968, um ano após o historiador Nikolaus Pevsner ter definido certas vertentes arquitetônicas como pós-modernas e o crítico de design Corin Hughes-Stanton sugerido o uso desse termo para descrever manifestações do pop surgidas pouco antes. Segundo o autor, Hughes-Stanton "lamenta a falta de originalidade do desenho pós-moderno, que não criou um estilo próprio contemporâneo, mas, no entanto, não o encara como uma rejeição ao design moderno, e sim como uma fase lógica em seu desenvolvimento". (Poynor, 2003: 18)

Quanto aos produtos da cultura pós-moderna, Poynor diz que algumas vezes eles "têm muitas similaridades com as obras modernas, mas sua inspiração e objetivos são fundamentalmente diferentes". Enquanto o modernismo pressupunha a possibilidade de criar um mundo melhor, "o pós-modernismo, para espanto de muitos observadores, parece aceitar o mundo como ele é". O moderno reagia contra a cultura de massas, acreditando que a sociedade se beneficiaria ao adotar seus valores culturais "superiores" e universais, ao passo que "o pós-modernismo estabelece uma relação de cumplicidade com a cultura dominante". (Poynor, 2003: 11)

Poynor ressalta que no pós-modernismo se suprimem as distinções hierárquicas entre alta cultura, digna de consideração, e baixa cultura, sem valor. Ambas situam-se em igualdade de condição. A eliminação de antigas fronteiras possibilita o surgimento de novas formas híbridas, e a grande alteração experimentada pelo design nos últimos anos, ao adotar algumas das características expressivas da arte, só tem sentido nesses termos. (Poynor, 2003: 12)

A atitude pós-moderna desfaz princípios, regras, valores, práticas e realidades. Ela reavalia todos os conceitos, sem negá-los, apenas agregando outros valores e os transformando.

O resultado é um ecletismo de tendências que convivem em uma mescla dos mais variados estilos e materiais. "Ao contrário do modernismo, o pós-modernismo não ostenta um projeto acabado, não tem ambições de universalidade, não dá ênfase à totalidade, mas ao multifacetado. O processo importa tanto ou mais que a obra, e esta perde a exigência da originalidade, dando lugar a um conceito de colagem já utilizada pelos artistas cubistas, e tornando-se mais compreensível, fazendo com que a participação do público seja ampliada." (Sólio, 2006: 2)

Philip Meggs (1991b) demonstra como os designers dessa época faziam questão de estabelecer um grid apenas para poder violá-lo. Segundo o autor, essa postura foi amplamente explorada por Piet Zwart meio século antes, nos anos 1930, ao lado da reutilização das fotomontagens dadaístas que retomava o espírito do jogo e da intuição como processo de desenho. Meggs assim define as características que o pós-modernismo assumiu no campo do design gráfico: ruptura com o caráter previsível e asséptico do modernismo; retorno dos elementos decorativos, agora utilizados como recurso gráfico (para os modernistas mais puros, não passavam de "acessórios desnecessários"); uso mais informal e "descontraído" da geometria; importância secundária da clareza e da legibilidade. Acrescente-se a isso a presença de ferramentas como "a fragmentação de imagens com múltiplas camadas por meio da utilização de fotos sobre texturas, os usos e espaçamentos tipográficos aleatórios, a mescla de tipos com peso, tamanhos e famílias diferentes". O resultado é a criação de uma linguagem "que faz do ruído um forte recurso visual". Para Meggs, "a iconografia do passado é retomada por meio de soluções conceituais ao acaso, como a utilização do fragmento, do detalhe, de objetos descontextualizados de seu significado". (Meggs, 1991b: 528)

Portanto, os produtos da cultura pós-moderna tendem a diferenciar-se por aspectos como a fragmentação, a impureza da forma, a falta de profundidade, a indeterminação, a intertextualidade, o pluralismo, o ecletismo e o retorno ao vernacular. A originalidade, no sentido imperativo moderno de criar algo novo, deixa de ser um objetivo. "Proliferam as paródias, o pastiche e a reciclagem irônica de formas prévias. O objeto pós-moderno problematiza o significado, oferece múltiplos pontos de acesso e está mais aberto a possíveis interpretações." (Poynor, 2003: 11-12)

As transformações tecnológicas, sociais, políticas, econômicas e culturais deflagradas principalmente a partir dos anos 1970, cuja evolução nas décadas seguintes viriam a configurar o movimento pós-moderno, levaram a uma reavaliação crítica dos fundamentos conhecidos como "paradigmas modernos".

Por seu trabalho espontâneo, intuitivo e emocional, Wolfgang Weingart foi uma figura determinante para o desenvolvimento dessa nova postura.

11. WOLFGANG WEINGART: UMA NOVA PERSPECTIVA DA ESCOLA SUÍÇA

O corpo docente da Escola de Design da Basileia teve de procurar novos modelos pedagógicos baseado na convicção de que a renúncia ao trabalho manual não poderia ser compensada pela tecnologia. Foram desenvolvidas novas formas de instrução, sem descuidar da perspectiva tecnológica, principalmente nas áreas da tipografia e fotografia, abrangendo todo o campo do design gráfico. Graças ao esforço realizado por Wolfgang Weingart, restabeleceu-se a unidade de pensamento e da produção em um processo único de interação entre os sentidos. (Resnick, 2001: 11)

141- CAPA DE *TYPOGRAPHY: MY WAY TO TYPOGRAPHY*, WOLFGANG WEINGART, 2000

Apesar das experiências de Weingart com relação à composição dos textos, os primeiros designers pós-modernos (terminologia que Weingart renegava e afirmava nela não se enquadrar) seguiram aceitando as normas tipográficas estabelecidas e centraram sua atenção na composição do texto.

Segundo Poynor, os designers mais experimentados e que seguiam à risca os conceitos do estilo internacional, acostumados a eliminar o estritamente pessoal, começaram a se preocupar com a expansão da subjetividade de Weingart, que acreditava que o design poderia ser uma forma de arte. Tais profissionais, defensores das normas do estilo internacional, julgavam que os elementos e os efeitos estilísticos da new wave impediriam a clara transmissão da mensagem, de maneira que rejeitaram tais experiências, as quais qualificaram como "moda passageira". (Poynor, 2003: 26)

Richard Hollis (2001) acredita que "os designers da antiga geração suíça expandiram sua arte até transformá-la em design e ampliaram o princípio de clareza. Weingart, pelo caminho inverso, introduziu uma abordagem individual, com uma textura expressiva, muito próxima da pintura, levando o design para o campo da expressão pessoal, e que atingiu seu ponto mais extremo ao projetar uma capa para *Visible Language* em 1974". (Hollis, 2001: 216)

Em 1964, em um artigo para a revista de divulgação *Der Druckspiegel*, Weingart afirma que "a fotocomposição tipográfica, com suas possibilidades técnicas, converte a tipografia em um jogo sem normas". (Weingart *apud* Poynor, 2003: 20) Os editores negaram-se a publicar o artigo em sua totalidade, por temerem a reação dos leitores. (Poynor, 2003: 20) Durante mais de trinta anos, Wolfgang Weingart continuaria a desafiar os limites da tipografia suíça tradicional por meio de seu trabalho experimental. Desde 1968 iniciou seu processo de investigação visual na Escola de Design da Basileia e forneceu a base para as experiências e investigações ligadas ao ensino. Weingart relata que, quando começou sua aprendizagem em Stuttgart por três anos, ficou fascinado pela tipografia e pelo design gráfico suíço e que esse interesse o levou à Basileia, sendo lá recebido por Armin Hofmann. (Resnick, 2001: 12)

11.1. O PERCURSO EXPERIMENTAL DE WOLFGANG WEINGART

Wolfgang Weingart nasceu em fevereiro de 1941, perto do lago Constança, no vale de Salem, sul da Alemanha. Estudou design e artes aplicadas na Academia Merz de Stuttgart, e, após três anos de treinamento como tipógrafo manual em uma pequena gráfica tradicional de Stuttgart, procurou, por orientação de um de seus superiores, a Escola de Design da Basileia para estudar os princípios fundamentais da tipografia com Emil Ruder e Armin Hofmann.

Weingart conheceu Armin Hofmann em 1963, quando fez uma entrevista em seu apartamento sobre o curso de desenho oferecido por essa escola. (Weingart, 2000: 76)

O curso avançado de gráfica idealizado por Armin Hofmann, que perdurou de 1946 a 1986, baseava-se em exercícios elementares que desenvolviam o pensamento sistemático e a sensibilidade intuitiva. Tais exercícios foram amplamente difundidos nos Estados Unidos, a partir de 1955, em um curso na Philadelphia Museum School of Art e na Universidade de Yale, onde Hofmann permaneceria como professor conferencista até 1990. Em 1964, o interesse pela metodologia de ensino da Escola de Design da Basileia havia atingido a Ásia, e Hofmann afastou-se para organizar um curso no National Institute of Design (NID), em Ahmedabad, Índia – fato que coincidiu com a entrada de Weingart como aluno independente na escola. A formação de Weingart como compositor de textos e seu trabalho como aprendiz o obrigaram a aprender de memória o conjunto de soluções para os problemas de desenho prescrito nos manuais tipográficos da época, e, segundo ele próprio comenta, parecia que tudo o que lhe interessava era proibido por esses guias. Assim ocorreu seu desprendimento da conceituação tradicional, para ir em busca da plasticidade tipográfica na prática profissional. (Sesma, 2004: 176)

Por essa razão, Weingart considera-se um autodidata, já que se sentia insatisfeito com a exploração metódica de seu professor, Emil Ruder, que o intimidava e o entediava. Com o consentimento de Ruder, usufruía das oficinas tipográficas da escola, e lá explorava recursos da impressão acidental dos materiais e os incorporava ao trabalho gráfico. Utilizava as barras de chumbo de separação dos blocos de tipos no acerto das entrelinhas e dos espaços entre palavras, cuja ênfase era criada pela tensão no campo visual, lembrando muito as ideias da "nova tipografia" de 1920. É nesse momento que Weingart começa a questionar os princípios e os conceitos impostos pela escola da Basileia. Segundo Steven Heller (2007), suas contribuições ao léxico do design gráfico são consideráveis: espaços maiores entre letras; sobreposição de imagens fotográficas e tipográficas; chapados de blocos inteiros de tipos em negativos; indicação de grades e posterior violação delas; sublinhados, misturas pouco convencionais de tipos de diferentes tamanhos e pesos; tipografia em diagonal; o uso de formas geométricas e de unidades tipográficas como recursos ilustrativos. (Heller, 2007: 271-272)

142: DETALHE DA OBRA DE WOLFGANG WEINGART, THE SWISS POSTER, 1982.

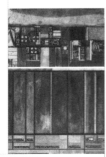

143- Experiências com tipos da gráfica da Escola de Design da Basileia, Wolfgang Weingart, 1962

"Você continua a escrever ou a imprimir alguma coisa no papel, não importa se está usando a mão ou o computador. Todo texto impresso é para ser lido, não importa se foi impresso em off-set ou de qualquer outra forma. Por isso é importante aprender os princípios antes de tentar trabalhar com máquinas complexas, com as quais, como em qualquer atividade humana, podemos fazer coisas maravilhosas ou horrorosas. Portanto, os elementos básicos são necessários: a distância entre as letras, o espaço, o tamanho, os tipos de impressão, o lettering, os diferentes sistemas de composição. Tudo é importante para se obter um bom resultado em tipografia. E, sobretudo, entender a relação entre todos esses elementos."

(Wolfgang Weingart, 2004: 73)

As atitudes de Weingart eram consideradas inaceitáveis para a ortodoxia docente da Escola de Design da Basileia, uma vez que a filosofia do jovem designer tinha por princípio a livre experimentação, permitindo a ruptura das regras tipográficas. Dessa maneira, segundo Sesma, surgiu a confrontação entre a concepção de caráter lúdico do desenho tipográfico de Weingart e a rigidez da escola suíça. Apesar disso, o impacto de seu trabalho foi tão grande que em 1968, então com 27 anos, recebeu o convite de Armin Hofmann para lecionar nessa escola. Ao mesmo tempo, recebeu diversos outros convites, de várias partes do mundo, para dar palestras e apresentar seus trabalhos: tornava-se, assim, uma referência de inovação da linguagem gráfica daquele momento. (Sesma, 2004: 176)

Por causa de sua saúde frágil, Emil Ruder sofreu reiteradas internações hospitalares e, em várias dessas ocasiões, foi substituído por Weingart, que se tornaria seu sucessor na Escola de Design da Basileia. Para poder ensinar tipografia nessa escola, Weingart foi obrigado a completar o treinamento em composição de tipos em metal, mas alterou o enfoque e a proposta pedagógica de Ruder, buscando um caminho mais amplo no ensino do design gráfico. (Resnick, 2001: 13)

Entre 1972 e 1973, Weingart fez uma série de palestras pela Suíça, Alemanha e Estados Unidos, ilustradas por seu manifesto tríplice, com o objetivo de expandir as alternativas tipográficas por meio de considerações sintáticas, semânticas e pragmáticas. Com o título "Como fazer tipografia suíça", essas conferências baseavam-se em seu curso dado na Basileia. Foi o mais influente dos jovens designers suíços que começaram a questionar as posturas convencionais do estilo internacional. Weingart não queria rejeitar a teoria anterior, mas sim expandir seus conceitos.

Durante seu aprendizado na Basileia, absorveu boa parte da concepção suíça, e começou a explorar sistematicamente a forma tipográfica, ultrapassando, porém, a ideia da composição visualmente semântica, na qual se baseava a forma visual da estrutura verbal das palavras representadas, indo além da composição funcional ensinada por Ruder. (Sesma, 2004: 176)

Weingart estava decidido a não se ater às limitadas convenções da escola suíça, que na sua opinião havia caído na ortodoxia e no formalismo. Utilizando tipos móveis e impressão tipográfica, começou a investigar as relações básicas das letras, como o corpo, a cor tipográfica, a inclinação, os limites da legibilidade. "Ficava fascinado com os efeitos de espaçamento e alargava as palavras e as linhas até ficar quase ininteligível." (Poynor, 2003: 20)

Wolfgang Weingart examinou todos os princípios ensinados pela escola suíça, de forma que fossem testados e quebrados: as indentações dos parágrafos, os espaçamentos das letras, os pesos dos desenhos dos tipos, a regra do ângulo reto e a integridade das imagens. Destruiu, uma a uma, todas as fórmulas e convenções postuladas pelo estilo internacional, por meio da livre experimentação com os corpos tipográficos, com a cor, com as relações entre caracteres. Ao fazer isso, Weingart forçava a legibilidade até o extremo, renovando o conceito de desenho tipográfico, até então sujeito a soluções baseadas em um racionalismo extremista, e ao mesmo tempo adicionando o componente emocional por meio da intuição e da liberdade projetual. Ao questionar a prática tipográfica, alterou as normas estabelecidas recorrendo à revalorização e à máxima ampliação do potencial expressivo da tipografia. Com isso, finalmente demonstrou que a tipografia podia ser considerada uma arte.

> De 1968 a 1974, fez inúmeras experiências com as relações sintáticas e semânticas do design usando a composição tipográfica tradicional, extraída do ofício de tipógrafo, que foi seu campo de atuação por dez anos. Suas ideias foram demonstradas mais pela prática experimental do que por um embasamento teórico. (Aynsley, 2001: 190)

Desde 1963, quando sua visão de design foi exposta na revista alemã *Der Druckspiegel*, Weingart recebeu uma considerável atenção. O jornal *Typographische Monastsblätter* tornou-se seu porta-voz, e suas capas de 1972 a 1973, chamadas por ele de "capas de aprendizado", foram criadas para conduzir o leitor, passo a passo, pela terminologia do design. Os teóricos e os cientistas da comunicação desse período observavam que a composição de Weingart ignorava os dogmas estabelecidos e desafiava a ideologia do design. (Hollis, 2001: 215)

> Para ele, as infraestruturas e qualidades formais do material o levaram a novas formas de composição: o destaque de grupos de palavras próximas nas áreas vazadas em branco, propiciando a criação de frases secundárias; o preenchimento dos espaços negativos na lateral denteada de um parágrafo, permitindo maior impacto arquitetônico à página; a combinação das letras em novas formas ou espaçamentos com arranjos deliberadamente visuais, ressaltando suas qualidades estruturais.

Lars Müller, na introdução do livro de Weingart, *Typography: My Way to Typography*, comenta que o principal talento de Weingart é a habilidade de tirar conclusões sobre suas experiências e discernir claramente as regras tipográficas de suas contravenções. (Weingart, 2000: 14)

> Ao utilizar modelos alternativos, baseados na sintaxe verbal e visual, Weingart desafiou os princípios racionais da inflexível geometria que até aquele momento haviam caracterizado a tipografia suíça, para desenvolver tanto no trabalho pessoal quanto na atividade pedagógica uma série de práticas sintáticas, semânticas e pragmáticas que prepararia o terreno para o movimento new wave no final dos anos 1970.

"Para mudar o design, é preciso primeiro conhecer seus fundamentos e suas regras."
(Weingart, 2004: 13)

"Olhar, ver, entender meu mundo de imagens como reflexo do tempo em que surgiram."
(Weingart, 2000: 16)

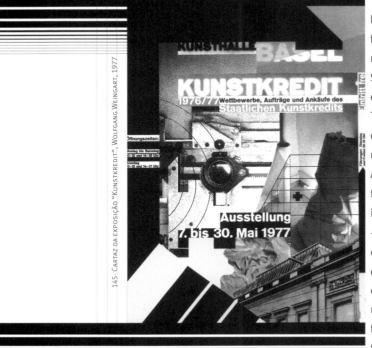

145- Cartaz da exposição "Kunstkredit", Wolfgang Weingart, 1977

Dessa maneira, segundo Poynor, Wolfgang Weingart foi a figura fundamental no desenvolvimento do estilo new wave, iniciando um novo direcionamento no campo do design gráfico. (Poynor, 2003: 19) Steven Heller (2007) cita o cartaz da exposição "Kunstkredit" da Basileia, em 1977, como testemunho da pesquisa empreendida por Weingart. Trata-se de um exemplo marcante do jogo tipográfico e espacial, que constitui uma prova visual de sua filosofia. Fragmentos fotográficos de um edifício e de sua arquitetura interior remetem a um espaço ilusório. A imagem da câmera é também fotográfica, mas frontal e tomada de forma plana. Para contrastar, Weingart usou ferramentas da técnica de impressão como elementos estéticos – retículas ampliadas em meio-tom e padrões de moiré –, interrompendo a leitura da "realidade" das imagens fotográficas para reforçar a verdadeira natureza técnica do cartaz: tinta sobre papel. Heller mostra como as diagonais atraem o observador para dentro do espaço criado pela perspectiva das referências arquitetônicas e também pelas tensões resultantes das formas geométricas. Recursos gráficos, grades e blocos inteiros de tipografia formam um conjunto de imagens gráficas que se sobrepõem umas às outras de modo a criar vários planos. O efeito é de camadas que mantêm um diálogo espacial entre a tridimensionalidade ilusória e a atividade bidimensional. Para Heller, o resultado, embora desorientador, complexo e dinâmico, não é um campo caótico.

146- Experiências com letras talhadas em madeira, Wolfgang Weingart, 1962

O ponto central do trabalho tipográfico de Weingart é a valorização da relação triangular entre a ideia do design, os elementos tipográficos e técnicas de impressão. (Weingart, 2004: 35) Criou trilhas visuais, deixando para o observador um conjunto não linear de informação a ser decifrado. É o pioneiro da justaposição de filmes positivos na câmera escura, de modo a formar uma união entre imagens, tipografia e tecnologia. Essa técnica foi antecessora do conceito digital. Weingart reconhece que o computador acelerou a velocidade do processo, mas acredita que não há nada que a tecnologia digital seja capaz de fazer que não possa ser feito à mão, por meio da montagem de filmes. Para ele, a tecnologia digital, por si só, não produziu uma nova linguagem visual. (Heller, 2007: 273)

Wolfgang Weingart não é um teórico, mas um praticante para quem a tecnologia é o desafio.
(Steven Heller, 2007: 272)

11.2. Diretrizes conceituais
de Wolfgang Weingart

A partir de 1968, quando passa a participar do programa do curso do design gráfico avançado da Escola de Design da Basileia, Weingart agrega um novo posicionamento à linguagem da escola suíça, ao estabelecer uma nova conceituação para o curso de design gráfico e de tipografia.

Steven Heller afirma que a influência de Weingart como professor ultrapassa "sua própria criação artística". Nas viagens que fez pela Suíça, Alemanha e Estados Unidos, explorou as alternativas tipográficas por meio de considerações sintáticas, semânticas e pragmáticas. (Heller, 2007: 273) Em suas aulas na Basileia, empregou uma didática enérgica e expôs de forma convincente sua concepção tipográfica, baseada em uma exaustiva experimentação. Segundo o próprio Weingart, sua maneira de ensinar não é acadêmica, e sua organização tem base na intuição. (Resnick, 2001: 12)

No processo de impressão tipográfica existem duas categorias: as partes impressas e as partes não impressas. O que se pretende imprimir são as letras, a pontuação, os ornamentos e as réguas. O que não se imprime são os espaços entre as unidades dos blocos tipográficos, espaçamentos entre linhas e palavras, etc. Esse processo mecânico é invisível para o leitor, que consegue perceber somente a proposta de leitura e os recursos visuais que o designer lhe impõe. Para Weingart, a impressão tipográfica transforma-se em arte quando o designer explora essas duas categorias que a impressão coloca a seu dispor. (Weingart, 2000: 70-71)

Desde 1950, várias tecnologias facilitaram o trabalho da imprensa tipográfica, como a fotocomposição e a película fotográfica, ambas testadas e exploradas incansavelmente por Weingart na elaboração de colagens com tipografia e imagem, intuindo as possibilidades tecnológicas que seriam introduzidas com a tecnologia digital. (Hollis, 2001: 216)

147- Capa da Design Quartely, nº 130, Wolfgang Weingart, 1985

Weingart nunca teve a intenção de abandonar o conceito do estilo suíço, mas expandi-lo, avivá-lo e transformá-lo. Dessa maneira, podemos dizer que a tradição tipográfica da Basileia constitui-se pelas regras da "nova tipografia" de Jan Tschichold, pela conceituação funcionalista e racional de Emil Ruder e pela prática experimental de Wolfgang Weingart. (Weingart, 2000: 139)

Partindo dos padrões estabelecidos pela "tipografia suíça", ele passa a desenvolver novos modelos por meio do ensino e da experimentação. Em outras palavras, Weingart sempre esteve calcado na orientação moderada da tipografia suíça, objetiva e racional, com seus princípios e métodos de projeto, mas ao mesmo tempo renunciou aos dogmas impostos pela escola suíça, ao optar por um caminho mais expressivo, no qual a tipografia é mais livre. Para ele, porém, uma não existe sem a outra, já que a segunda é um desdobramento lógico da primeira. (Weingart, 2004: 21-25)

148- Rigidez da forma: letra "F", de corpo 6 pt a 20 pt, Wolfgang Weingart

149- Estudo de cor para impressão, Wolfgang Weingart, 1980

150- Composição tipográfica impressa em Zurique, Wolfgang Weingart, 1990

151- Reorganização dos tipos, Wolfgang Weingart, 1971

Weingart inicia sua proposta de desenvolvimento de um trabalho tipográfico, esclarecendo os princípios preponderantes das normas da tipografia suíça, como o estilo de tipo e a estrutura de projeto, na qual tudo se baseia no ângulo reto e tudo é ordenado em função dos materiais e do processo de composição manual. O objetivo essencial é fazer do espaço em branco um fator de desenho, e os critérios para essa escolha consistem em dois conceitos: informação e legibilidade. (Weingart, 2004: 21-22)

> No campo tipográfico, cada problema sempre se baseou na relação triangular entre ideia de design, elementos tipográficos e técnicas de impressão. Segundo o próprio Weingart, nenhum dos três fatores deveria jamais estar ausente, e a ênfase deveria recair sobre a sintaxe tipográfica por meio da variabilidade dos materiais tipográficos, de maneira que influenciasse uma concepção criativa. (Weingart, 2004: 35)

Para Weingart, o conceito de escola supõe seu caráter experimental, e seus estudantes não devem receber conhecimentos e valores irrevogáveis, mas, ao contrário, devem ser estimulados a procurar com independência esses valores e conhecimentos, e aprender a aplicá-los. O resultado não será um designer rígido e programado, mas um profissional cujo ponto de partida é um trabalho prático, com o domínio das suas possibilidades e consequências. (Weingart, 2004: 27)

Essa concepção era marca registrada da Escola de Design da Basileia, cuja intenção era proporcionar um conhecimento básico completo das possibilidades do design e desenvolver constantemente esses conhecimentos não somente na procura de padrões de desenho preestabelecidos, mas também na tentativa permanente de desenvolver a capacidade de reconhecer orientações alternativas e de usar cada uma dessas direções com igual importância. Em seu curso, Weingart deu preferência às soluções tipográficas diferenciadas, mas colocando como pré-requisito a busca de um critério de desenho para cada solução. (Weingart, 2004: 27)

Weingart define tipografia como um dos muitos campos do design voltados para a produção de comunicação, e o papel dos designers é determinar quais os meios tipográficos específicos que irão ajudar a intensificar a recepção da informação, não só pelas informações textuais, mas pela colocação da imagem como um forte complemento da comunicação em geral. Para ele, não há competição entre texto e imagem, mas sim aliança. (Weingart, 2004: 31)

11.3. Trabalho técnico e tipografia elementar

de Wolfgang Weingart

Técnicas de composição de tipos e problemas relacionados

Exercícios elementares de tipografia são pré-requisito para a solução de problemas de design tipográfico. Para Weingart, essa é a forma pela qual se pode adestrar a mente, os olhos e as sensações, e somente com esse tipo de treinamento gradual é que o designer poderá aprender a tratar com segurança os formatos, os espaços, as proporções e a composição. Esses exercícios básicos permitem o conhecimento das dificuldades tipográficas em geral e são um fator decisivo na execução dos problemas práticos concretos. Fazer tipografia significa trabalhar a organização visual de um determinado espaço em função de uma intenção funcional específica. Experiências com composição alinhada à direita, à esquerda, centrada e blocada e com colocação livre de linha, tentando controlar todas essas possibilidades com o melhor visual de cada uma delas, fazem parte desse treinamento

152- Em que ponto a mensagem se torna irreconhecível? Exercício essencial no curso da Escola de Design da Basileia, 1970-1992

153- Estudos de legibilidade, texto de Hitoshi Koizumi, 1992-1993

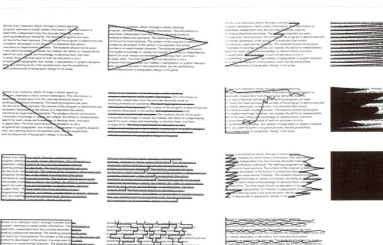

103

11.4. Relações sintáticas, semânticas e pragmáticas

Weingart trabalha em níveis mentais, emocionais e pragmáticos, transformando ideias abstratas em tipografia. Renova de forma profunda a visão que seus alunos têm da tipografia, e seu trabalho envolve olhos, mãos e emoções. Considera-se um sobrevivente rebelde do que houve de melhor na Bauhaus, em Ulm e nas revoluções estudantis dos anos 1960 e 1970. Foi nessa efervescência, aliás, que Weingart elaborou o conteúdo das palestras com que percorreu os Estados Unidos em 1972, fazendo dele o centro irradiador de uma nova visão do mundo tipográfico. Essas ideias, publicadas no livro *Como se pode fazer tipografia suíça*, influenciaram toda uma geração de designers americanos: da Califórnia a Nova York dirigiam-se em peregrinação à Basileia. (Ferlauto, 2000: 72)

A base conceitual difundida por Weingart em suas palestras reside nas relações sintáticas, semânticas e pragmáticas da tipografia. Essa ideia foi explorada de diferentes ângulos por vários autores que abordam essa mesma problemática, o que nos permite compreender com mais clareza essas relações pelas quais Weingart pauta seu trabalho pedagógico.

11.4.1 Retórica e linguagem verbal e visual: a teoria de Weingart

Rick Poynor, em sua apresentação do artigo de Gui Bonsiepe, entitulado "Visuell/Verbale Rhetorik/Visual/Verbal Rhetoric", publicado originalmente em 1965, afirma que Bonsiepe e Tomás Maldonado foram os primeiros a tentar aplicar ao desenho ideias extraídas da semântica. (Bierut *et al.*, orgs., 2005) Em um seminário na Escola de Design de Ulm, em 1956, Maldonado propôs a modernização da retórica, "a arte clássica da persuasão". Ambos escreveram diversos artigos sobre semiótica e retórica que se tornaram importantes referências para os designers gráficos. Nesse artigo, Gui Bonsiepe é bastante claro quando diz que "o ato de projetar para comunicar inevitavelmente coloca em jogo elementos retóricos, e, em consequência disso, a noção de objetividade imparcial é um mito". (Bonsiepe, 2005b: 206)

GUI BONSIEPE refere-se à retórica clássica como "a arte da eloquência", a qual os antigos gregos dividiam em três âmbitos: o político, o legal e o religioso. Para ele, os aspectos estilísticos da retórica aparecem como figuras retóricas, que podem ser definidas como "a arte de dizer algo de uma forma nova, ou de mudar seu significado ou aplicação das palavras com o objetivo de dar ao discurso maior capacidade de convicção, vitalidade e impacto". (Bonsiepe, 2005b: 206) Segundo ele, na teoria clássica a essência de uma figura retórica consiste em um distanciamento do uso normal do discurso com o propósito de tornar a mensagem mais efetiva.

Bonsiepe divide em duas classes as figuras de retórica:

1- FIGURAS DE PALAVRAS, QUE TRABALHAM COM O SIGNIFICADO DAS PALAVRAS OU COM SUA POSIÇÃO NA FRASE;

2- FIGURAS DE IDEIAS, QUE DÃO FORMA E ORGANIZAÇÃO À INFORMAÇÃO.

A terminologia semiótica, esclarece Bonsiepe, facilita a classificação dessas figuras. Partindo da ideia de que cada signo tem dois aspectos – forma e significado –, chega-se a dois tipos básicos de figura retórica, que podem funcionar por meio da forma ou por meio do significado. Se considerarmos a forma, estamos na dimensão da sintaxe, ou, se levarmos em conta o significado, estaremos na dimensão da semântica. Dessa maneira, partindo dessa classificação, obtemos duas classes de figura retórica:

◆ **SINTÁTICA, QUANDO FUNCIONA POR MEIO DA FORMA DO SIGNO;**
◆ **SEMÂNTICA, QUANDO FUNCIONA POR MEIO DO SIGNIFICADO. (BONSIEPE, 2005B: 208)**

Otl Aicher (2004), um dos representantes da escola suíça, defende que a tipografia é a imagem da linguagem, a forma visual do discurso. Por extensão, a tipografia também é linguagem, já que tem dimensões tanto semânticas quanto sintáticas. A dimensão semântica compreende o conteúdo que transmite a linguagem, e a dimensão sintática é o modo como ela é transmitida. A sintaxe é um sistema de normas referente à hierarquia das palavras e à construção da frase. A frase é a unidade mínima de articulação. As palavras só têm sentido quando a disposição e ordem clarificam sua posição dentro de uma frase. A ordem correta das palavras proporciona o significado a uma frase, porque sua estrutura é espacial. (Aicher, 2004: 10)

Nesse sentido, no sistema de normas que governa uma sequência espacial, o tipógrafo cria uma linguagem e define o papel dos elementos que a compõem. Concebe, assim, um sistema regularizador no qual se estabelecem as condições para que as frases sejam inteligíveis e as afirmações, legíveis e compreensíveis. O tipógrafo cria um arranjo espacial em que o significado da linguagem adquire sentido e é capaz de transportar e transmitir o conteúdo. "A tipografia livre e sem normas dissolve a linguagem, produz erros linguísticos e desmonta aquilo que converte a linguagem em comunicação, isto é, em significado." (Aicher, 2004: 10)

Weingart absorve por inteiro a noção das dimensões sintáticas e semânticas, porém, valendo-se do que Aicher chama de "erros linguísticos", cria novos caminhos para a mensagem visual.

154- COMPOSIÇÃO COM A LETRA "M", WOLFGANG WEINGART, 1965

Para <u>BAINES E HASLAM</u>, "se a escrita fosse arquitetura, os livros seriam os edifícios; as páginas, pisos; os parágrafos, habitações; as frases, paredes; as palavras, móveis; as letras, ladrilhos. O modo como adquirimos a linguagem na infância nos dá a impressão de que é um mero conjunto de palavras, um vocabulário com definições e com uma arquitetura invisível". Segundo os autores, o simples fato de reunirmos as palavras adequadas em grupos não basta para nos comunicarmos. O significado constrói-se mediante a ordenação das palavras. Essa estrutura invisível da linguagem chama-se "sintaxe", e, dependendo da estrutura sintática da linguagem, pode-se alterar o significado. (Baines & Haslam, 2002: 27)

A ORDEM AFETA O SIGNIFICADO:

A tipografia é linguagem visível

A tipografia é visível linguagem

A linguagem da tipografia é visível

É visível a linguagem da tipografia

A tipografia da linguagem é visível

A visível tipografia é linguagem

Visível é linguagem da tipografia

A linguagem visível é tipografia.

(Baines & Haslam, 2002: 27)

A ÊNFASE AFETA O SIGNIFICADO:

A **TIPOGRAFIA** é linguagem visível

A tipografia é **visível** linguagem

A **LINGUAGEM** da tipografia é visível

É visível a linguagem da tipografia

A **TIPOGRAFIA DA LINGUAGEM** é visível

A **visível tipografia** é linguagem

Visível é linguagem **DA** tipografia

A **linguagem visível** é tipografia.

11.5. Manifesto Tríplice proposto por Weingart

11.5.1 Dimensão sintática em tipografia

A CONEXÃO DOS ELEMENTOS TIPOGRÁFICOS ENTRE SI E COM O SEU AMBIENTE

O signo de qualquer palavra é composto de diferentes signos básicos (letras). A relação das letras entre si e com o papel é chamada de "função sintática do signo". Só podemos fazer tipografia hoje se compreendermos sua dimensão sintática.

Weingart nunca dá receitas para os alunos, mas modelos para a solução de problemas específicos. (Weingart, 2004: 51)

Nos exercícios elementares, em que a ênfase não está tanto na familiaridade com os aspectos materiais e técnicos, mas na expansão do vocabulário tipográfico, o aluno descobre algo como uma linguagem visual, principalmente uma linguagem visual própria com características individuais. (Weingart, 2004: 51)

Com as lições básicas, começa-se a trabalhar a conexão entre os elementos, distribuindo diferentes problemas, nos quais o resultado dependerá do talento e do interesse de cada um. (Weingart, 2004: 47)

SINTÁTICO
"[Do gr. *syntaktikós*, 'que põe em ordem'.]
Adjetivo. 1. Relativo ou pertencente à sintaxe.
2. Que está de acordo com as regras da sintaxe. ~ V. análise —a, contaminação —a, cruzamento —, função —a e haplologia — Função sintática. 1. E. Ling. Relação existente entre uma forma e a estrutura gramatical de um enunciado.
SINTÁTICA [Do gr. *syntaktiké*, fem. do adj. gr. *syntaktikós*.]
Substantivo feminino.
1. Semiol. Parte da semiologia que se interessa especificamente pelas relações entre os signos [v. signo (5)]." (*Dicionário Aurélio On-line*)

SINTAXE
"(cs ou ss) [Do gr. *syntaxis*, pelo lat. tard. *syntaxe*.]
Substantivo feminino. E. Ling.
1. Parte da gramática que estuda a disposição das palavras na frase e a das frases no discurso, bem como a relação lógica das frases entre si; construção gramatical: 'Aqui misturam-se com os artigos pífios, cuja sintaxe temos de arranjar, raspando-lhes os solecismos'.(Coelho Neto, Turbilhão: 11).
2. Essa disposição.
3. Conjunto de aspectos da sintaxe de uma época ou de um autor." (*Dicionário Aurélio On-line*)

155- Exercícios para trabalhar a dimensão sintática em tipografia

Anúncios da Swissair para um jornal diário, empregando todas as interpretações contidas no texto e no plano de voo. Esses exercícios demonstram o contraste e a tensão do material tipográfico utilizado.

Páginas para um calendário americano, diferenciando a tipografia de cada mês com o máximo uso de material sintático.

  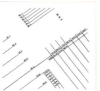

11.5.2 Dimensão semântica em tipografia

O SIGNIFICADO DOS ELEMENTOS TIPOGRÁFICOS E DO SEU AMBIENTE

O fato de um signo só funcionar como signo quando se refere a algo ou quando deveria significar alguma coisa é chamado de "função semântica". Quase todos os execícios que Weingart passa aos seus alunos são sintáticos, mas, segundo ele, não se pode excluir a semântica, referindo-se à parte da tipografia que trata do significado dos elementos do design. (Weingart, 2004: 57)

Fazer experiências com formatos das letras, seus tamanhos, para sugerir associações semânticas é uma forma de expandir o vocabulário visual das alternativas de design, e, para Weingart, em certos aspectos se vai muito além de qualquer teste científico, no sentido de que a ciência empírica, com seus métodos científicos de teste social, só pode em geral lidar com as expectativas e experiências conhecidas dos que são testados. Somente em casos raros algo novo pode ser deduzido dessa informação. (Weingart, 2004: 57)

Certas modificações gráficas podem intensificar a qualidade semântica da tipografia como meio de comunicação, ou, ao contrário, a ausência delas reduz a dimensão semântica associativa da tipografia como meio de comunicação.

A marca Coca-Cola, por exemplo, tem uma aparência diferente em hebraico, mas ainda desperta uma associação imediata porque identificamos certas características visuais essenciais nesse supersigno tão conhecido. (Weingart, 2004: 59)

Para ilustrar o desenvolvimento do processo weingartiano de design, apresentamos o exercício a seguir, que trabalha o aspecto semântico em tipografia. O conceito "Bíblia" aproxima-se visualmente de formas de letras arcaicas e, por meio de vários passos que constituem esse exercício, chegamos ao resultado de uma interpretação semântica do conceito "Bíblia":

1- Compõe-se a palavra "Bíblia" como é geralmente conhecida, ou seja, legível com as letras normais do alfabeto.

2- Tenta-se descobrir um modo de interpretar melhor esse conceito visualmente, selecionando uma interpretação possível que são as origens clássicas da Bíblia. Examina-se em quais letras do alfabeto é possível definir visualmente essa interpretação semântica específica.

3- Por fim, ordenam-se as letras básicas selecionadas para formar o novo supersigno "Bíblia". Essa nova palavra-imagem desperta associações semânticas com o antigo alfabeto grego. (Weingart, 2004: 63)

SEMÂNTICO
"[Do GR. SEMANTIKÓS, 'QUE ASSINALA', 'QUE INDICA'.] ADJETIVO.
1. RELATIVO À SIGNIFICAÇÃO; SIGNIFICATIVO.
2. RELATIVO À, OU PRÓPRIO DA SEMÂNTICA (2)."
(DICIONÁRIO AURÉLIO ON-LINE)

SEMÂNTICA
"[Do GR. SEMANTIKÉ, I. E., TÉCHNE SEMANTIKÉ, 'A ARTE DA SIGNIFICAÇÃO'.] SUBSTANTIVO FEMININO.
1. E. LING. ESTUDO DAS MUDANÇAS OU TRANSLAÇÕES SOFRIDAS, NO TEMPO E NO ESPAÇO, PELA SIGNIFICAÇÃO DAS PALAVRAS; SEMASIOLOGIA, SEMATOLOGIA, SEMIÓTICA.
2. E. LING. O ESTUDO DA RELAÇÃO DE SIGNIFICAÇÃO NOS SIGNOS [V. SIGNO (4 E 5)] E DA REPRESENTAÇÃO DO SENTIDO DOS ENUNCIADOS." (DICIONÁRIO AURÉLIO ON-LINE)DOS ENUNCIADOS.
3.E. LING.: US. V. SEMASIOLOGIA.
(DICIONÁRIO AURÉLIO ON-LINE)

156- EXERCÍCIO PARA TRABALHAR A DIMENSÃO SEMÂNTICA EM TIPOGRAFIA

1. PONTO DE PARTIDA
BIBLE
A PALAVRA CONVENCIONAL

2. CONCEITUAÇÃO
IwIIwLm
SELEÇÃO DE LETRAS DO REPERTÓRIO DO ALFABETO

3. DESIGN
BIBLE
ARRANJO DOS SINAIS ESCOLHIDOS COM A MUDANÇA SEMÂNTICA DAS FIGURAS-LETRA

11.5.3 Dimensão pragmática em tipografia

PRAGMÁTICO
"[Do gr. *pragmatikós*, 'relativo aos atos que se devem praticar', pelo lat. *pragmaticu*.]
Adjetivo.
1. Referente ou conforme à pragmática.
2. Relativo ao pragmatismo; pragmatista.
3. Suscetível de aplicações práticas; voltado para a ação: medidas pragmáticas. ~ V. competência —a."
(*Dicionário Aurélio On-line*)

PRAGMÁTICA
"[F. subst. do adj. *pragmático*.]
Substantivo feminino.
1. Conjunto de regras ou fórmulas para as cerimônias da corte ou da Igreja.
2. P. ext. O conjunto das normas formais e rigorosas da etiqueta.
3. E. Ling. Estudo dos fatores contextuais que determinam os usos linguísticos nas situações de comunicação.
4. Semiol. Ramo da semiologia que se interessa especificamente pela relação entre o signo e o usuário deste." (*Dicionário Houaiss/UOL On-line*)

A FORMAÇÃO DE SIGNOS COMO UM PROCESSO SINTÁTICO

Um signo só funciona como signo quando há alguém para lê-lo, o que implica que um signo deve ser produzido de tal forma que possa ser visto, lido e compreendido. Esse efeito de um signo pertence à área de sua função pragmática. O processo de construir ideias livres e brincar com a fantasia é transferido para a utilização consciente e aplicação desses signos, descobertos como marcas ou logotipos. Para alguns designers tipográficos, o principal critério é a legibilidade – fator dominante na seleção e na organização óptica dos sinais tipográficos. A mensagem que deveria ser comunicada não é intensificada por meio do material sintático ou semântico adicional. Questionar o motivo por trás dessa atitude em relação à tipografia é pôr em questão a atitude com respeito à comunicação em geral. Durante muito tempo, a resposta deu-se na tendência da tipografia suíça de transmitir a mensagem de maneira "livre de valor". E "livre de valor" significa simplesmente apresentar a mensagem sem equipá-la com características visuais adicionais para realçar sua eficácia semântica e persuasiva. O ser humano tem outras necessidades além das necessidades técnicas e econômicas. Ele tem necessidades psicológicas muito diferenciadas, especialmente nas áreas que têm a ver com a cultura e a estética. (Weingart, 2004: 71)

157- Exercícios para trabalhar a dimensão pragmática em tipografia

Qual a característica visual mais típica e necessária para o reconhecimento da letra "O"? Qual o limite dessa identificação?

O valor semântico do "H" pode ser mudado? De que modo seu significado se desenvolve por meio da diferença de peso e proporção do material de linha tipográfica?

O processo de construir ideias livres e brincar com a fantasia é transferido para a utilização consciente e aplicação desses tipos-signo, descobertos como marca e logotipo

109

Para Willi Kunz, a principal preocupação de muitos designers é a relação entre os elementos visuais (sintaxe). Na prática, a ênfase na sintaxe visual costuma prejudicar o significado (a semântica) e o modo como cada um dos elementos do design afeta o leitor e nele produz um dado efeito (a pragmática). Pode ser que um desenho concreto tenha um resultado muito interessante para um designer, mas que não consiga atingir seu público. Na fase inicial do seu processo de desenho, a sintaxe visual nunca deveria ser a preocupação fundamental, porque jamais se comunica uma mensagem no nível puramente sintático. Mais importante é encontrar as formas de expressão apropriadas para o público concreto. Em numerosas ocasiões, os designers têm de escolher entre satisfazer sua própria sensibilidade estética e suas ambições e criar um desenho para um leitor cujo gosto e necessidades são bem diferentes dos seus. (Kunz, 2003: 9)

158- Experiência com a impressão cilíndrica, Wolfgang Weingart

11.6 Wolfgang Weingart + tipografia suíça

Wolfgang Weingart afirma que, de uma forma ou de outra, a maioria dos designers contemporâneos partiram da "tipografia suíça", absorvendo os princípios fundamentais de pureza e precisão do material tipográfico, sua estrutura lógica e disciplinada, o significado do espaço em branco em um design – aspectos que constituem uma base fértil e unificada. Seu método, aparentemente simples, consiste em tomar "os padrões de design da tipografia suíça como ponto de partida sensível e, por meio do ensino e da experimentação, desenvolver novos modelos de design". (Weingart, 2004: 25) Para ele, não se pode fazer boa tipografia sem o conhecimento e a compreensão precisa do texto, ou corre-se o risco de alterar seu significado.

Por outro lado, Weingart também indaga: "de que serve a legibilidade quando nada no texto atrai a pessoa para lê-lo?" Esse questionamento leva a tentativas contínuas de se afastar dos padrões do design aceito. Weingart incentiva a experimentação para testar possibilidades semânticas e sintáticas da tipografia e romper suas fronteiras ideológicas, ignorando conscientemente os limites tradicionais e as receitas do design tipográfico. (Weingart, 2004: 73)

159- Cartaz da exposição "Kunstkredit", detalhe, Wolfgang Weingart, 1978

"Meu trabalho e o de meus alunos descrevem um caminho em tipografia que só pode avançar logicamente quando, com a ajuda de nossas experiências e conhecimentos adquiridos, pudermos reformar o sistema educacional e seus métodos de ensino. As ideias sobre tipografia, tais como as que tentamos desenvolver na Basileia, contêm mais do que a simples expansão do vocabulário sintático e semântico. Não queremos produzir a 'nata do design' para ser aproveitada pelas agências." (Weingart, 2004: 13)

11.7. Os valores tipográficos segundo Weingart (1972)

1- O valor da tipografia nos mais diversos processos de comunicação deve ser redefinido. Seria uma tentativa de expandir o significado e o alcance do conceito de tipografia.

2- No futuro, novas técnicas de informação e mudanças nas formas de comunicação obviamente exigirão novos padrões tipográficos relacionados ao sintático e ao semântico. A substância da tipografia deverá mudar, tal como o conteúdo que ela terá de transmitir, que será de acordo com a cena cultural na qual ela deve funcionar.

3- Essa nova tipografia deve também ser resultado de um pensamento e de um padrão de design muito pessoal. Isso se refere aos esforços baseados em individualidade, fantasia e qualidades artísticas. (Weingart, 2004: 75-77)

160- Cartaz da exposição "Kunstkredit", Wolfgang Weingart, 1980

Detalhe do cartaz

"Pedagogicamente, Weingart explora um novo terreno. Ao invés de uma educação industrializada, que, em um primeiro momento, poderia parecer mais adequada à nova tecnologia, ele reutiliza uma forma tida como antiquada:

o princípio do mestre e do aprendiz.

Com seus estudantes, ele produz trabalhos com o intuito de servirem como modelo para uma nova tipografia. O que ele tenta, e que tempos atrás foi definido pela profissão como a regra fundamental para se ensinar, é produzir trabalhos com o estudante no local de trabalho.

Ele então reconheceu o significado de escola."

(Armin Hofmann apud Weingart, 2000: 139)

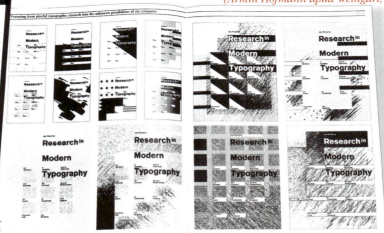

161- Página dupla da revista *Typographische Monatsblätter*, Liza Pomeroy, 1972. Pomeroy, então estudante, explora as variações tipográficas geradas pelo computador. A tipografia mantém-se constante, enquanto os outros elementos mudam, como as linhas e os planos.

11.8. A "arte-design" de Wolfgang Weingart

A tipografia de Weingart tem a ver com a arte, tem a ver com pinturas, são obras elaboradas com elementos tipográficos. Para ele, muitos tipógrafos foram artistas que trabalhavam só com tipos, como o holandês Piet Zwart, cujo trabalho é muito próximo da pintura, El Lissítski e mesmo o futurista Filippo Tommaso Marinetti.

A tipografia trabalhada por Weingart há mais de trinta anos vinha dos tipos móveis, tirando partido dos materiais que não são impressos, como os espaços entre linhas, materiais esses que não entram em contato com o papel. Seus trabalhos sempre estiveram relacionados com as possibilidades geradas pela técnica da oficina tipográfica e eram todos compostos manualmente. Com a introdução dos processos fotomecânicos, Weingart começou a trabalhar com a transparência dos filmes e com as possibilidades de utilizá-los em várias camadas. Os trabalhos das décadas de 1970 e 1980 são resultado da exploração das possibilidades desses materiais, como as transparências dos filmes. Tudo que Weingart criou é fruto das possibilidades técnicas disponíveis naquele momento. Sua intenção, na década de 1960, era fazer algo completamente diferente do que as pessoas estavam fazendo. Ele sentia necessidade de mudar, mas dizia que não tinha regras específicas para isso. Os tipógrafos da época nunca colocariam as letras em curvas, nem deixariam tanto espaço entre elas. Era algo proibido, e Weingart tentou fazer o oposto, pelo desafio de explorar os materiais.

Ansioso por chegar aos limites do processo técnico, tão logo começou suas experiências com letras de metal e madeira, novas ideias foram-lhe surgindo. Como parte de seu aprendizado, conhecera a fundo seu equipamento e suas ferramentas. Tinha real conhecimento dos materiais, das técnicas e do processo tipográfico. Weingart acreditava que um artesão deveria aprender a tomar decisões com base em seus erros e dificuldades.

Para Weingart, o problema hoje é mais abstrato e mais complexo. Observa que a maioria dos jovens designers desconhece essa relação primária e íntima com o veículo que utilizam, e que o computador não pode ser considerado uma ferramenta estética. A rapidez e a flexibilidade da tecnologia digital têm grande potencial, mas o profissional deverá questionar os detalhes tipográficos com o objetivo de aguçar seu discernimento, para que perceba diferenças e exerça uma visão crítica perante a máquina. (Resnick, 2001: 16)

Em 2003, Weingart aposentou-se, depois de ministrar seu último curso na Basileia. Ficou responsável pelos cursos de verão e continua a dar suas palestras sobre tipografia. (Weingart, 2004)

162- Imagem trabalhada com camadas de filme, detalhe de cartaz, Wolfgang Weingart, 1983-1984

Para Weingart, tudo que é escrito tem a ver com tipografia; tudo que tem a ver com tipos, mesmo que seja pintura ou uma carta escrita à mão, é tipografia. São sempre mensagens representadas por 26 símbolos do alfabeto, de A a Z. Podem estar mal escritas, ou podem não ser boa tipografia, coisas que quase que não se conseguem ler – para ele não há limite.
Os tipos modernos são expressões típicas da era da industrialização.
Os tipos são mais produtos de seu tempo do que de seus países de origem.

11.9. Artistas influenciados por Wolfgang Weingart

As mudanças de paradigma provocadas por Weingart foram reforçadas por alguns de seus alunos, dando início à linguagem do design produzida atualmente. As propostas de Weingart causaram impacto direto na geração posterior a sua, abrindo caminho para uma produção livre das amarras de antigos conceitos impostos pela escola suíça, ou estilo internacional.

Depois de Weingart, a tipografia passa a ser frequentemente aplicada com maior liberdade, a exemplo da introdução de ornamentos do passado, da manipulação dos caracteres (tanto das formas originais quanto do espaçamento entre eles) e da imposição de ruídos e outros elementos. Assim, ao distorcer a legibilidade – para não raro perdê-la totalmente –, essa nova tipografia põe em evidência a função estética do tipo. O resultado é a agregação de valor à informação.

A desconstrução proposta por Weingart preconizou o design que hoje vemos nos trabalhos contemporâneos. O que antes era utilizado no âmbito da experimentação, ainda respeitando as normas da escola suíça, foi se transformando na linguagem do design contemporâneo. Com o surgimento das novas tecnologias, sua linguagem foi absorvida e utilizada para a obtenção de resultados gráficos mais impactantes. Jan van Toorn e April Greiman substituíram a objetividade moderna pela subjetividade pós-moderna, que evoca a resposta do espectador mediante um novo tipo de recurso visual. Inspirados pelas novas formas da mídia eletrônica, ambos incorporaram composições desconstruídas, que produzem uma sensação de que as mensagens são filtradas por meio de camadas, proporcionando um aspecto tridimensional e de profundidade visual. (Fiell & Fiell, 2005: 30) Como Armin Hofmann descreveu, Weingart reutilizou "o princípio do mestre e do aprendiz", ao produzir com seus alunos uma parceria que modificou todo o ensino do design gráfico. Junto com seus alunos, trilhou caminhos originais, que mais tarde seriam analisados e absorvidos pelo campo teórico.

Alunos como April Greiman e Dan Friedman, após estudarem com Weingart, retornaram aos Estados Unidos, passando a atuar tanto na área profissional quanto nos círculos acadêmicos.

Trabalhos de Weingart, 1969-1983
163- SwissPoster, 1900-1984, 1983
164- Filme distorcendo a tipografia, 1976
165- Montagem de filme para catálogo, 1981
166- Cartaz 18th Didacta/Eurodidac, 1980-1881
167- Anúncio de concurso de design, 1974
168- Capa de suplemento com trabalhos de Weingart de 1969 a 1976
169- Capa da revista Idea, Nº 156, 1979

11.9.1 Dan Friedman

"Os designers gráficos deveriam tentar superar algumas posições um tanto ingênuas. Pode ser pura ilusão achar que a mais nova tendência da tipografia seja automaticamente melhor e tenha mais níveis de significado que as experiências anteriores e que estavam mais ou menos preocupadas com as possibilidades formais. Também pode ser ilusão o fato de que a nova tecnologia digital tenha maior autoridade e represente uma forma de progresso, considerando que o progresso tecnológico tem frequentemente causado alguma erosão nos valores humanos."

(Heller, 2007: 283)

Dan Friedman, designer americano, estudou no Carnegie Institute of Technology, em Pittsburgh (EUA), em meados da década de 1960. Depois de formado, foi estudar na Escola de Design de Ulm (Alemanha), onde absorveu os conceitos racionalistas de base científica. Em seguida, transferiu-se para a Basileia, a fim de estudar com Armin Hofmann e Wolfgang Weingart, participando da lógica intuitiva com base no trabalho experimental.

Reagiu contra o estilo internacional que dominava o design americano, fazendo parte do movimento new wave. Tornou-se professor da Universidade de Yale e da Universidade Estadual de Nova York no início dos anos 1970 e apresentou a seus alunos a teoria linguística e perceptiva como forma de ampliação do pensamento do design. (Heller, 2007: 283)

Friedman foi um dos organizadores das palestras de Weingart pela Filadélfia, Columbus, Cincinnati, Princeton, New Haven e Providence, em 1972. (Poynor, 2003: 20) Para Steven Heller (2007), os trabalhos de Dan Friedman caracterizam-se pelos princípios autodefinidos de "modernismo radical". Esse termo surgiu pela primeira vez em um manifesto de doze pontos, elaborado na conferência "Dangerous Ideas", do American Institute of Graphic Arts (Aiga), em 1989, realizada em Santo Antonio, no Texas. Nesse manifesto, Friedman propunha um conceito *démodé* que remetia ao modernismo, mas tal qual o desenvolvido originalmente na Europa, na década de 1920, antes de transformar-se em linguagem corporativa. Friedman assim definiria o modernismo radical: "[...] é uma reafirmação das raízes idealistas de nossa modernidade, ajustada de modo a incluir mais da nossa cultura, história, pesquisa e fantasia tão diversa". (Friedman *apud* Heller 2007: 282)

Em vez de voltar-se para o pós-modernismo, Friedman preconiza um modernismo pós-corporativista que rejeita os frios sistemas universais e as soluções-clichê. "A monografia *Radical Modernism* (Yale University Press, 1995), publicada meses antes de sua morte, [...] celebra seu triunfo, desafiando o modernismo corporativo, na teoria e na prática, por meio da criação de uma obra que adaptava a moderna ética humanista enquanto transcendia sua insipidez funcional, que havia atraído a geração mais nova." (Heller, 2007: 282)

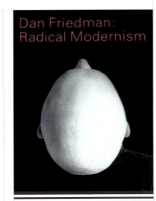

170- CAPA DO LIVRO *RADICAL MODERNISM*, DAN FRIEDMAN, 1995

Por volta do final da década de 1970, Friedman propôs a seus alunos a criação de mensagens "disfuncionais", de forma a medir os verdadeiros limites da comunicação, método que seria adotado em muitas outras escolas de design.

Friedman uniu o formalismo ao ativismo: quer se tratasse de um projeto sobre a aids ou de uma instituição cultural, seu trabalho revelava a mesma paixão em brincar com a cor, a composição e o contraste. Segundo Heller, seus trabalhos de design "não gráficos", incluindo design de móveis e esculturas, incorporaram, com naturalidade, não apenas ativismo e formalismo, mas também espiritualismo e excentricidade.

Na campanha corporativa para o Citibank, em 1975, quando trabalhava na Anspach Grossman Portugal, Friedman adaptou e sintetizou a tipografia experimental introduzida na Basileia, resultando em uma imagem leve para uma instituição conservadora. Após o sucesso da campanha do Citibank, poderia ter elaborado outros projetos pseudoexperimentais para clientes corporativos; no entanto, percebeu a limitação desse campo e passou a questioná-lo. Para Heller, "a arte e o design de Friedman são compatíveis, se não na prática, ao menos no espírito". (Heller, 2007: 282-283)

Em um cartaz de Friedman de 1976 para a revista *Space*, publicada pelo Institute for Vision and Energy, as imagens fortuitas de um sofá, de uma máquina de escrever e de um casal flutuam e giram ao redor umas das outras. Era o primeiro indício, segundo Poynor (2003), de que seu design estava começando a cortar as amarras, a questionar seu compromisso com o racionalismo e o rigor para adotar novas formas, cada vez menos fixas e mais abertas.

Friedman morreu em julho de 1995, aos 50 anos de idade.

171- Logo Citibank, Dan Friedman, 1975

172- Capa da Typografische Monatsblätter, Dan Friedman, 1971

173- Logotipo de campanha contra a aids, Dan Friedman, 1987

11.9.2 April Greiman

A designer americana April Greiman estudou com Wolfgang Weingart e Armin Hofmann na Escola de Design da Basileia no início da década de 1970, período particularmente animado por um clima de inovação proporcionado pelas experimentações tipográficas que aí ocorriam. Retornando aos Estados Unidos em meados dos anos 1970, Greiman começa a trabalhar para o Taxi Project, do Museu de Arte Moderna de Nova York (MoMA), cuidando dos materiais gráficos do museu. Em 1976, muda-se para Los Angeles, a fim de colaborar com o Instituto de Artes da Califórnia (CalArts), onde conhece o fotógrafo e designer Jayme Odgers, passando então a interessar-se por fotografia experimental e computadores pessoais. Ao criar uma iconografia original para essa instituição, Greiman colaborou para a definição do estilo new wave.

A partir de 1984, começa a utilizar o computador de forma sistemática, tirando partido das imagens de baixa resolução e da tipografia bitmap. Seguia, assim, os caminhos experimentais praticados por seu mestre com os processos mecânicos e as películas fotográficas. Greiman utilizou toda essa conceituação experimental para explorar as possibilidades digitais.

Seu trabalho é marcado por diretrizes excêntricas, que fizeram sua reputação de designer que desafiava os costumes, pedindo ao espectador para mudar suas preconcepções de design gráfico. Greiman concebe uma página como se fosse um espaço tridimensional em que tipografia, imagem e outros elementos gráficos misturam-se sem hierarquia.

Colaborou com empresas de arquitetura, como a Morphosis e a Barton Myers. Tornou-se professora do Art Center College of Design, de Pasadena, Califórnia, e também lecionou em diversas outras instituições, incluindo o Instituto de Arquitetura do Sul da Califórnia (SCI-Arc). Greiman tem trabalhado como diretora do programa de comunicação visual do Instituto de Artes da Califórnia (CalArts). (Heller, 2007: 362)

174- Páginas desdobradas de *Design Quarterly*, nº 133, formando um cartaz de corpo inteiro, April Greiman, 1986

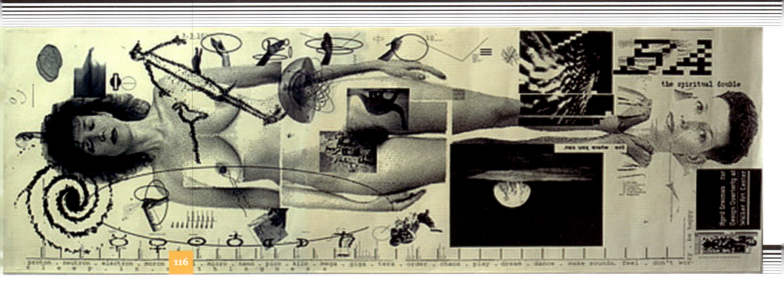

Pioneira no uso de computadores como ferramenta de design, atuou não só no design gráfico, mas também nos campos da interatividade, do movimento e do ambiente. Greiman comprou computadores Macintosh assim que saíram no mercado, em 1984, e com entusiasmo experimentou a nova ferramenta. Para ela, o computador representava um novo paradigma, um novo recurso de produção que abriria uma era de possibilidades para os designers gráficos. Greiman compreendeu imediatamente, ao contrário dos designers formados pelos métodos tradicionais, que o computador alteraria o processo de projeto. "Era um outro lápis, porém um lápis faz marcas físicas que, quando apagadas, deixam rastros [...] ao passo que a função 'desfazer' do computador permite eliminar qualquer indício." (Greiman *apud* Poynor, 2003: 96)

As reflexões de Greiman em uma entrevista para o *Magazine of Kansas City Art Institute*, no verão de 1982, evidenciam as preocupações subjetivas de seus projetos: "Sou uma pessoa com sentimentos. Obviamente, a situação ideal é conseguir um equilíbrio entre a mente e o coração, o corpo e o espírito. Creio que, culturalmente, as formas que se expressam na new wave são muito femininas". (Greiman *apud* Poynor, 2003: 24)

Segundo Poynor, Greiman "opõe o mistério, a irracionalidade e o aspecto inexplicável de sua obra à linearidade masculina do desenho suíço", e, como seu mestre, não rejeita a ordem e a estrutura, mas cria novas alternativas. (Poynor, 2003: 24)

Steven Heller (2007), ao analisar o trabalho de Greiman para a revista *Design Quarterly* (nº 133, 1986), observa que em um primeiro momento parecia uma revista tradicional de 32 páginas, mas ao ser aberta desdobrava-se como uma sanfona, e, estendida, transformava-se em um cartaz de página inteira medindo aproximadamente 1,82 m x 0,60 m. A *Design Quarterly* era uma publicação do Walker Art Center, de Minneapolis, editada por Mildred Friedman e direcionada aos designers. Cada edição enfocava um único tema, e April foi convidada para produzir a edição que publicaria seu trabalho. Ela transformou a revista em um cartaz de seu autorretrato, digitalizado em tamanho real e nu.

Os olhos de Greiman estão fechados e seu seio esquerdo está clonado do lado direito de seu corpo. Outro *close-up* de sua cabeça, com os olhos abertos, projeta-se do vértice de seu pé com o título "The Spiritual Double". Imagens de tipos, ideogramas, hieróglifos, símbolos-padrão da meteorologia – tudo sobreposto, orbitando em torno da imagem nua de Greiman. Além disso, as entradas da linha do tempo marcam as grandes inovações científicas, como a eletricidade, a teoria da relatividade, o homem na Lua, além de seu nascimento: "April Greiman 1948". O reverso do cartaz contém dizeres com narrativas de sonhos surreais em caixas de textos flutuantes, fotografias ambíguas e, segundo Heller, um tormentoso processo de trabalho com a nova tecnologia. (Heller, 2007: 363)

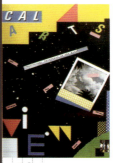

175 - CAPA DE FOLDER, APRIL GREIMAN
176 - CAPA DE JORNAL, APRIL GREIMAN, 1979

11.9.3 Willi Kunz

177- Logotipo e capas da revista Abstract, Willi Kunz

178- Páginas da revista Abstract, Willi Kunz

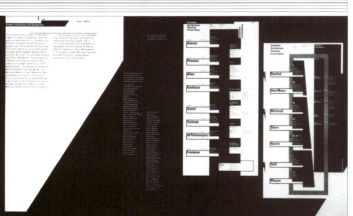

Willi Kunz nasceu e fez seus estudos na Suíça. Em 1970, mudou-se para os Estados Unidos, associando-se a outros designers também de formação suíça, inclusive Dan Friedman e April Greiman. Kunz introduziu um estilo pessoal em seu vocabulário modernista, e esse estilo, apesar de neutro e universal, manteve-se em uma sistemática minimalista. Tentou conservar esse espírito mais que seus colegas Friedman e Greiman. Em 1973, aceitou substituir Weingart, que estava em ano sabático, e lecionou tipografia na Escola da Basileia. (Meggs, 2009: 611) Atualmente, além de continuar exercendo a profissão de designer em seu estúdio Willi Kunz Associates, em Nova York, é professor de tipografia da Universidade Estadual de Ohio e dá cursos na Escola de Design da Basileia, na Suíça.

Seu trabalho foi denominado "decorativo-funcional". Conforme ele próprio argumenta, se o decorativo é excluído, o projeto entra em colapso. Kunz utiliza o tipo sem serifa e tira partido das fotografias em preto e branco. A estrutura organizativa de seus trabalhos parece basear-se no antigo conceito racional, porém de forma mais livre, sem rigidez, utilizando os elementos geométricos pautados na expressividade e na intuição.

Em 1984, Kunz começou a desenhar uma série semestral de cartazes para o curso de pós-graduação da Graduate School of Architecture, Planning, and Preservation (GSAPP), da Universidade de Columbia. A série, que Kunz continua a produzir até hoje, constitui um interessante documento do percurso de projeto de um designer para um único cliente ao longo de mais de uma década. Em 1988, a Reinhold Brown Gallery, de Nova York, organizou uma exposição de seus trabalhos, chamada "Typography Architecture". O título da mostra deriva de um ensaio do arquiteto e historiador Kenneth Frampton, diretor do programa de design da Universidade de Columbia. Nessas obras, conforme o próprio Kunz explicou à revista *Octavo*, há uma tentativa de traduzir para a tipografia os elementos da arquitetura, utilizando, para tanto, um jogo de positivo e negativo para sugerir metaforicamente os andares de um edifício. (Poynor, 2003: 24)

A "tradução" de arquitetura em design gráfico ocorreu de forma diferente em uma segunda série de cartazes para a GSAPP, na qual Kunz estruturou os elementos arquitetônicos em torno de campos de cor de fotografias.

Em 1978 Kunz já havia usado uma técnica semelhante em seus cartazes para a exposição de fotografias de Fredrich Cantor, que se tornariam típico exemplo do desenho pós--moderno. Segundo Poynor, os grandes caracteres utilizados por Kunz no nome do fotógrafo contrastam com o corpo menor do título da fotografia, que se conecta com a letra "F" por um retângulo vertical branco. A fotografia central do ator Marcello Mastroianni está acima de uma foto menor de uma mulher anônima. O título vermelho, com letras espaçadas que atravessam em diagonal a foto principal, introduz um elemento de sutil alteração, enquanto a trama de pontos é uma alusão, segundo o próprio Kunz, às luzes dos filmes de Mastroianni. Os elementos são trabalhados por uma composição descentralizada, bastante comum na obra de Weingart. (Poynor, 2003: 25)

As ideias culturais que afloraram nos trabalhos de Friedman, Greiman e Kunz estenderam--se a outros âmbitos, mesmo que os designers gráficos não quisessem adotá-las.

179- Cartaz da exposição de Frederich Cantor, Willi Kunz, 1978

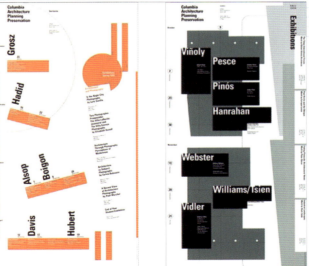

180- Cartaz para a Universidade de Columbia, Willi Kunz, 1995

181- Cartaz para a Universidade de Columbia, Willi Kunz, 1996

12. O suporte teórico do experimental

Em 1966, o arquiteto americano Robert Venturi (1995), em seu livro *Complexidade e contradição na arquitetura*, formula um manifesto por uma arquitetura que reflita a ambiguidade que caracteriza a experiência daquele momento. Venturi observou que os arquitetos já não se sentiam intimidados diante das exigências e limitações puristas da arquitetura moderna. Defende, por exemplo, as formas híbridas em contraposição às formas puras, os elementos distorcidos e indiretos, ambíguos e desarticulados, redundantes e não simples, incoerentes e equivocados. Para ele, a arquitetura deve expressar vários níveis de significado, podendo ser lida e utilizada de diferentes modos ao mesmo tempo: "Sou mais favorável à vitalidade desordenada do que à unidade óbvia. Incluo o *non sequitur* e proclamo a dualidade". (Venturi, 1995: 2)

No estudo *Aprendendo com Las Vegas*, de 1972, Venturi, junto com sua mulher, Denise Scott Brown, e Steven Izenour, aplicou algumas dessas ideias na detalhada análise do *strip* (corredor comercial) de Las Vegas. Para ele, Las Vegas é um fenômeno de comunicação arquitetônica, uma cidade onde a arquitetura se manifesta em seu estado puro. Seu interesse pela sinalização viária de Las Vegas, qualificada pela intelectualidade como degradante e antiestética, animou designers – especialmente o núcleo de design gráfico da Cranbrook Academy of Art – a olhar com outros olhos o desenho vernacular, como uma forma de libertar-se do modernismo.

182- Páginas da revista *Fetish*, Nº 2, 1980

Apesar das experiências de Weingart com a composição de textos, os primeiros designers pós-modernos, em sua maioria, continuaram aplicando as normas tipográficas estabelecidas e centraram a atenção no que ocorria ao redor do texto, mais do que em novas formas de manejar a composição textual.

Essa tendência pode ser percebida na revista *Fetish*, lançada em janeiro de 1979 por Jane Kosstrin e David Sterling, ex-alunos da Cranbrook. Dirigida a um público de sofisticados urbanistas e aficionados pela cultura material, foi uma publicação efêmera (durou apenas três anos) de grande formato, na qual as imagens e títulos apareciam grifados por grossos fios. Um número especial sobre materiais sintéticos, publicado em 1980, incluía artigos sobre plásticos, câmeras instantâneas, bonecas Barbies e música de sintetizador. Na *Fetish*, o design gráfico era o veículo de uma nova sensibilidade: informal, lúdica, irônica, sintética, pluralista, referencial e convicta da importância e do valor intrínseco da cultura popular cotidiana. (Poynor, 2003: 27)

No artigo "Machine Music", publicado no segundo número da *Fetish*, encontram-se alguns dos gestos tipográficos mais utilizados na new wave: os espaçamentos entre letras de diferentes espessuras e um grande repertório de recursos e símbolos que nos remete ao som da música eletrônica. (Poynor, 2003: 27)

Esforços de entidades como Media Labor e iniciativas como o Visible Language Workshop, do laboratório de mídia do Instituto de Tecnologia de Massachusetts (MIT Media Lab), aliados às investigações sobre tipografia desconstrutivista experimental, revolucionaram o modo de transmissão de textos e imagens. Com base no empirismo, esses novos recursos permitiram a introdução da emoção no processo comunicativo e, dessa forma, desempenharam um papel fundamental na interpretação da mensagem. (Unger, 2002: 12)

O surgimento da editoração eletrônica e das bobinas de papel de impressão colorida ajudou a mudar a perspectiva do design editorial, e os jornais e revistas começaram a oferecer estímulos visuais que competiam com a televisão. (Hollis, 2001: 231)

Nesse momento, o campo do design gráfico transformou-se em uma pluralidade de expressões, como consequência do fim do dogmatismo produzido nas décadas anteriores: "No design, como na arte, deixou de existir uma corrente dominante. A falta de um estilo único foi suprimida por uma variedade de estilos que muitas vezes não são escolhidos por convicção, mas por exigência do mercado". (Pelta, 2004: 16)

13. O conceito de desconstrução

"Muitos designers olharam para a história com o intuito de resolver a orfandade ideológica que sentiam, enquanto outros seguiram pelo caminho da filosofia da linguagem com o objetivo de encontrar novos rumos." (Pelta, 2004: 45)
Se o movimento moderno conectou-se ao estruturalismo saussuriano, o desenho pós-moderno trabalhou o pós--estruturalismo, ou melhor, a desconstrução – teoria que começou a ser conhecida nos Estados Unidos graças à conferência "A estrutura, o signo e o jogo no discurso das ciências humanas", feita em 1966 pelo filósofo francês Jacques Derrida na Universidade Johns Hopkins. O conceito de desconstrução seria expandido por Derrida em sua *Gramatologia*, publicada na França em 1967 e traduzida para o inglês em 1976.
Ferdinand de Saussure, em seu *Curso de linguística geral*, de 1916, enfatizava a primazia da fala sobre todos os demais modos de comunicação, especialmente a escrita, que, para ele, era simplesmente um meio de gravação ou anotação da fala. Jacques Derrida contesta essa postura, alegando que Saussure reproduzia um antigo argumento filosófico europeu, segundo o qual toda espécie de escrita consiste simplesmente em um suplemento acidental particular e exterior da fala, e cuja única função seria representar signos fonéticos tidos como hierarquicamente superiores. Na *Gramatologia*, Derrida desconstrói posições similares ao longo da história sustentadas por diversos filósofos ocidentais, como Aristóteles, Platão, Rousseau e Hegel, observando que ao signo escrito tem sido tradicionalmente atribuída a condição de ser simplesmente o "signo de um signo". Para Derrida, Saussure não se excluía dessa posição, porque, conforme o próprio linguista menciona, parecia haver uma precedência "natural" do signo linguístico em relação ao signo gráfico, uma vez que a fala seria a única ligação verdadeira entre os pensamentos e os sentidos; isto é, entre o significado e o significante.

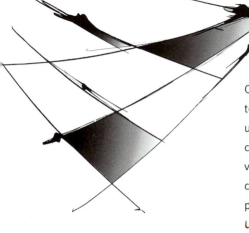

Quanto à natureza da linguagem e da comunicação, os pós-modernistas tendem a aceitar uma teoria bem diferente do estruturalismo saussuriano. Enquanto os modernistas pressupunham uma relação rígida e identificável entre o que era dito (o significado, ou "mensagem") e o modo como era dito (o significante, ou "meio"), o pensamento pós-estruturalista, ou desconstrutivista, vê esses dois elementos da comunicação "separando-se e reunindo-se continuamente em novas combinações". Para David Harvey, o desconstrutivismo surge como um poderoso estímulo para os modos de pensar pós-modernos, e "é menos uma posição filosófica do que um modo de pensar sobre textos e de 'ler' textos". (Harvey, 1993: 55)

Derrida considera a colagem/montagem a modalidade primária de discurso pós-moderno. A heterogeneidade inerente a esse discurso (seja na pintura, na escrita ou na arquitetura) nos estimula, como receptores do texto ou imagem, "a produzir uma significação que não poderia ser unívoca nem estável". (Harvey, 1993: 55) Produtores e consumidores de "textos" (que Harvey denomina "artefatos culturais") participam da produção de significações e sentidos.

Portanto, segundo Harvey, o "produtor cultural" só cria matérias-primas (fragmentos e elementos) deixando aberta aos consumidores (espectadores) a livre recombinação desses elementos. O efeito é quebrar ou desconstruir o poder do autor de impor significados ou de oferecer uma narrativa contínua. Para Derrida, cada elemento "quebra a continuidade ou linearidade do discurso" e leva necessariamente a uma dupla leitura: "a do fragmento incorporado a um novo todo, a uma totalidade distinta". (Harvey, 1993: 55)

Para o pós-estruturalismo, o leitor teria um papel predominante na criação do discurso literário, uma vez que o texto não tem uma só leitura, e sim várias, tantas quantos são os seus leitores. É a teoria do leitor como autor, defendida por Roland Barthes.

Em Saussure, como em Derrida, a oposição entre fala e escrita é fundamental. No entanto, como vimos, Derrida desconstruiu o pensamento saussuriano da primazia da fala, em que a escrita é mera cópia da fala: "[...] a escrita não está subordinada à fala, pois seu sistema, constituído de sinais fonéticos, tem uma organização autônoma em relação à fala. A grafia e a gramática influenciaram a pronúncia de termos, bem como sua ordenação sintática. A escrita transpassa o pensamento e o discurso, constituindo a memória, o conhecimento e o espírito". (Sesma, 2004: 186)

Derrida afirmou a existência de uma escrita (ou escritura) mental, a "arquiescritura", a partir do traço (grama), o qual sustenta essa arquiescritura e precede qualquer ato de comunicação. Antes de constituir um corpo como significante, esse traço já estaria presente (escrito) no cérebro. Essa escritura, baseada na noção do traço, ou DUCTUS ⟶, sugere inscrições continuamente impressas no cérebro: a escritura do pensamento. Para Derrida, "a intenção de Saussure era reduzir toda escritura à mera função de anotadora da linguagem falada". (Gruszynski, 2007: 80)

"O TERMO LATINO DUCTUS VEM DE DIGITUS, QUE SIGNIFICA 'DEDO'. DUCTUS PODE SER DEFINIDO COMO UM NÚMERO, A ORDEM DE SUCESSÃO E O SENTIDO DOS TRAÇOS QUE FORMAM UMA LETRA. O ESTUDO DO DUCTUS NÃO SE LIMITA SIMPLESMENTE A DECOMPOR O SIGNO EM UM CERTO NÚMERO DE TRAÇOS, MAS TAMBÉM ESTABELECE A ORDEM NA QUAL ESSES TRAÇOS SÃO DESENHADOS E SEUS SENTIDOS EM RELAÇÃO AO INSTRUMENTO DA ESCRITA: NENHUM TRAÇO HORIZONTAL PODE SER EXECUTADO DA DIREITA PARA A ESQUERDA, COMO TAMBÉM NÃO SE PODE TRAÇAR NA VERTICAL DE BAIXO PARA CIMA. PARA EVITAR A CONFUSÃO, TEM-SE O COSTUME DE COLOCAR SOBRE AS PRANCHAS DE ESTUDO NÚMEROS E FLECHAS QUE CORRESPONDEM À ORDEM E AO SENTIDO DO TRAÇADO."
(MEDIAVILLA, 1993: 21)

O crítico literário Jonathan Culler (2000), em seu livro *Teoria literária: uma introdução*, sugere que o projeto essencial da desconstrução deve ser entendido como uma crítica às oposições hierárquicas em que foi tradicionalmente estruturado o pensamento ocidental, como dentro/fora, mente/corpo, fala/escrita, presença/ausência, natureza/cultura e forma/significado. Poynor, por sua vez, enfatiza que não se trata de oposições naturais e inevitáveis, mas sim de construções culturais que assumimos como inevitáveis, sem questionar. O objetivo da desconstrução não é destruir essas categorias, mas desmanchá-las e reescrevê-las, alterar sua estrutura e fazê-la funcionar de modo distinto. (Poynor, 2003: 46)

O pensamento desconstrutivista parte de algumas suposições básicas, a começar da instabilidade e indeterminação do significado linguístico; daí decorre que nenhum método de análise, nem mesmo na filosofia, ostenta a autoridade máxima da interpretação textual, e que, portanto, a interpretação está mais próxima do jogo que da análise, tal como se havia entendido tradicionalmente. Derrida cunhou o termo *différance*, combinando verbos franceses correspondentes a "diferir" e "discrepar", com a intenção de sugerir até que ponto a linguagem depende da interação das diferenças entre um termo e outro, enquanto o significado em si mesmo é sempre diferido.

Segundo Poynor, o objetivo desse arcabouço era evitar a opacidade conceitual ou a redução de seus textos a um significado definitivo. Para o autor, todas essas ideias se aplicam ao design gráfico pós-moderno, já que os conceitos derridianos, cuja tática é destruir o conceito inicial de uma ideia para alertar o leitor a não aceitá-la literalmente, podem fornecer a ele múltiplas interpretações. (Poynor, 2003: 47)

13.1 A influência da desconstrução no design GRÁFICO

Foi somente na década seguinte à publicação da *Gramatologia* que as ideias de Derrida tiveram um impacto mais abrangente no meio acadêmico americano. A análise sobre a escrita como forma distinta de representação, contida nessa obra, é considerada por Poynor a referência mais significativa para os designers gráficos, já que trata da tipografia e do desenho como processos materiais. Para Poynor, o marco que introduziu conceito descontrutivista no design gráfico foi a exposição "Deconstructivist Architecture", acompanhada da publicação de seu catálogo. Realizada de junho a agosto de 1988 no Museu de Arte Moderna de Nova York (MoMA), com curadoria de Philip Johnson e colaboração de Mark Wigley, a mostra apresentou projetos arquitetônicos de Bernard Tschumi, Coop Himmelblau, Daniel Libeskind, Frank Gehry, Peter Eisenman, Rem Koolhaas e Zaha Hadid.

Para Wigley, os trabalhos apresentados nessa exposição tinham um traço em comum que os distinguia: uma sensibilidade que expressava a perturbação do sonho da forma pura. "A forma foi contaminada", disse Wigley, acrescentando que a arquitetura desconstrutivista não desmantela o edifício, mas situa em seu interior alguns dilemas inerentes, ao expor os

"sintomas de uma impureza reprimida". (Poynor, 2003: 47)

Wigley observou que esses projetos não tinham uma direção estética comum e que não derivavam da mesma filosofia conhecida como desconstrução. Alguns meses antes da exposição do MoMA, o International Symposium on Deconstruction, realizado na Tate Gallery de Londres e aberto com uma entrevista gravada em vídeo entre Derrida e o crítico literário britânico Christopher Norris, havia tido como ponto de partida explícito mostrar as conexões entre a teoria desconstrutivista e a arquitetura. Eisenman e Tschumi, os dois arquitetos mais teóricos dos sete apresentados por Johnson e Wigley no MoMA, discordaram da visão de Wigley de que a desconstrução arquitetônica é antiderridiana.

Devido a essas diferenças de interpretação no campo da arquitetura, o design gráfico acabou assumindo uma abordagem pouco rigorosa e distinta do enfoque arquitetônico. O desconstrutivismo, para Poynor, não quer demolir, decompor ou destruir a estrutura de um edifício. Ao contrário, ele pretende desorganizar, deslocar e desviar essa estrutura ao adicionar uma alteração à estrutura interna. (Poynor, 2003: 47)

Em 1990, no ensaio "De-constructing Typography", uma das primeiras análises publicadas sobre o tema, Philip Meggs utiliza o termo "desconstrutivista" em relação ao design e à tipografia. Tomando o termo "desconstrução", Meggs o define literalmente como uma fragmentação do todo ou uma destruição da ordem, e não relaciona as tendências descritas com o construtivismo. (Poynor, 2003: 48)

Com a tendência denominada "desconstrutivista", as convenções do design gráfico profissional, tanto o moderno quanto o eclético, foram deliberadamente questionadas e rejeitadas. Os designers desconstrutivistas conheciam as raízes históricas do design e as formas pré-escritas que deveriam ser seguidas. Para Rick Poynor, por razões só mais tarde esclarecidas, a aplicação do termo "desconstrução" resultou problemática no campo do design gráfico. Na verdade, a desconstrução nunca foi um movimento em toda sua extensão, nem um ismo claramente definido. Entre os profissionais que trabalhavam de modo desconstrutivista, muito poucos referiam-se à desconstrução no sentido teórico, e a maioria dos seguidores das normas tradicionais acreditava que seria uma moda passageira. Poynor afirma que o uso equivocado desse termo persistiu durante anos, e em alguns casos ainda continua sendo feito. (Poynor, 2003: 47)

Tomando a definição de Meggs, podemos afirmar que ela reduz a desconstrução visual ao desmantelamento, interpretação que Wigley queria evitar a todo custo. Meggs exemplifica seu conceito de desconstrução com o anúncio de Neville Brody para a Torchsong, de 1984, no qual as letras se misturam formando um personagem tipográfico. Não se trata de uma tipografia linear tradicional, mas de uma tipografia que segue uma forma estética da ordem e não do caos. A ordem estabelecida não foi destruída, mas recomposta de forma dinâmica. (Poynor, 2003: 49)

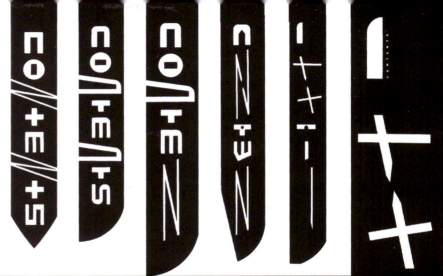

183- Fragmentação progressiva do logotipo da página de sumário da revista *The Face*, Neville Brody, 1984

Poynor, por sua vez, cita como exemplo de design desconstrutivista outro trabalho de Neville Brody de 1984: uma série de desenhos foi aplicada à palavra *contents* (sumário) na página da revista *The Face*, e a cada mês as letras iam se deformando até se tornarem signos abstratos. (Poynor, 2003: 48)

Desde a década de 1980 e durante boa parte dos anos 1990, a desconstrução influenciou os designers gráficos, ainda que muitos deles não fossem conscientes de sua essência conceitual.

Na área do design gráfico, a tipografia foi o campo em que o conceito de desconstrução mais exerceu influência, na medida em que se opunha ao delineamento estruturalista de que a escrita não é mais que má transcrição da palavra falada, e defendia a interpretação de Jacques Derrida, segundo a qual a escrita invade o pensamento e a fala, transformando-se em memória, conhecimento e espírito. (Pelta, 2004: 46)

Para Derrida, escrever é uma forma de representação, e seu meio é a tipografia, cujo uso influi na construção da linguagem e, portanto, também na cultura.

Por questionar as formas tradicionais de leitura, a desconstrução implicou uma revisão do vocabulário tipográfico. Nesse sentido, o conceito desconstrutivista colocou à disposição do design gráfico uma enorme variedade de usos e manifestações: o emprego das letras como veículos abstratos e invisíveis, sem compromisso com a estrutura e o significado do texto; a postura do designer como editor mais preocupado com a claridade estrutural do que com a expressão formal; busca de uma expressão visual pessoal e de um estilo que é parte do conteúdo, e que explora os valores formais do alfabeto. (Pelta, 2004: 46)

Para Manuel Sesma, "o design gráfico acabou assumindo a desconstrução da mesma forma que assumira o modernismo", e, com essa nova postura, alguns temas voltaram a ser questionados, como o sempre discutido problema da legibilidade e o significado da profissão. (Sesma, 2004: 190)

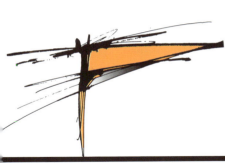

125

14. Os McCoy e a Cranbrook Academy of Art

A Cranbrook Academy of Art, de Michigan (EUA), sempre foi uma referência importante para o design gráfico americano. Porém, no final da década de 1960, atravessava um momento de estagnação, quando Katherine McCoy e seu marido Michael McCoy assumiram a coordenação do departamento de design da instituição.

A primeira formação de Katherine McCoy foi de designer industrial com graduação pela Universidade Estadual de Michigan em 1967. Adquiriu conhecimentos de tipografia e design gráfico ao trabalhar na Unimark International, que tinha como sócio Massimo Vignelli. Como vimos, o conceito da Unimark era norteado pelo estilo internacional, baseado na racionalidade, objetividade e clareza dos elementos gráficos. Dessa maneira, McCoy teve estreito contato com a estética modernista, mas soube associar a essa estética elementos culturais americanos, agregando características vernaculares e enfatizando que na tipografia nada precisava ser tão rígido.

Seu método de ensino consistia principalmente no embasamento teórico, que englobava as noções de linguagem e comunicação, a apresentação do estilo internacional e de suas regras, e ao mesmo tempo o incentivo à leitura sobre história do design e tendências contemporâneas, para que os alunos compreendessem melhor o mundo em que viviam. *Pari passu* com a fundamentação teórica, McCoy criava um ambiente propício à criatividade enfatizando o lado experimental.

184- Tipografia Dead History, Scott Makela, 1990

DEAD HISTORY
NÃO SEI MUITO SOBRE A HISTÓRIA?
NÃO SEI MUITO SOBRE A HISTÓRIA?

A Cranbrook Academy of Art enfocou principalmente a intenção dos designers, incentivando O CHAMADO "CONTEÚDO PESSOAL" E "HISTÓRIAS OCULTAS" como forma de rejeitar as propostas consideradas antigas dos designers modernos. Essa valorização da expressão pessoal do designer deu maior abertura de significados, de modo que o design gráfico deixou de ser uma linguagem anônima para constituir uma interpretação da mensagem por parte do designer. (Pelta, 2004: 46)

Inspirada no ensaio de Roland Barthes, de 1968, Katherine McCoy deu destaque a um dos temas-chave do pós-estruturalismo: "A MORTE DO AUTOR". Ela sempre defendeu que o designer deveria ir além do mero solucionador de problemas para converter-se em um autor adicional do conteúdo que, ao tomar consciência crítica da mensagem, assume papéis que antes eram do artista e do escritor. (Pelta, 2004: 56)

Segundo Raquel Pelta (2004), no final da década de 1990 e início do século XXI, o designer passa a ter a função de "PROVEDOR DE CONTEÚDO" – alguém que está intimamente ligado ao desenvolvimento conceitual dos projetos, e não mais à simples proposição de uma solução estética. Essa postura supõe um reconhecimento do "eu" do designer e de sua presença como voz no processo de formulação das mensagens e na criação de formas para sua estruturação, e coloca maior responsabilidade em sua atuação.

14.1 O programa da Cranbrook Academy of Art

185- CARTAZ, CRANBROOK ACADEMY OF ART, 1991

Na Cranbrook, a tensão entre o novo e o velho foi resolvida não somente no campo prático, mas também em termos teóricos.

Segundo Steven Heller, a Cranbrook Academy of Art foi o centro de discussão e crítica do design gráfico da década de 1970 até os anos 1990, muito embora seu programa tenha sido **"acusado de ter uma atmosfera enclausurada, poluída por suas próprias liberdades"**. (Heller, 2007: 274)

Sob a direção de Katherine McCoy, cada aluno da Cranbrook era estimulado, pelos próprios comentários de seus trabalhos gráficos, a buscar uma expressão particular, um estilo distinto, que a princípio não teria grande aceitação comercial, pois as obras de um estudante Cranbrook questionavam a relação entre comunicação desenhada e vernacular, entre formas tipográficas e caligráficas, e entre tipo e arte. (Blackwell, 1992: 206)

McCoy, como já mencionamos, que no final dos anos 1960 trabalhara na Unimark com Massimo Vignelli, acabou sendo a principal divulgadora da teoria da "desconstrução da linguagem" nos círculos acadêmicos do design gráfico, ao impulsionar a releitura dos textos do filósofo Jacques Derrida, cuja palestra em solo americano havia ocorrido vinte anos antes. (Sesma, 2004: 185)

O papel crítico e experimental da Cranbrook, segundo Heller, fomentou um vigoroso discurso que contribuiu para definir e ampliar a profissão de designer durante a década de 1980. (Heller, 2007: 274)

Sobre o período em que foi diretora do programa de design gráfico da Cranbrook, de 1971 a 1995, Katherine McCoy afirma que ele pode ser facilmente organizado em três fases de expansão:

1971-1979 Fase de expansão da linguagem formal do modernismo
1980-1981 Rápida fase intermediária, caracterizada pelo alto formalismo
1982-1995 Fase pós-estruturalista

186- CARTAZ, CRANBROOK ACADEMY OF ART, 1989

Desde o início dos anos 1940, quando Charles Eames assumiu a chefia do departamento de design industrial e Eero Saarinen e Harry Bertoia faziam parte do corpo docente, a Cranbrook adotava a noção bauhausiana de unidade entre arte e indústria. No início da década de 1970, porém, a escola americana substituiria a rigidez da ideologia bauhausiana por uma abordagem mais complexa e eclética, na qual os direcionamentos pessoais eram estimulados. Foi nesse contexto que Katherine e Michael McCoy tornaram-se codiretores do departamento de design, mais precisamente em 1971. Katherine ficou responsável pelo design bidimensional e Michael, pelo tridimensional, incluindo produtos, mobiliário e interiores.

Abrindo mão de qualquer tipo de planejamento, a Cranbrook tornou-se o caldeirão experimental da tipografia americana durante as décadas de 1980 e 1990. Segundo Heller, o foco e o ímpeto de aprendizado vinham direto dos estudantes, que eram altamente motivados e proativos. (Heller, 2007: 274) Talvez por isso o crítico de arquitetura Paul Goldberger tenha descrito essa escola como:

"parte colônia de artistas, parte escola, parte museu e parte laboratório de design".
(Goldberger *apud* Heller, 2007: 274)

Para estimular a leitura entre os alunos, McCoy dedicou-se a ampliar constantemente o acervo bibliográfico do departamento de design; porém, os textos não eram específicos nem dirigidos, e os estudantes eram incitados a pesquisar e a formular ideias com o objetivo de desenvolver suas próprias estratégias conceituais. A troca de informações com os departamentos de arte, fotografia e arquitetura era uma prática habitual. Os estudantes trabalhavam em estúdios, lado a lado com membros do corpo docente, todos interagindo entre si. Dormitórios e lanchonetes eram transformados em laboratórios de ideias. Heller conta que Katherine McCoy relutou em aceitar que a evolução da Cranbrook ocorresse em forma de progressão. Para ela, parecia mais uma combustão espontânea, mas permeada por uma filosofia dominante, que confrontava o tradicional dilema do design gráfico *forma versus conteúdo.*

"A forma não é inimiga do conteúdo, a forma pode se transformar em conteúdo; assim como recipiente dele."
(Katherine McCoy *apud* Heller, 2007: 275)

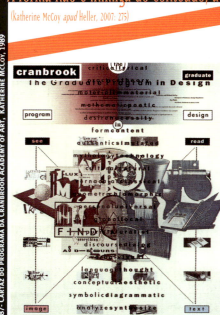

187 - CARTAZ DO PROGRAMA DA CRANBROOK ACADEMY OF ART, KATHERINE MCCOY, 1989

McCoy define o cartaz contendo o programa de design da Cranbrook, de 1989, como um símbolo dessa ebulição. Visualmente, pares de palavras correm ao longo das laterais do cartaz, ancorados no centro. Sua dialética é reforçada pela cor e pelas formas do layout. Estendendo-se abaixo da camada desses pares de palavras, aparecem fragmentos de imagens de trabalhos de estudantes, montados em forma de colagem, de maneira a combinar a simetria bilateral com projetos bidimensionais do lado esquerdo e tridimensionais do lado direito. A camada mais profunda de informação consiste no diagrama "See-Read-Text-Image", que unifica formalmente o cartaz e sugere significados para as múltiplas interações entre os elementos. (Heller, 2007: 274)

Para estruturar as fases de sua gestão na Cranbrook, McCoy usou um modelo simplificado de comunicação, baseado no esquema de progressão linear desenvolvido por Shannon & Weaver em 1949. Embora esse modelo tenha sido substituído mais tarde por outros mais sofisticados, a cadeia

emissor ·····> mensagem ·····> receptor

identificava os elementos fundamentais da comunicação como uma interação linear básica.

primeira fase

Nos primeiros anos de McCoy à frente da Cranbrook, de 1971 a 1979, o programa de design gráfico enfocou a parte "mensagem" da equação de Shannon & Weaver, ampliando a noção modernista de designer neutro, que comunica uma mensagem clara e precisa ao usuário. Toda a linhagem dos trabalhos suíços foi pesquisada: Karl Gerstner, a fase inicial de Müller-Brockmann, Hans Neuberg (Neuburg) e Emil Ruder, as correntes posteriores "radicalmente suíças de Ruedi Rüegg", além de Odermatt & Tissi e a vertente moderadamente suíça, segundo Heller, de Wolfgang Weingart. A escola suíça não foi a única, mas uma entre muitas que foram exploradas pelos alunos Cranbrook. (Heller, 2007: 275)

188- Parte da capa de *Learning from Las Vegas* (*Aprendendo com Las Vegas*), 1977

Com o objetivo de ampliar o repertório de tendências modernistas a serem estudadas, Katherine McCoy convidou Edward Fella para participar das atividades de design gráfico da Cranbrook. Fella era um dos designers autodidatas mais atuantes no mercado e dono de um estilo gráfico muito pessoal, de modo que McCoy viu em sua experiência profissional um fator capaz de despertar nos alunos a compreensão e a simpatia pelo segmento mais popular da arte comercial e vernacular. De início, Fella participou informalmente do programa de design gráfico da escola, seja como crítico dos trabalhos, seja interagindo com os estudantes de forma espontânea, seja estimulando-os à leitura de livros como *Aprendendo com Las Vegas*, de Robert Venturi, Denise Scott Brown e Steven Izenour. Mais tarde acabaria por matricular-se na graduação.

189- Cartaz da exposição "Detroit Focus Gallery", Edward Fella, 1987

Em 1978, a revista acadêmica *Visible Language*, que explorava a função e as propriedades da linguagem escrita, envolveu a Cranbrook em um esforço conjunto para a criação de um volume dedicado à estética literária contemporânea francesa, lançado com o título "French Currents of the Letter". Nesse projeto, McCoy contou com a colaboração de Daniel Libeskind (então chefe do departamento de arquitetura da Cranbrook), que selecionou estudantes interessados em participar da iniciativa e ministrou-lhes um curso rápido de linguística francesa. O desconstrutivismo, que mais tarde se tornaria a marca da escola cranbrookiana, foi então introduzido como parte do conceito pós-estruturalista.

190- Cartaz da Cranbrook Academy of Art, Jeffery Keedy, 1989

191- Cartaz *First Years of Cranbrook Design*, Allen Hori, 1989

129

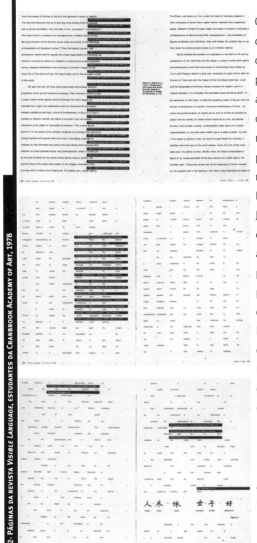

192 - PÁGINAS DA REVISTA *Visible Language*, ESTUDANTES DA CRANBROOK ACADEMY OF ART, 1978

Os alunos da Cranbrook assumiram a hipótese derridiana, segundo a qual uma construção cultural – como uma ideia, um valor ou uma sentença – poderia ser desmontada ou separada e decodificada, de modo que cada parte examinada teria seu próprio "significado". As partes poderiam ser remontadas em um outro todo e, então, adquirir um significado diferente. O rearranjo das partes em várias totalidades abriria caminho para a exploração da complexa natureza dos signos e colocaria a comunicação no intrincado cenário dos contextos sobrepostos com múltiplos significados, promovendo, assim, a mudança da relação binária do sim/não para uma interpretação mais subjetiva e multidimensional do significado. (Heller, 2007: 277)

Para o projeto *Visible Language*, McCoy e os estudantes Richard Kerr, Alice Hecht, Jane Kosstrin e Herbert Thompson criaram um equivalente tipográfico para o texto. As composições começaram com layouts tradicionais. Progressivamente, o espaço entre as palavras e linhas era ampliado e o material de nota de rodapé era reposicionado para interagir de forma não convencional com o texto. As composições finais pareciam páginas de palavras flutuantes, visualmente pontuadas por barras horizontais pretas de comentários marginais que deslocavam completamente a ordem natural da leitura. Desse modo, o leitor era forçado a usar padrões de leitura alternativos. Trilhas verticais e diagonais abriam-se, fazendo com que as palavras e frases se reorganizassem por meio de novas justaposições, que alteravam os significados convencionais. O trabalho chocou a todos, atraindo a fúria e a zombaria de designers ainda comprometidos com o cânone modernista de simplicidade, legibilidade e solução de problemas.

segunda fase

A pesquisa da expressão formal na Cranbrook culminou em uma breve fase, altamente formalista, entre 1980 e 1981. Nessa etapa, a ênfase no modelo de Shannon & Weaver mudou, passando a ·····> mensagem ·····> emissor.

Na Cranbrook, o clássico exercício de tipografia – no qual o estudante é instruído a pegar uma mensagem semanticamente neutra (como a previsão do tempo ou uma receita culinária) e explorar sua apresentação por meio de variações tipográficas e de composição – tinha evoluído para o que ficou conhecido como "exercício do rótulo". Segundo Heller, o exercício começava com alguns "aquecimentos" clássicos e, depois deles, se escolhia um anúncio das Páginas Amarelas ou de um rótulo de produto, para em seguida ser submetido a diversas análises visuais, variações tipográficas, que resultavam em interpretações subjetivas do objeto ou do anúncio original. O designer já não era mais um tradutor, mas um comentarista, parceiro e participante na emissão da mensagem. (Heller, 2007: 277)

terceira fase.

A terceira fase, de 1983 a 1995, denominada "pós-estruturalista", ocorreu em virtude da inquietação e insatisfação com o maneirismo das manipulações formais, resultante da fase anterior. Embora o projeto *Visible Language* tocasse o desconstrutivismo, foi somente em meados da década de 1980, com as turmas de 1985-1987 e de 1986-1988, que floresceu um vivo interesse pelas teorias linguisticas.

Nesse período, que a própria McCoy definiu como "de intensa curiosidade", foi criado o "clube-da-teoria-da-semana", no qual tudo era discutido: estruturalismo, pós-estruturalismo, desconstrutivismo, fenomenologia, teoria crítica, teoria da recepção, hermenêutica, e até mesmo o vernáculo de Venturi e a teoria pós-moderna. Por um lado, McCoy resistia e, por outro, provocava com perguntas e desafiava tanto os estudantes quanto as próprias teorias. Jeffery Keedy, então estudante da Cranbrook na época, relembra que McCoy vivia dizendo:

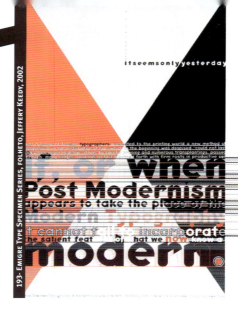

193- EMIGRE TYPE SPECIMEN SERIES, FOLHETO, JEFFERY KEEDY, 2002

CONCEITOS COMO MULTIPLICIDADE, CAMADAS DE INFORMAÇÕES INCORPORADAS, IMAGENS E TEXTOS CONTROLADOS PELO OBSERVADOR E PROGRESSÃO NÃO LINEAR — MARCAS DO DESIGN EXPERIMENTAL REALIZADO NA CRANBROOK NO FINAL DA DÉCADA DE 1980 — TORNARAM-SE LOCUÇÕES DE MULTIMÍDIA, A NOVA FRONTEIRA DO DESIGN GRÁFICO.

"MAS ISSO SE PARECE COM QUÊ? COMO VOCÊ PODE FAZER ISSO FUNCIONAR COMO FERRAMENTA DE DESIGN?" (JEFFERY KEEDY EM *EYE* Nº 16, 1995: 4)

Embora por vezes admitisse seu ceticismo, Katherine McCoy sempre permaneceu comprometida com a pesquisa conjunta, quando não com as conclusões conjuntas.

No período pós-estruturalista, a ênfase no modelo de comunicação Shannon & Weaver mudou novamente, dessa vez para

MCCOY VIA O DESIGN GRÁFICO COMO UMA ATIVIDADE PLURALISTA, À QUAL OS COMPONENTES DO MODELO DE SHANNON & WEAVER AINDA SE APLICAVAM, PORÉM NÃO MAIS DE MANEIRA LINEAR. O FUNDAMENTAL ERA A INTEGRAÇÃO E A INTERFUNCIONALIDADE DE TODOS OS ELEMENTOS.

⋯⋯> emissor ⋯⋯> receptor.

A tradicional contraposição entre texto, ligado à atividade linear, codificada e realizada no hemisfério esquerdo do cérebro, e imagem, vinculada à atividade holística, baseada na experiência e realizada no hemisfério direito do cérebro, foi questionada. O texto tornou-se interfuncional e ampliou sua capacidade de comunicar para além da funcionalidade, entrando no domínio do ilustrativo (a tipografia como imagem), do atmosférico e do expressivo. De maneira similar, as imagens podiam ser lidas, sequenciadas e combinadas para formar padrões complexos de informação. (Heller, 2007: 278)

Em 1990 foi publicado o livro *Cranbrook Design: the New Discourse*, que nada mais era do que o catálogo de uma exposição de mesmo nome, realizada inicialmente no Cranbrook Academy of Art Museum em novembro de 1990 e posteriormente, em janeiro de 1991, na Steelcase Design Partnership, de Nova York. A diagramação do catálogo, elaborada por Katherine McCoy, P. Scott Makela e Mary Lou Kroh, mostrava surpreendentes e pouco habituais táticas desconstrutivistas. A página é dividida em duas colunas, com o espaçamento muito estreito entre elas. A coluna da direita desloca-se um pouco para baixo em relação à coluna esquerda, e ambas têm entrelinhas muito espaçadas, entremeadas aqui e ali por inesperadas interferências de texto, que criam ao mesmo tempo uma linha alternativa de leitura. McCoy assim descreve o uso da teoria na academia:

"As ideias que surgiam colocavam em evidência a construção do significado entre o público e a peça gráfica, uma transação visual paralela à comunicação verbal. Partindo da teoria linguística da semiótica, porém rejeitando a crença em uma transmissão de significado cientificamente previsível, essas ideias começaram a exercer influência nos trabalhos de grafismo dos estudantes. As novas experiências exploravam a relação do texto e da imagem com os processos de leitura e percepção, mediante textos e imagens que pretendiam ser lidos detalhadamente, decodificando suas mensagens. Os estudantes começaram a descobrir a dinâmica da linguagem visual e entendê-la como um filtro que manipula inevitavelmente a resposta do público." (Katherine McCoy *apud* Poynor, 2003: 50)

"A Cranbrook não tinha a intenção de iniciar uma revolução de base teórica no design gráfico" (Heller, 2007: 278). Steven Heller conta que Katherine McCoy nem mesmo queria lecionar, mas acabou ficando na Cranbrook por 24 anos, pois "a instituição oferecia uma situação muito flexível, e a única exigência real da administração era que ela atraísse bons alunos e produzisse excelentes profissionais, que encontrassem caminhos dentro da profissão". (Heller, 2007: 278)

Ex-alunos:
Allen Hori
Edward Fella
Jeffery Keedy
Lorraine Wild
Lucille Tenazas
Nancy Skolos
Tom Wedell

194- Página do livro *Cranbrook Design: The New Discourse*, Katherine McCoy, Scott Makela e Mary Lou Kroh, 1990

132

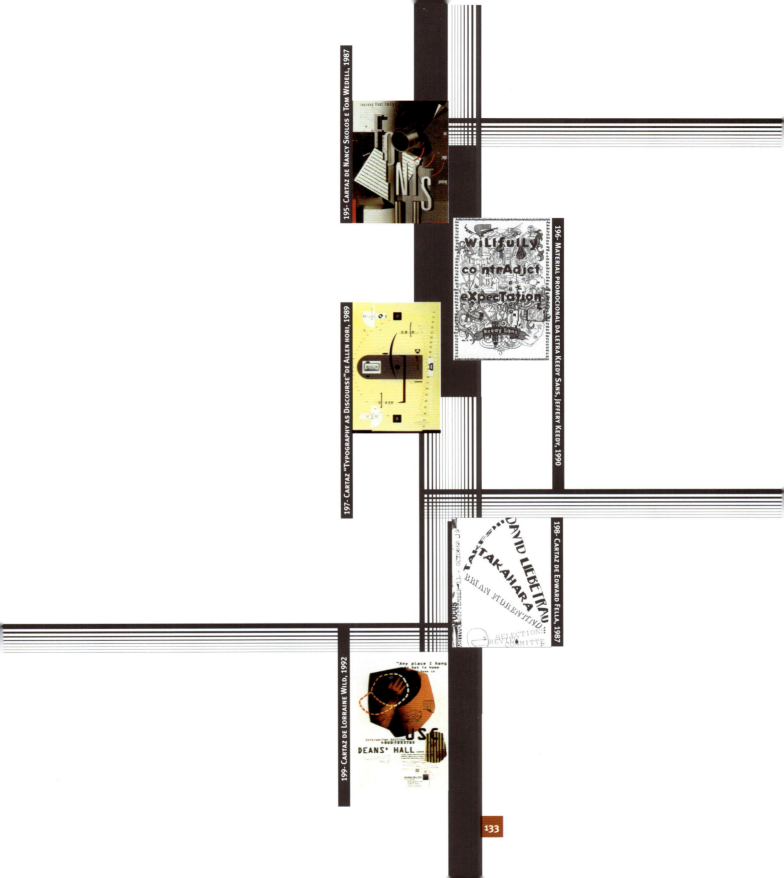

195 - Cartaz de Nancy Skolos e Tom Wedell, 1987
196 - Material promocional da letra Keedy Sans, Jeffery Keedy, 1990
197 - Cartaz "Typography as Discourse" de Allen Hori, 1989
198 - Cartaz de Edward Fella, 1987
199 - Cartaz de Lorraine Wild, 1992

14.2 Edward Fella

INFLUÊNCIA DIRETA DA CRANBROOK

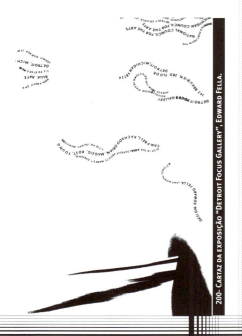

200- Cartaz da exposição "Detroit Focus Gallery", Edward Fella.

201- Cartaz do Instituto de Artes da Califórnia (CalArts), Edward Fella, 1989

Edward (Ed) Fella trabalhou com uma estética "antiestética", segundo Blackwell, na qual o tipo está disposto com espaçamentos e alinhamentos variáveis, apresentando uma caligrafia desigual, misturada com uma tipografia tradicional. A irregularidade e a desconstrução são características de sua obra. (Blackwell, 1992: 206)

O objetivo da tipografia sempre foi controlar e regular o uso do espaço, seja entre letras, palavras e linhas, seja entre distintas classes de material tipográfico (título, texto principal, subtítulo, nota, etc.), seja, enfim, entre todos os elementos de composição de uma página. Fella tratou esses espaços de um modo totalmente elástico. À primeira vista, seus projetos podiam parecer fortuitos e incompetentes, como se o autor ignorasse qualquer regra relacionada à correta tipografia; porém, ao contrário, seus efeitos eram fruto de uma postura consciente e de uma profunda reflexão. Em meados da década de 1980, convicto de que o design estava cada vez mais eficiente e criativo, Fella incentivou o abandono de todo resquício racionalista, baseando seus projetos em princípios de incoerência e irregularidade, como se pode observar em seus trabalhos para clientes como a Focus Gallery, de Detroit.

Fella exerceu grande influência sobre a geração de designers subsequente, tanto nos Estados Unidos quanto em outros países. Essa influência iniciou-se na Cranbrook, que visitava constantemente, a convite de Katherine McCoy, antes de matricular-se nessa escola, e prolongou-se até depois de sua graduação, quando começa a trabalhar no Instituto de Artes da Califórnia (CalArts) em 1987. A partir de 1990, suas experiências começaram a ser reconhecidas, e durante toda essa década continuou a trabalhar, especialmente em uma série de programas realizados para as Los Angeles Contemporary Exhibitions (Lace), explorando as ideias de pastiche e antiestética, com uma rejeição agressiva ao grafismo convencional. (Poynor, 2003: 56)

Edward Fella matriculou-se na Cranbrook após trinta anos de experiência profissional no campo do design publicitário e com uma formação até então fundamentalmente autodidata. Apesar de elaborados segundo um método preferencialmente manual, que só recorria ao computador para editar desenhos, seus trabalhos estavam diretamente relacionados ao espaço digital. (Blackwell, 1992: 206)

"O trabalho de Fella sempre esteve baseado em uma contínua investigação formal, na qual todos os elementos e ferramentas se entrelaçam de forma coerente. Sua pesquisa estava voltada para o aproveitamento de qualquer elemento que pudesse estruturar um novo espaço tipográfico." (Sesma, 2004: 196)

> "A desconstrução é uma forma de expor a cola que mantém unida a cultura ocidental." (Edward Fella *apud* Sesma, 2004: 194)

Fella demonstrou ser plenamente consciente do componente visual da letra, ao explorar, segundo Philip Meggs, o potencial estético das formas tipográficas criadas, dos espaços irregulares, dos caracteres excêntricos, dos grifos personalizados e das investigações vernaculares, chegando muitas vezes a um tratamento quase lúdico das formas das letras. Foi um dos poucos profissionais que, partindo do contexto desconstrutivista, conseguiu alcançar uma expressividade tipográfica pessoal, que falava sobre a natureza e a função da tipografia contemporânea.

Manuel Sesma ressalta que, por influência de Roland Barthes, de quem Fella era grande admirador, suas criações tipográficas têm mais a ver com a origem caligráfica da letra moderna, e que, ao fugir do convencional e entender o design como campo de expressão pessoal, Fella transformou sua composição tipográfica em pintura. (Sesma, 2004: 196)

202- CALIGRAFIAS, EDWARD FELLA

14.3 Jeffery Keedy

INFLUÊNCIA DIRETA DA CRANBROOK

203- PÁGINA DUPLA DO CATÁLOGO FAST FORWARD (CALARTS), JEFFERY KEEDY, 1993

Em meados dos anos 1980, os estudantes da Cranbrook participavam ativamente das investigações teóricas, e, como consequência, a crítica assumiria um importante papel nas escolas de design gráfico. Jeffery Keedy, estudante do ciclo superior de belas-artes (1983-1985), teve um papel significativo nessa evolução. Sob a influência de *The-Aesthetic*, livro de Hal Foster de 1983, e dos escritos de Roland Barthes, Keedy começa a procurar novos campos de exploração do design por meio da prática cultural vinculada aos temas da cultura popular, como um novo direcionamento para a linguagem visual. (Poynor, 2003: 53)

Keedy – assim como Fella – acreditava que a tarefa mais urgente era desafiar o pensamento rígido dos antigos esquemas visuais e as estéreis aplicações corporativistas da modernidade americana. Opunha-se a todo design demasiado claro e regular, questionando a visão utópica modernista. Dava grande importância ao caráter pessoal na direção do projeto de design e, da mesma forma que Katherine McCoy, insistia no valor humano da ambiguidade perante um público perfeitamente capaz de entender essa complexidade.

Keedy observou que **"na realidade não são necessárias muitas normas para proteger o público".** (Jeffery Keedy *apud* Poynor, 2003: 55)

Na letra criada por Keedy, chamada Keedy Sans, lançada em 1990 pela empresa de tipos Emigre Graphics, percebe-se a influência de Edward Fella nas formas incoerentes e de espaçamento irregular, enquanto as terminações, ora arredondadas e ora cortadas em ângulo, produzem uma sensação às vezes harmoniosa e vibrante.

Ao *slogan* "A intenção contradiz a expectativa", anunciado na revista *Emigre*, Keedy acrescentava que, em uma era tipicamente pós-moderna, o que chama a atenção em um trabalho compreende desde seus erros até os artifícios de sua construção. (Poynor, 2003: 57)

Keedy é professor do Instituto de Artes da Califórnia (CalArts) desde 1985.

204- Letra Keedy Sans, Jeffery Keedy, 1989

14.4 Barry Deck

INFLUÊNCIA INDIRETA DA CRANBROOK

205- Letra Template Gothic, Barry Deck, 1990

Após se formar pela Universidade de Illinois do Norte em 1986, Barry Deck foi trabalhar como designer júnior na Lipmon & Simmons, de Chicago, e depois como desenhista gráfico na Kim Abrams Design. Em 1987, matriculou-se em um curso de mestrado em belas-artes no CalArts, onde estudou uma abordagem experimental do design com Ed Fella e Lorraine Wild. Template Gothic, foi a letra que se tornou o retrato dos anos 1990. Sob a supervisão de Edward Fella, Deck projetou essa fonte lançando mão de uma estratégia similar à utilizada por Jeffery Keedy na elaboração da Keedy Sans. Fella conta que, para sua criação, foi passado como instrução o método básico de desenho de fontes, no qual a ideia é preencher os intervalos, mas ao mesmo tempo era parte do projeto a pesquisa sobre o vernacular e sobre as ideias de irregularidade e desintegração. (*Emigre*, nº 30, 1994: 21) A Template Gothic é intencionalmente imperfeita, concebida para transmitir "a linguagem imperfeita de um mundo imperfeito". Em 1992, Barry Deck mudou-se para Nova York, onde foi visto como um radical pela comunidade tipográfica.

206- Cartaz da exposição "Sensation", Why Not Associates, 1997

207- Cartaz do Holland Festival, Studio Dumbar, 1987

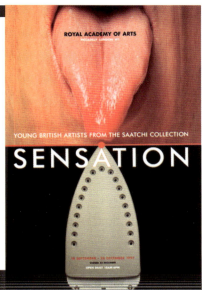

INFLUÊNCIA INDIRETA DA CRANBROOK

14.5 Why Not Associates

208- Capa e contracapa do catálogo "Next Directory", Why Not Associates, 1991

No princípio dos anos 1990, o conceito desconstrutivista havia se popularizado no mundo do design gráfico por via da Cranbrook. Um dos canais de seu êxito deu-se em 1985, quando Katherine McCoy convidou o designer holandês Gert Dumbar, fundador do Studio Dumbar, para dar uma conferência na Cranbrook. Dumbar, na época, não era adepto dos pressupostos teóricos defendidos pelos alunos, mas estava interessado em sua criatividade e na capacidade expressiva de aproximarem-se da forma de um objeto ou de uma informação. Após essa conferência, vários alunos da Cranbrook – como **Jan Jancourt, Edward McDonald, David Frej, Robert Nakata, Allen Hori e Martin Venezky** – foram trabalhar na sede do Dumbar em Haia, onde, orientados pelo conceito desconstrutivista, dariam um novo rumo à produção do estúdio. De 1985 a 1987, Dumbar lecionou design gráfico no Royal College of Art, de Londres, exercendo grande influência sobre vários alunos, especialmente David Ellis e Andrew (Andy) Altmann, que logo depois de formados, em 1987, fundaram a Why Not Associates. Se o design Cranbrook introduziu a teoria e algumas vezes converteu suas ideias em tema principal do design gráfico – como no cartaz da conferência "Typography as Discourse", de 1989 –, os projetos comerciais da Why Not Associates, entre o final dos anos 1980 e início dos 1990, utilizaram recursos visuais muito similares para conseguir efeito estético. (Poynor, 2003: 58)

14.6 Tibor Kalman

Tibor Kalman nasceu em Budapeste, Hungria, em 1949 e emigrou para os Estados Unidos com a família em 1956. Entre os anos de 1967 e 1970, estudou jornalismo na Universidade de Nova York, onde também trabalhou no jornal universitário e participou do grupo radical Students for a Democratic Society (SDS). Em 1979, Kalman encontrou sua própria concepção de design e abriu o escritório M&Co. Inicialmente, a empresa trabalhou em quaisquer projetos comerciais, que abrangiam todas as áreas do design gráfico, design industrial, bem como a elaboração de títulos de filmes, spots de televisão, livros infantis (com a esposa Maira Kalman) e arquitetura. Entre seus clientes estavam: Formica, Subaru, The Limited, Chiat/Day, Williwear, MTV, Florent Restaurant, David Byrne e Talking Heads, além do Museu de Arte Moderna de Nova York (MoMA).

Seus trabalhos fazem parte do acervo do Cooper-Hewitt National Design Museum, de Nova York, e do Stedelijk Museum, de Amsterdã. Kalman também atuou como diretor de arte do Artforum entre 1987 e 1988.

No outono de 1990, foi contratado como redator-chefe da polêmica revista da Benetton, *Colors*. O que começara como "The United Colors of Benetton" – vários anúncios de produtos mostrando crianças de culturas diversas e promovendo a harmonia étnica e social – acabou evoluindo para uma série de anúncios de página dupla que culminaram na criação da própria *Colors*. Segundo Steven Heller, a razão principal para o lançamento da revista foi porque Olivero Toscani, diretor de publicidade da marca, começou a ficar insatisfeito com as recusas das revistas *Vogue* e *Vanity Fair* em publicar os anúncios da Benetton, alegando que eles "tinham ultrapassado a linha do seguramente elegante rumo ao fortemente editorial". (Heller, 2007: 163)

Volátil e imprevisível, a *Colors* foi, ainda segundo Heller, o primeiro veículo oficial de uma empresa que não se pautava por pesquisas de mercado nem políticas econômicas. Com foco na exposição nua e crua do mundo, ela refletia as paixões de seus editores e colaboradores em vez de espelhar o mercado, e oferecia aos leitores ideias instigantes em lugar de clichês. (Heller, 2007: 161-164)

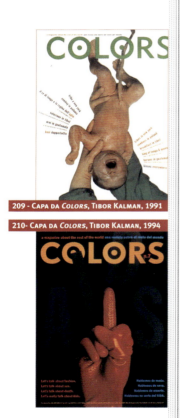

209 - Capa da *Colors*, Tibor Kalman, 1991
210 - Capa da *Colors*, Tibor Kalman, 1994

Outro polêmico projeto de Kalman foi o restaurante Florent. Em 1986, um *chef* chamado Florent Morlet abriu um acessível restaurante francês em uma área industrial de Nova York. Florent alugou uma casa que havia sido uma lanchonete e desejava que o local permanecesse despretensioso, mas que atraísse uma clientela exclusiva. Kalman então sugeriu que se mantivessem todas as instalações anteriores, argumentando que o restaurante acabaria por mostrar a eles o seu próprio design. O visual do *menu* também revelou-se espontaneamente, e foi elaborado como se um tipógrafo o tivesse feito por composição manual, e como se os tipos tivessem sido escolhidos aleatoriamente.

"A DIFERENÇA ENTRE O MARAVILHOSO E O HORRÍVEL É MUITO PEQUENA."

(Tibor Kalman *apud* Heller, 2007: 310)

Para o anúncio do Florent, foi utilizada uma foto externa mundana do restaurante, como aquelas usadas em cartões-postais. Kalman também ilustrou a ideia do restaurante por meio de pequenos pictogramas retirados das páginas amarelas de Manhattan.

"Nosso vocabulário baseou-se em imagens genéricas bobas e totalmente óbvias, usadas pela grande maioria das propagandas comerciais." (Kalman *apud* Heller, 2007: 310) Mas o objetivo, segundo Heller, não era a nostalgia, e Kalman insistia que a diferença entre o nostálgico (ou kitsch) e a apropriação reside em como o produto é finalizado pelo designer.

"NUANCE É A PALAVRA-CHAVE."
(**TIBOR KALMAN** *apud* Heller, 2007: 310)

211- Cardápio do restaurante Florent, Tibor Kalman, 1987

212- Postal do restaurante Florent, Tibor Kalman, 1986

Em 1993, Kalman mudou-se para Roma, onde editaria mais oito números da *Colors*. Em setembro de 1995, desligou-se da revista e regressou a Nova York. Kalman morreria poucos anos depois, em 1999. (Cullen, 1996)

15. Emigre: uma nova referência tipográfica

213- Capas da revista *Emigre*, nº 1 e nº 2, 1984 e 1985

A revista *Emigre* representou uma grande contribuição para a evolução do design gráfico, abarcando toda sua extensão, como o design editorial, a tipografia e a fotografia.

Em 1983, um ano antes do lançamento dos computadores Macintosh, Rudy VanderLans e Zuzana Licko criaram uma revista alternativa de cultura, voltada para artistas, fotógrafos e arquitetos. Nascia, assim, *Emigre*, que posteriormente se converteria em uma referência em tipografia e design digital.

214- Logotipos da revista *Emigre*

215- Fontes desenhadas por Zuzana Licko

Rudy VanderLans, de origem holandesa, estudou na Koninklijke Academie van Beeldende Kunsten (Academia Real de Belas-Artes) de Haia, entre 1974 e 1979. Depois da graduação, fez estágio no Total Design Studio com Wim Crouwel e trabalhou com identidade corporativa para a Vorm Vijf e a Tel Design. Em 1981, mudou-se para os Estados Unidos a fim de estudar fotografia na Universidade da Califórnia-Berkeley (UCB), na época uma instituição efervescente no campo experimental do design e da arquitetura. VanderLans tinha um grande fascínio pela liberdade do design americano e admirava os trabalhos de Herb Lubalin e Milton Glaser. (http://www.identifont.com/find?name=vanderlans&q=Go)

Zuzana Licko, nasceu em Bratislava, antiga Checoslováquia, mas foi criada nos Estados Unidos desde os 7 anos. Graças a seu pai, biomatemático de profissão, teve rápido acesso aos computadores. Em 1981, época em que cursava artes visuais em Berkeley, conheceu Rudy VanderLans, seu futuro marido e sócio na revista *Emigre*.

Pioneira no uso do computador para o desenho de caracteres tipográficos, Licko inaugurou um novo campo de experimentação na tipografia digital, ao tirar partido do aspecto visual dos pixels e dos bitmaps para criar fontes, e usar todo o potencial que a tecnologia oferecia. (http://www.identifont.com/find?name=licko&q=Go)

Em caráter experimental, foi publicado o primeiro número da *Emigre* em 1983, e, apesar das críticas de muitos designers de que o resultado seria pífio, Licko insistiu em sua proposta. A partir do ano seguinte, com a chegada ao mercado dos Macintosh da Apple, ela passa a desenhar sistematicamente famílias de tipos para publicação na *Emigre*.

Dessa maneira, é efetivamente a partir de 1984 que a *Emigre* começa a utilizar computadores no design gráfico, tendo VanderLans como editor e Licko como designer. A revista passou a ser publicada quadrimestralmente. Em sintonia com o conceito pós--moderno, a publicação utilizava a desconstrução dos elementos formais apregoados pelos padrões tradicionais, em um processo de criação livre e intuitivo.

Um importante marco na história da *Emigre* foi a publicação do manifesto "Ambition/Fear" em seu 11º número, de 1989, inteiramente dedicado a responder às críticas que o design editorial digital estava recebendo na época. Licko e VanderLans tentaram justificar e defender a postura da revista perante os grupos tradicionalistas do design, crentes de que em razão da utilização do computador o projeto perderia o caráter profissional. Na verdade, esses profissionais demonstravam medo com relação à ampliação da profissão de designer em decorrência do uso da informática. Para Licko e VanderLans, o computador é uma potente ferramenta de criação e experimentação, e a prática digital agiliza a execução, liberando tempo para a criação e a busca de novas soluções. Outro aspecto ressaltado por eles é a possibilidade de mesclar em um único profissional as funções de designer de tipos, editor e diagramador, permitindo um maior domínio técnico e, como consequência, conceitual.

216- Capa da Emigre, nº 11, 1989
217- Capa da Emigre, nº 14, 1990

A *Emigre* transformou-se em uma revista de atualidades, de caráter promocional e também experimental. Nessa época, interessada pela história da tipografia, Licko tira partido do recém-lançado *software* Fontographer. Os primeiros tipos criados por ela foram considerados uma exaltação das limitações da técnica: Emperor, Oakland, Universal e Emigre – todos eles tipos de mapa de bits (bitmap) desenhados para impressoras de baixa resolução. A introdução da tecnologia PostScript, que criou as linhas de contorno (out-lines), permitiu que Licko desenvolvesse vários designs de alta resolução baseados em criações bitmap, como as fontes Matrix e Citizen. Embora na elaboração dessas fontes Licko se baseasse essencialmente em formas clássicas, ela teve de limitar as características de cada uma delas ao mínimo necessário, por causa da baixa memória dos computadores da época. (Heller, 2007: 188)

> Essas letras (como Matrix e Modula), cuja simplicidade de desenho devia-se à carência técnica de recursos, tornaram-se um estímulo para a criação de layouts inovadores em publicações da década de 1990. Por outro lado, Licko também fez estudos sobre fontes históricas, como a reinterpretação dos tipos clássicos Baskerville (Mrs Eaves) e Bodoni (Filosofia). (Baines & Haslam, 2002: 94)

> VanderLans, em vez de permanecer como observador passivo, tomou o caminho de desbravador do design digital, e chamou esse esforço de **"força cultural"**.

218- Fontes bitmap: Emperor, Universal, Oakland e Emigre, 1986

219- Diferença de finalização entre Emigre Fourteen e Matrix

220- A fonte Variex foi concebida como linha. Cada caractere é definido por uma linha central de peso uniforme, tendo a possibilidade de 3 variações Variex, 1998

221- Capa e página da *Emigre*, nº 12, 1989

A empresa de tipos Emigre Graphics, mais tarde Emigre Fonts, tornou-se pioneira no desenho de tipos digitais, ao introduzir os tipos bitmap e posteriormente, com a evolução tecnológica, os tipos digitais de alta resolução.

Durante sua existência, a revista *Emigre* exibiu e divulgou não só as criações de VanderLans e Licko, mas também as dos principais representantes da jovem tipografia americana. Trabalhar com uma vertente alternativa do design como a *Emigre* significava, para esses jovens profissionais, entrar em contato com as novas necessidades de evolução do design gráfico, e com a sua vanguarda intelectual. VanderLans e Licko buscavam atrair jovens designers que estavam desinteressados ou desiludidos com as abordagens ortodoxas para então lhes propor o desenvolvimento de códigos visuais que forçassem a reavaliação do design convencional de tipos.

222- Capa e página da *Emigre*, nº 19, 1991

Segundo Steven Heller, ao desafiar o conceito tipográfico dominante, a *Emigre* instigava a ira de certos representantes do estilo internacional, como Massimo Vignelli. O próprio Heller, no artigo "The cult of the Ugly", de 1993, afirmou que essa linguagem era fruto de um fenômeno temporário. (Heller, 2007: 152) Essa antipatia que a revista despertava não somente constituiu uma reação automática ao novo, mas também revelou um inevitável confronto de gerações. O desconforto da mudança criou essa tensão entre o velho e o novo, e para Heller, uma vez libertada da segurança do laboratório, essa tensão entrou em combustão.

As abordagens promovidas pela *Emigre* estimularam a reavaliação de velhos métodos e estéticas, à luz de uma nova era tecnológica. Tornaram-se o ícone do progresso tipográfico, mas, paradoxalmente, também forneceram modelos para a imitação. Heller aponta ainda que muitas das experiências bem-sucedidas da vanguarda, ao penetrarem na consciência coletiva, vão se diluindo e aos poucos convertem-se em um estilo. Reverenciado por um grande número de veículos com poder de formar opinião, o estilo "Emigre" previsivelmente conquistou o reconhecimento público. O alcance dessa nova linguagem ultrapassou os limites do experimental para tornar-se uma forma vanguardista de comunicação, fato que fez da *Emigre* a grande fonte de influência não apenas para a tipografia, mas também para todo o campo do design gráfico do final do século XX e início do XXI.

223- Capa e página da *Emigre*, nº 21, 1992

Ao se lançarem no mercado, VanderLans e Licko tomaram as medidas necessárias e corajosas que os pioneiros precisam tomar. A *Emigre* não foi somente um estandarte da tipografia digital experimental. Embora outros importantes designers de tipos tenham inicialmente adaptado métodos tradicionais ao meio digital, a *Emigre* ampliou esses limites, levantando questões ligadas ao processo de criação de tipos, como o revival e a legibildade. Não satisfeitos em seguir a tradição corrente, VanderLans e Licko acabaram por criar sua própria tradição. (Heller, 2007: 153)

A recriação de letras inspirada em formas históricas (revival) também foi um tema enfocado na *Emigre*. Muitas das fontes hoje utilizadas são novas versões de tipografias históricas, produzidas em metal. Para Rudy VanderLans, o desenho da letra parece depender de um processo de recriação de formas extraídas do passado: "Mesmo que venhamos a fazer alguma coisa contemporânea, sempre esbarraremos em velhas tipografias". (VanderLans & Licko, 1993)

Outro tema amplamente discutido na *Emigre* é a legibilidade do tipo, a respeito da qual Zuzana Licko tem a seguinte visão: "Cada forma tipológica em suporte não convencional carrega em si o estigma de ser menos legível do que outras, com as quais o olho humano já se acostumou. As formas de tipos não são intrinsecamente legíveis. E antes a familiaridade do leitor com a forma da letra que resulta em sua legibilidade, e se tornam mais legíveis pelo seu uso reiterado, pois a legibilidade é um processo dinâmico". (*Emigre*, nº 15, 1991)

224- Página e capa da *Emigre*, Nº 23, 1992

Em seu artigo publicado na *Emigre* em 1992, Gerard Unger afirma que a legibilidade antes dependia de uma série de normas estabelecidas e podia-se medir sua função por meio de regras de otimização óptica. Segundo o autor, tais regras não são mais aplicáveis e as tipografias ilegíveis não existem mais, pois ninguém selecionará um tipo que não tenha nenhuma expressividade. (Unger, 1992)

A *Emigre* foi publicada por 21 anos, chegando até a edição de número 69, em 2005. Atualmente, a Emigre Inc. atua no mercado como uma empresa diversificada e com um colossal catálogo de fontes.

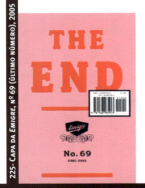

225- Capa da *Emigre*, Nº 69 (último número), 2005

226- Logotipos Emigre da página da web

16. Apropriação da história, ciclos e reciclagem: revivals

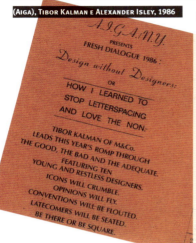

227- Convite do Instituto Americano de Artes Gráficas (Aiga), Tibor Kalman e Alexander Isley, 1986

Entre o final da década de 1970 e meados dos anos 1990, "o culto à nostalgia" constituiu-se no tema central de debate no campo do design gráfico. Nesse período, denominado "era da apropriação da história", a introdução de elementos e imagens procedentes de épocas anteriores deu-se em substituição à segurança proporcionada pela metodologia modernista na elaboração do projeto. O design gráfico passava por uma crise de identidade, e a insistência na nostalgia era sintoma de falta de direção e de uma procura aleatória por uma nova definição da profissão de designer gráfico.

Nesse debate, que marcou o cenário do design gráfico na época, a história ocupou um lugar central, não sendo mais encarada como instrumento de cultura e conhecimento, mas como recurso gráfico emprestado, por não existir um novo partido a ser seguido.

Em 1990, em conferência proferida em um congresso sobre modernidade e ecletismo realizado em Nova York, Tibor Kalman questionou o uso da história, tanto para o bem quanto para o mal. Segundo Poynor, uma versão corrigida dessa conferência, escrita em conjunto com J. Abbott Miller e Karrie Jacobs, foi publicada no ano seguinte na revista *Print*. (Kalman, Abbot Miller, Jacobs, 1991)

"Os designers abusam da história quando a utilizam como via rápida, como uma forma de dar legitimidade instantânea à sua obra e de alcançar o êxito comercial [...] A alusão histórica e a cópia são substitutos baratos da falta de ideias." (Tibor Kalman apud Poynor. 2003: 79)

228- Cartaz turístico, Herbert Matter, 1934
230- Cartaz dos relógios Swatch, Paula Scher, 1986

Um dos principais exemplos de design que "abusava da história" foi um cartaz de Paula Scher que anunciava os relógios Swatch (1984), baseado em um pôster desenhado em 1934 por Herbert Matter para promover o turismo na Suíça. Para Poynor, esse trabalho de Scher não constitui uma paródia, já que não tem uma intenção satírica, nem tampouco é um pastiche, pois não se trata de uma imagem nova que assume o estilo de Matter. (Poynor. 2003: 84)

Poynor questiona, ainda, a posição de crítico assumida por Tibor Kalman, já que sua obra também se apropriava de material existente. Na década de 1980, Kalman e seu estúdio, o M&Co, identificavam-se como pioneiros do vernacular. Em 1986, o estúdio M&Co preparou uma série de materiais publicitários para o simpósio Design without Designers, do Instituto Americano de Artes Gráficas (Aiga), que exibia uma tipografia desorganizada, mais característica de uma gráfica de segunda linha do que de uma instituição nacional dedicada aos profissionais de design. Como vimos anteriormente, o grafismo criado pelo M&Co para o restaurante Florent foi o ensaio mais elaborado do estúdio sobre o estilo vernacular. (Poynor. 2003: 82)

229- Postal promocional do restaurante Florent, Tibor Kalman e Alexander Isley, 1986

Nos anos 1990, muitas aventuras publicitárias utilizaram-se da nostalgia pós-moderna para provocar emoções nos consumidores. Para Poynor, é significativo que o enfoque obsessivo no passado tenha surgido em um momento (últimos anos da década de 1970) no qual as propostas modernas estavam esgotadas. O autor cita o crítico literário Fredric Jameson, que em 1983 justificou essa obsessão pelo passado com o argumento de que todos os estilos já haviam sido inventados: "Em um mundo em que a inovação estilística já não é possível, o único recurso que resta é imitar os estilos mortos, falar através das máscaras e com as vozes dos estilos de um museu imaginário. Desse modo, a arte contemporânea ou pós-moderna será abordada de forma inovadora; e inclusive uma de suas mensagens principais é ressaltar o fracasso necessário da arte e da estética, o fracasso do novo, o enclaustramento do passado". (Jameson *apud* Poynor, 2003: 95) Jameson estabelece uma distinção crítica entre o pastiche e o fenômeno relacionado da paródia. Para ele, ambos fazem alusão à imitação, ou "mimetismo dos maneirismos", e aos cacoetes de outros estilos.

230- CAPA DO CD *DANCE THE NIGHT AWAY*, PAULA SCHER, 1980

O desenho gráfico sempre tomou de empréstimo imagens e aproximações de outros campos, especialmente das belas-artes e da cultura popular; as referências visuais de todo o tipo são um recurso essencial para a comunicação.

231A- SELOS DE IDENTIFICAÇÃO DOS AUTORES DAS OBRAS EM CARTAZ NO PUBLIC THEATER OF NEW YORK, PAULA SCHER

Expoentes desse período, como Tibor Kalman, J. Abbott Miller e Karrie Jacobs, consideravam que o conflito fundamental na utilização da história derivava da descontextualização e das abstrações do meio para o qual as imagens foram criadas, porque, com características exclusivamente estilísticas, elas assumem um conceito puramente estético. Dessa maneira, os designers gráficos se serviam do passado como fonte de inspiração, ou até mesmo de simples cópia. Os elementos do passado apresentavam-se como indiscutíveis, já que eram tocados pelo encanto da nostalgia. O uso e abuso da história respondia à concepção pós-moderna. (Pelta, 2004: 43)

"Se os designers estão ocupados em sonhar acordados com os dourados dias do passado, quem vai nos mostrar como será o futuro? Quem se encarregará de inventar o amanhã? Estamos assim tão desconcertados porque as visões modernas de Herbert Bayer, Raymond Loewy e Bucky Fuller não se tornaram realidade, para que devamos voltar a algum ponto do passado imaginário que de fato nunca existiu?" (Jeffery Keedy, 1998)

231B- SELOS DE IDENTIFICAÇÃO, PAULA SCHER

As mudanças na arte, na moda, nos estilos e no desenvolvimento da tecnologia de impressão refletiram-se diretamente na evolução do design. Como a moda, o design – tanto o gráfico quanto o industrial, e, por consequência, a tipografia – recupera o passado em um movimento cíclico, no qual determinados elementos pertencentes a outros períodos históricos reaparecem sob novos conceitos e sob novas formas, alimentando-se de suas próprias tradições.

Os revivals são procedimentos comuns à maioria dos tipógrafos, e os tipos clássicos tornaram-se um bom alvo para a atualização, renovação ou reabilitação. Para Steven Heller (2007), os designers, quando trabalham com revivals, encontram-se diante do dilema de fazer pequenos ajustes ou reformas radicais. Talvez o próprio criador da forma original fizesse esses ajustes se a tecnologia ou outros fatores reinantes permitissem; a reforma radical desafia a linha tênue que separa a fidelidade da reinvenção. (Heller, 2007: 190)

Zuzana Licko, depois de uma fase de intensa exploração dos tipos digitais, que acabou por se transformar no "estilo Licko", resolveu revisitar tipos históricos:

232- Fonte Mrs Eaves (revival da Baskerville), Zuzana Licko, 1996

"Meu interesse em reviver os clássicos foi provocado por dois fatores: a sofisticação dos computadores pessoais de hoje em dia e o conteúdo atual da revista *Emigre*, mais focada na teoria e no texto. Foi natural desenvolver mais tipos para texto, e os revivals foram um bom ponto de partida; uma forma de voltar ao básico. [...] cada desenho me dá a oportunidade de estudar os detalhes dos tipos clássicos que não havia apreciado de todo por meio da observação casual ou do uso. Por exemplo, trabalhar o revival da Bodoni permitiu-me compreender melhor essa época clássica." (Licko *apud* Pelta, 2004: 149)

233- Fonte Filosofia (revival da Bodoni), Zuzana Licko, 1996

Zuzana Licko diz que não existem regras para as imitações, porque cada tipógrafo leva suas próprias percepções para um determinado tipo: "Talvez alguns possam dizer que Mrs Eaves é muito diferente do modelo básico da Baskerville e questionem se ela é ou não um revival verdadeiro. O fato de a Mrs Eaves não ser uma réplica fiel é uma das razões por que escolhemos um nome bem diferente para batizá-la, em vez de chamá-la Emigre Baskerville". Licko também destaca que "a ideia de arrumar ou aprimorar um clássico está ligada ao uso. Algumas famílias são mais adequadas a certos usos e algumas podem ter uma aplicação mais abrangente que as outras, mas não há medida absoluta para que possamos comparar o bom e o mau design". (Licko *apud* Heller, 2007: 190)

Para Zuzana Licko, "o que se ajusta a um determinado tipo clássico, que o torna adequado a certo uso, pode não se ajustar a outro". E conclui: "Um revival também revela as indiossincrasias do tipógrafo que o produz. Se dois designers fizerem um revival de um mesmo tipo, a interpretação de cada um será única, baseada em suas suscetibilidades, visões e habilidades próprias". (Licko apud Heller, 2007: 191)

"DE MANEIRA SUTIL, O REVIVAL ME FORÇA A ACEITAR CERTAS DECISÕES DE DESIGN QUE EU JAMAIS FARIA POR CONTA PRÓPRIA E ME AUXILIA A INTEGRAR DIFERENTES MANEIRAS DE PENSAR." (ZUZANA LICKO, 2002)

17. A cultura do feio: Steven Heller

(Artigo *Cult of the Ugly*, publicado pela primeira vez na revista inglesa *Eye* nº 9, vol. 3, 1993.) e pode ser encontrado no *site* HTTP://WWW.TYPOTHEQUE.COM/SITE/ARTICLE.PHP?ID=68

Durante a década de 1990, um bom número de designers começou a acreditar que a última preocupação deveria ser o bom gosto. Dessa maneira, pouco a pouco, foi ganhando terreno uma estética que contemplava o feio, o vulgar, o cotidiano ou o feito à mão. Voltaram-se a valorizar, tal qual ocorreu no futurismo e no dadaísmo, as letras desenhadas à mão e formalmente impuras, como as desenhadas pelo grupo da House Industries, por Barry Deck ou por Scott Makela. Deck, por exemplo, tinha interesse em "construir tipografias imperfeitas, que refletissem a linguagem imperfeita de um mundo imperfeito, habitado por seres imperfeitos". (Pelta, 2004: 12) Foram exploradas novas formas aleatórias, que só a partir desse momento passam a utilizar recursos de programação. Exemplo disso é a família de tipos Beowolf (ou Beowulf), desenhada pelos holandeses Just van Rossum e Erik van Blokland: trata-se de uma tipografia que varia cada vez que é utilizada, graças à intervenção da linguagem PostScript, com códigos variáveis. Com a introdução de novas possibilidades tecnológicas, começaram a ser questionadas tanto as regras quanto as classificações tipográficas, porque, para muitos designers, na era digital tais normas estavam obsoletas. A distinção entre letras com ou sem serifa tornou-se demasiadamente simples para os novos alfabetos, que se mostravam híbridos e experimentais, colocando à prova tudo que era considerado tradicional. (Pelta, 2004: 129)

Mais uma vez, Tibor Kalman se destaca ao rejeitar o elitismo do "bom gosto", optando por excluir o que se chamava "aromas do desenho": a decoração e o estilo. Para ele, a feiura era muito mais interessante que a beleza, pois o feio e o vulgar poderiam converter-se em poderosas ferramentas visuais, capazes de revelar a paixão que faltava aos projetos derivados da escola suíça, ou estilo internacional, os quais poderiam filtrar, por meio de simples fórmulas, qualquer impureza relacionada a um tipo de gosto questionável por esse movimento ou grupo. (Pelta, 2004: 36) Alguns teóricos, como Steven Heller (1993), entenderam essas posturas em relação à feiura como tentativa consciente de criar e definir estandardizações alternativas. Partindo desse ponto de vista, as sobreposições de imagens, as reproduções em baixa resolução, os híbridos elementos populares do passado e as misturas de diferentes tipos de letra desafiavam as crenças estéticas. Segundo Heller, se por um lado a feiura era válida sempre que representasse ideias alternativas, por outro ela poderia tornar-se perigosa ao converter-se em culto, em moda ou em mero estilo, carente de inteligência e sentido.

234- Linhas da fonte Beowolf, Just van Rossum e Erik van Blokland, 1990

235- Fonte Badhouse, House Industries

236- Fonte JustLeftHand, Just van Rossum e Erik van Blokland, 1991

237- Fonte ErikRightHand, Just van Rossum e Erik van Blokland, 1991

238- Folha avulsa reimpressa, estudantes da Cranbrook Academy of Art, 1992

239- Fonte Trixie, Erik van Blokland, 1991

Para Katherine McCoy, o postulado da feiura não havia sido a criação de um paradigma alternativo, mas sim a formulação de um outro tipo de padrão que favorecesse a individualidade, diante da constatação de que em um mundo multicultural se torna impossível definir o que é beleza. Em seu artigo "The Cult of Ugly", Heller ressalta a geração dos anos 1940 e 1950, que, ao desenvolver um sistema de design com a intenção de proteger o ambiente visual, criou uma receita contra a mediocridade. As discussões sobre estética e metodologia do desenho eram parte de um acalorado debate que vai além das questões sobre gosto ou estilo: o enfrentamento entre modernidade e pós-modernidade. De alguma forma, o padrão de beleza de uma geração é contestado por outra geração subsequente. Exemplificando essa afirmação, Heller cita Paul Rand, que, ao ser criticado nos anos 1930 pelo mestre da tipografia W. A. Dwiggins, que o havia nomeado como um dos "meninos da Bauhaus", argumentou que ele sempre havia respeitado Dwiggins, e não compreendia o porquê de o mestre não perceber a validade do que ele estava fazendo. (Heller, 1993) Heller comenta, ainda, que o trabalho de Rudy VanderLans e de seus contemporâneos tem sido constantemente criticado por Massimo Vignelli, cuja obra também foi e continua sendo respeitada e admirada por eles. Contudo, o interesse em explorar alternativas introduzidas pela nova tecnologia torna-se um fator crucial para a pesquisa no campo experimental do design gráfico. Pode-se argumentar que a linguagem inventada pelos contemporâneos de Rand desafiara a estética vigente naquele momento, da mesma forma que a linguagem de VanderLans o fez com relação à estética de Rand. Para Heller, na verdade, VanderLans e os designers ligados a ele estavam promovendo novas maneiras de fazer tipografia, afirmação que pode estender-se a todos aqueles que aderiram às linguagens criadas pela *Emigre*, incluindo ex-alunos da Cranbrook, como Edward Fella, Jeffery Keedy e Allen Hori. É nesse ponto, entretanto, que Heller se contradiz ao argumentar que o método de Rand se baseia nas ideias de equilíbrio e harmonia, ao passo que esses jovens revolucionários, ao contrário, rejeitam tais vertentes em favor da discordância e da desarmonia. Heller prossegue argumentando que discordância e desarmonia podem ser entendidas como expressões pessoais e que, portanto, não seriam viáveis para a comunicação visual. E conclui que, não sendo viáveis, o movimento protagonizado por VanderLans e contemporâneos poderia acabar se tornando um fenômeno temporário na história do design gráfico. (Heller, 1993) Rudy VanderLans, em um ensaio publicado em 1994 na *Emigre*, comenta que "The Cult of Ugly" foi o artigo que recebeu mais respostas de todos os já publicados pela revista *Eye*. E ele também dá sua resposta: "Não me interpretem mal, eu amo a crítica, os mal-entendidos, os argumentos e, em última análise, a atenção que recebe nosso trabalho por parte de Steven Heller, Paul Rand, Massimo Vignelli e Henry Wolf. Gosto de pensar que nos tornam mais inteligentes e melhores e isso nos dá uma grande exposição.(Rudy VanderLans,1994) Nesse mesmo artigo, VanderLans argumenta que se os velhos mal-humorados estão realmente preocupados com o futuro do design gráfico, em vez de se ofenderem com novas linguagens, poderiam fazer duras críticas a alguns trabalhos que realmente as mereçam. VanderLans acrescenta que, se legibilidade e, talvez, um certo nível de neutralidade tipográfica são necessárias, isso não quer dizer que os resultados devam ser brandos e insípidos. De qualquer maneira, segundo ele, a quantidade de cartas que recebeu o artigo de Heller "é prova de que existe lá fora uma comunidade de design que está realmente atenta a cada coisa que acontece no campo do design gráfico. (*Ibidem*)

18. A morte do autor: Roland Barthes

O designer como autor é, segundo Rick Poynor, uma das ideias-chave do desenho gráfico pós-moderno e constitui um de seus mais controvertidos temas, já que coloca o autor no centro do processo criativo e ao mesmo tempo implica a recusa da noção de autor como fonte de autoridade de cujo aval depende a condição da obra artística, noção tida como obsoleta, conservadora e reacionária por certas correntes teóricas. O questionamento do papel do autor foi expresso por Roland Barthes em um ensaio chamado **"A morte do autor"**, escrito em 1968. Poynor demonstra que desde então a *"morte do autor"* tem sido constantemente proclamada como um objetivo desejável. Para Barthes, mesmo que procuremos o significado de uma obra literária na própria vida e experiência de um determinado alguém que a criou, "SABEMOS AGORA QUE UM TEXTO NÃO É FEITO DE UMA LINHA DE PALAVRAS, LIBERTANDO UM SENTIDO ÚNICO, DE CERTO MODO TEOLÓGICO (QUE SERIA A «MENSAGEM» DO AUTOR-DEUS), MAS UM ESPAÇO DE DIMENSÕES MÚLTIPLAS, ONDE SE CASAM E SE CONTESTAM ESCRITAS VARIADAS, NENHUMA DAS QUAIS É ORIGINAL: O TEXTO É UM TECIDO DE CITAÇÕES, RESULTANTE DOS MIL FOCOS DA CULTURA". (BARTHES, 2004: 62)

240- Página dupla da revista *Emigre*, nº 35, Michael Worthington, 1995

O signo não é mais vislumbrado como significante de uma verdade absoluta. Barthes argumenta que, se eliminássemos o autor, seriam inúteis todas as tentativas de decifrar um texto e atribuir-lhe um significado final, definitivo, e dessa maneira propõe um processo para interpretar a multiplicidade de textos: o construtor do significado já não é o próprio autor, mas sim o leitor, que se apropriou do significado por meio da interpretação.

"UMA VEZ O AUTOR AFASTADO, A PRETENSÃO DE 'DECIFRAR' UM TEXTO TORNA-SE TOTALMENTE INÚTIL. DAR UM AUTOR A UM TEXTO É IMPOR A ESSE TEXTO UM MECANISMO DE SEGURANÇA, É DOTÁ-LO DE UM SIGNIFICADO ÚLTIMO, É FECHAR A ESCRITA. ESTA CONCEPÇÃO CONVÉM PERFEITAMENTE À CRÍTICA, QUE PRETENDE ENTÃO ATRIBUIR-SE A TAREFA IMPORTANTE DE DESCOBRIR O AUTOR (OU AS SUAS HIPÓSTASES: A SOCIEDADE, A HISTÓRIA, A PSIQUE, A LIBERDADE) SOB A OBRA: ENCONTRADO O AUTOR, O TEXTO É 'EXPLICADO', O CRÍTICO VENCEU; NÃO HÁ, POIS, NADA DE ESPANTOSO NO FATO DE, HISTORICAMENTE, O REINO DO AUTOR TER SIDO TAMBÉM O DO CRÍTICO, NEM NO DE A CRÍTICA (AINDA QUE NOVA) SER HOJE ABALADA AO MESMO TEMPO QUE O AUTOR. NA ESCRITA MODERNA, COM EFEITO, TUDO ESTÁ POR DESLINDAR, MAS NADA ESTÁ POR DECIFRAR; A ESTRUTURA PODE SER SEGUIDA, 'APANHADA' (COMO SE DIZ DE UMA MALHA DE MEIA QUE CAI) EM TODAS AS SUAS FASES E EM TODOS OS SEUS NÍVEIS, MAS NÃO HÁ FUNDO; O ESPAÇO DA ESCRITA PERCORRE-SE, NÃO SE PERFURA; A ESCRITA FAZ INCESSANTEMENTE SENTIDO, MAS É SEMPRE PARA O EVAPORAR; PROCEDE A UMA ISENÇÃO SISTEMÁTICA DO SENTIDO; POR ISSO MESMO, A LITERATURA (MAIS VALIA DIZER, A PARTIR DE AGORA, A ESCRITA), AO RECUSAR CONSIGNAR AO TEXTO (E AO MUNDO COMO TEXTO) UM 'SEGREDO', QUER DIZER, UM SENTIDO ÚLTIMO, LIBERTA UMA ATIVIDADE A QUE PODERÍAMOS CHAMAR CONTRAIDEOLÓGICA, PROPRIAMENTE REVOLUCIONÁRIA, POIS RECUSAR PARAR O SENTIDO É AFINAL RECUSAR DEUS E AS SUAS HIPÓSTASES, A RAZÃO, A CIÊNCIA, A LEI." (BARTHES, 2004: 63)

241- Página dupla da revista Emigre, nº 35, Denise Gonzales Crisp, 1995

"É POR ISSO QUE É DERRISÓRIO OUVIR CONDENAR A NOVA ESCRITA EM NOME DE UM HUMANISMO QUE SE FAZ HIPOCRITAMENTE PASSAR POR CAMPEIO DOS DIREITOS DO LEITOR. O LEITOR, A CRÍTICA CLÁSSICA NUNCA DELE SE OCUPOU; PARA ELA, NÃO HÁ NA LITERATURA QUALQUER OUTRO HOMEM PARA ALÉM DAQUELE QUE ESCREVE. COMEÇAMOS HOJE A DEIXAR DE NOS ILUDIR COM ESSA ESPÉCIE DE ANTIFRASES PELAS QUAIS A BOA SOCIEDADE RECRIMINA SOBERBAMENTE EM FAVOR DAQUILO QUE PRECISAMENTE PÕE DE PARTE, IGNORA, SUFOCA OU DESTRÓI; SABEMOS QUE, PARA DEVOLVER À ESCRITA O SEU DEVIR, É PRECISO INVERTER O SEU MITO: O NASCIMENTO DO LEITOR TEM DE PAGAR-SE COM A MORTE DO AUTOR." (BARTHES, 2004: 64)

Para Poynor (2003), os designers que defendem a teoria pós-moderna referem-se ao leitor e ao espectador de forma semelhante. O objetivo, para eles, não é impor uma única leitura fechada e restrita, mas oferecer estruturas abertas, que favoreçam a participação e a interação do público. O desenho experimental focalizou a atenção sobre si mesmo e, como resultado, pôs seus autores no centro das atenções. O objetivo dos designers pós-modernos, ao seguir a teoria barthesiana, não é limitar as leituras a umas poucas interpretações (como no modernismo), mas sim abrir as possibilidades interpretativas. Segundo Poynor, não há a intenção de aniquilar o autor, mas de reforçá-lo artisticamente. Dessa maneira, nos últimos vinte anos, a tendência dos designers tem sido reafirmar sua presença e importância.

Seguindo por esse caminho, Poynor defende que o ato de desenhar nunca é um processo neutro, já que o designer sempre coloca algo pessoal no projeto. Para Poynor, um desenho não pode evitar de estar influenciado, em certa medida, pelo gosto pessoal, pela interpretação cultural, pela ideologia sociopolítica e pelas preferências estéticas de quem o criou. Alia isso o fato de que os designers sempre insistiram que, para trabalhar com eficácia, necessitam questionar e talvez reescrever o programa do cliente, com a alegação de que nem sempre o cliente entende plenamente o problema da comunicação a ser estabelecida, necessitando por isso de uma ajuda inicial.

A expressão "desenho de autor" não se generalizou até meados da década de 1990, e Poynor considera-a um fenômeno americano. O designer canadense Bruce Mau foi um dos primeiros veiculadores dessa ideia ao afirmar, evocando o artigo de Walter Benjamin, "O autor como produtor", de 1934, que sua intenção era desempenhar o papel de "produtor como autor". (Poynor, 2003: 122)

Para Ellen Lupton, o modelo de Roland Barthes, que vê o texto como uma rede aberta de referências, e não como uma obra fechada e perfeita, mostra-nos a importância do leitor na criação do significado: "[...] o texto aciona sua leitura (como uma máquina com o botão 'play'), e o leitor a sobreaciona, jogando com o texto como se estivesse fazendo um jogo, procurando uma prática que o reproduza". Ellen Lupton acredita que a leitura é uma *performance* da palavra escrita. (Lupton, 2006: 73)

Para Lupton, ao redefinir a tipografia como discurso, a designer Katherine McCoy implodiu a tradicional dicotomia entre ver e ler. Imagens podem ser lidas (analisadas, decodificadas, isoladas) e palavras podem ser vistas (percebidas como ícones, formas, padrões). Ao valorizar a ambiguidade e a complexidade, seu método desafiou os leitores a produzir seus próprios significados, procurando elevar o *status* dos designers no processo autoral. (Lupton, 2006: 73)

19. OS MANIFESTOS "FIRST THINGS FIRST"

A publicação do manifesto "First Things First" ("Primeiro, o mais importante" – *slogan* atribuído ao designer Ken Garland), no outono de 1999, conduziu, segundo Raquel Pelta (2004), ao encerramento de uma etapa de turbulências na história do design gráfico. Apesar da pouca distância no tempo, já se pode definir seu alcance e perceber que a intenção dos que o assinaram não era acabar com o clima de debate, mas abrir um novo caminho, mesmo que fosse em outra direção. Tendo como foco a mudança de direção de alguns profissionais que durante vinte anos se concentraram em questões de natureza estética e tecnológica, o manifesto postulava um caminho de "formas mais úteis, duradouras e democráticas de comunicação". (Pelta, 2004: 68)

A análise recente constata que os autores conseguiram seus objetivos e que o manifesto converteu-se em um ponto de partida para a reflexão do papel do designer como agente da globalização e do poder das grandes multinacionais, e também sobre suas responsabilidades. ("First Things First Manifesto 2000", 1999)

Também chamado "manifesto 2000", tem suas origens no final de 1998, quando da reedição, pela revista canadense *Adbusters*, de um manifesto originalmente concebido pelo designer inglês Ken Garland e publicado em Londres 34 anos antes. O esboço desse primeiro manifesto nasceu em 1963, enquanto Garland ouvia alguns palestrantes no encontro da Society of Industrial Arts (SIA), e sua redação final e divulgação ficou a cargo do Instituto de Arte Contemporânea de Londres. O documento recebeu o respaldo do político inglês Tony Benn, que o publicou em sua coluna no diário londrino *The Guardian*, com grande repercussão, ao que se seguiu a impressão e distribuição de quatrocentas cópias com 22 assinaturas, em janeiro de 1964.

Nesse manifesto, Garland enfatiza a opulência econômica da Inglaterra, o crescimento do consumo e a profissionalização do design gráfico. Ele incentivava os designers e outros comunicadores visuais a colocar suas habilidades e conhecimentos a serviço das verdadeiras necessidades da sociedade, que, em sua opinião, não coincidiam com aquelas definidas pela publicidade. O manifesto traçava uma linha divisória entre o design de comunicação e o design de persuasão.

> Para o tipógrafo e artista gráfico inglês Jock Kinneir, "os designers orientados nessa direção estão menos preocupados com a persuasão e mais com a informação, menos com a categoria econômica e mais com a fisiologia, menos com o gosto e mais com a eficiência, menos com a moda e mais com a comodidade. Estão interessados em ajudar as pessoas a encontrar seu caminho, em compreender o que necessitam, em entender novos processos e em usar os instrumentos e as máquinas mais facilmente". (Jock Kinneir *apud* Pelta, 2004: 71)

De alguma forma, as ideias contidas no manifesto original já estavam circulando entre os designers, pois em 1998, durante o Forum Fuse, Neville Brody já havia chamado a atenção sobre quais deveriam ser as novas prioridades e o porquê delas. (Pelta, 2004: 71).

> Tibor Kalman, ao tomar conhecimento do manifesto de Garland, propôs a realização de uma nova versão, adaptada aos problemas e às necessidades do século XXI.

O manifesto 2000 provocou todo o tipo de resposta, desde a mais absoluta desaprovação até o apoio incondicional, passando pela total indiferença. Uma das críticas ao manifesto foi que ele não deixava claro se se tratava apenas de uma tentativa de despertar a consciência dos designers ou se era também uma rejeição ao trabalho comercial.

Para alguns designers, o manifesto estava impregnado de um idealismo inatingível e inviável, que questionava, porém não sugeria nenhuma solução.

> Outros consideravam que, além de despertar a consciência dos designers e defender a rejeição ao trabalho comercial, o objetivo do manifesto era politizar o discurso do design e sua prática, recomendando aos profissionais que atentassem não só para o conteúdo de seus trabalhos, mas também para a forma a ser seguida, mediante a busca de canais de comunicação e expressão abertos e acessíveis. (Pelta, 2004: 74)

Vários manifestos surgiram depois do "First Things First", e todos coincidiam em determinados pontos, como: somente utilizar imagens diretamente vinculadas ao texto, sobretudo evitando as fotografias procedentes de banco de imagens; não empregar filtros do Photoshop ou do Illustrator; não lançar mão de elementos superficiais; desenhar livros que pudessem ser sustentados com a mão (uma crítica aos livros de grande formato); evitar o excesso de cores. (Pelta, 2004: 77-78)

242- Página da publicação do manifesto "First Things First" no jornal *The Guardian*, 1964

"First things first", 1964
19.1 Primeiro, o mais importante
Ken Garland

Nós, abaixo assinados, somos designers gráficos, fotógrafos e estudantes criados num mundo no qual as técnicas e o aparato da publicidade nos foram persistentemente apresentados como os meios mais desejáveis, efetivos e lucrativos para o uso dos nossos talentos. Fomos bombardeados por publicações dedicadas a esta crença, louvando o trabalho daqueles que empregaram a sua habilidade e imaginação para vender coisas como ração para gato, pós estomacais, detergente, restaurador capilar, pasta de dente listrada, loção pós-barba, loção pré-barba, dietas para emagrecer, dietas para engordar, desodorantes, água com gás, cigarros, *roll-ons*, *pull-ons* e *slip-ons*.

De longe, os maiores esforços daqueles que trabalham na indústria da publicidade são desperdiçados nesses propósitos triviais, que pouco ou nada contribuem para a nossa prosperidade nacional.

Junto a um número crescente de pessoas, alcançamos um ponto de saturação no qual o anúncio mais gritante não passa de mero ruído. Acreditamos que outras coisas são mais merecedoras da nossa habilidade e experiência: sinalização de ruas e edifícios, livros e periódicos, catálogos, manuais didáticos, fotografia industrial, suporte educativo, filmes, programas de destaque na televisão, publicações científicas e industriais, e todos os outros meios de comunicação pelos quais promovemos uma maior consciência do mundo, a cultura, a educação e o comércio.

Não defendemos a abolição da publicidade de alta pressão sobre o consumo: isto não é realizável. Tampouco queremos reduzir a alegria da vida. Mas propomos uma inversão de prioridades em benefício de formas de comunicação mais úteis e duradouras. Esperamos que a nossa sociedade se canse dos comerciantes cheios de truques, dos vendedores de *status* e daqueles que praticam a persuasão camuflada; e que as nossas habilidades sejam solicitadas prioritariamente para propósitos mais relevantes. Tendo isso em mente, propomos partilhar nossa experiência e opiniões, e colocá-las à disposição de colegas, estudantes e outras pessoas que possam se interessar.

Edward Wright
Geoffrey White
William Slack
Caroline Rawlence
Ian McLaren
Sam Lambert
Ivor Kamlish
Gerald Jones
Bernard Higton
Brian Grimbly
John Garner
Ken Garland
Anthony Froshaug
Robin Fior
Germano Facetti
Ivan Dodd
Harriet Crowder
Anthony Clift
Gerry Cinamon
Robert Chapman
Ray Carpenter
Ken Briggs

19.2 "First things first", 2000 / Primeiro, o mais importante 2000

Nós, abaixo assinados, somos designers gráficos, diretores de arte e comunicadores visuais criados num mundo no qual o aparato e as técnicas da publicidade nos foram persistentemente apresentados como os meios mais desejáveis, efetivos e lucrativos para o uso dos nossos talentos. Muitos professores e mentores de design promovem essa crença; o mercado a recompensa; uma maré de livros e publicações a reforça.

Encorajados nessa direção, os designers aplicam seu talento e imaginação para vender biscoitos de cachorro, café de luxo, diamantes, detergentes, gel para cabelo, cigarros, cartões de crédito, tênis, tonificante, cerveja leve e veículos de passeio ultrarrobustos. O trabalho comercial sempre pagou as contas, mas muitos designers gráficos deixaram que ele se tornasse, em grande parte, o que os designers gráficos fazem.

É assim que o mundo percebe o design. A energia e o tempo da profissão são utilizados para atender a uma demanda por coisas que, na melhor das hipóteses, não são essenciais.

Muitos de nós estamos cada vez mais desconfortáveis com essa visão do design. Os designers que dedicam seus esforços principalmente à publicidade, ao marketing e ao branding apoiam e implicitamente respaldam um ambiente mental saturado com mensagens comerciais que está mudando por completo o modo como os cidadãos-consumidores falam, pensam, sentem, respondem e interagem. Até certo ponto, estamos ajudando a esboçar um código prejudicial e redutor do discurso público.

Há ocupações mais relevantes para a nossa capacidade de resolver problemas. Crises culturais, sociais e ambientais sem precedentes demandam a nossa atenção. Muitas intervenções culturais, campanhas de marketing social, livros, revistas, exposições, ferramentas educativas, programas de televisão, filmes e causas de caridade, e outros projetos de design da informação precisam urgentemente da nossa experiência e ajuda.

Propomos uma inversão das prioridades em favor de formas mais democráticas, duradouras e úteis de comunicação – uma mudança de mentalidade que nos distanciará do marketing de produtos em direção à exploração e produção de um novo tipo de significado. A abrangência do debate está sendo reduzida e precisa ser ampliada. O consumismo está vigorando sem contestação, precisando ser desafiado por outros pontos de vista expressos parcialmente por intermédio das linguagens visuais e recursos do design.

Em 1964, 22 comunicadores visuais assinaram o apelo original para que nossos conhecimentos e habilidades fossem utilizados de modo relevante. Com o crescimento explosivo da cultura comercial global, sua mensagem se tornou ainda mais urgente. Renovamos hoje o manifesto na expectativa de que não se passem outras décadas sem que ele seja levado a sério.

A ATUALIZAÇÃO DE 1999 DO
MANIFESTO "FIRST THINGS FIRST"
FOI REALIZADA, POR SUGESTÃO
DO DESIGNER TIBOR KALMAN,
PELOS EDITORES DA REVISTA *ADBUSTERS*,
COM A COLABORAÇÃO
DO JORNALISTA RICK POYNOR.
FOI PUBLICADA QUASE
SIMULTANEAMENTE NAS REVISTAS
ADBUSTERS (CANADÁ),
EMIGRE (EUA),
AIGA JOURNAL OF GRAPHIC DESIGN (EUA),
EYE MAGAZINE,
BLUEPRINT (INGLATERRA) E
ITEMS (HOLANDA),
COM AS ASSINATURAS DE:

Jonathan Barnbrook
Nick Bell
Andrew Blauvelt
Hans Bockting
Irma Boom
Sheila Levrant de Bretteville
Max Bruinsma
Siân Cook
Linda van Deursen
Chris Dixon
William Drenttel
Gert Dumbar
Simon Esterson
Vince Frost
Ken Garland
Milton Glaser
Jessica Helfand
Steven Heller
Andrew Howard
Tibor Kalman
Jeffery Keedy
Zuzana Licko
Ellen Lupton
Katherine McCoy
Armand Mevis
J. Abbott Miller
Rick Poynor
Lucienne Roberts
Erik Spiekermann
Jan van Toorn
Teal Triggs
Rudy VanderLans
Bob Wilkinson

20. REVENDO OS PARÂMETROS
:SUPERMODERNISMO

Durante a década de 1990, uma nova contradição começou a surgir nas bases teóricas da arquitetura e do design gráfico. A concepção de projeto pós-moderna, baseada na excepcionalidade, na heterogeneidade de elementos e nos jogos de linguagem, viu-se confrontada com a emergência de um "novo estilo internacional", globalizado e, por incrível que pareça, universal, indiferente ao lugar, ao contexto e à identidade, e com a atenção focalizada nos processos econômicos. A extensão em escala global de todos os modelos, que em sua origem pretendiam buscar um significado simbólico enraizado no lugar, descaracterizou seu sentido vernacular.

Constata-se hoje que o design passou a ser um fenômeno global, cujos aspectos podem ser criados e reproduzidos em qualquer lugar, desmitificando o princípio pós-moderno da necessidade de uma referência contextual, histórica e geográfica para a concepção de um projeto.

Esse fenômeno foi abordado há mais de uma década pelo crítico holandês Hans Ibelings, ao levar o conceito de "supermodernidade" para o campo da arquitetura em seu livro *Supermodernism: Architecture in the Age of Globalization*.

A aposta pós-moderna no diálogo da obra com o entorno e com o usuário foi perdendo significado no decorrer da última década do século XX, devido à mudança de atitude do homem em relação ao seu contexto. Graças principalmente aos avanços tecnológicos, o raio de alcance dos meios de comunicação expandiu-se. Além disso, o padrão criado com base em parâmetros globais de comportamentos estandardizados e reproduzíveis em qualquer lugar do mundo e em qualquer sociedade gerou o contexto globalizado, no qual tudo ocorre simultaneamente em todas as partes. Diante desse novo cenário, fica evidente que o mundo do design não pode continuar insistindo na validade da proposta pós-moderna de apegar-se a simbolismos associados ao lugar e ao tempo, justificando uma obra com base em referências contextuais. Sendo assim, nesse ambiente globalizado, onde tudo acontece simultaneamente, essa proposta pós-moderna perde relevância.

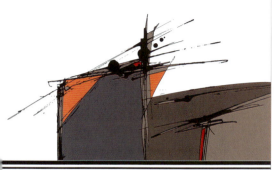

Como vimos, a conceituação do design gráfico no decorrer dos séculos, e particularmente a partir do início do século XX, busca na arquitetura o respaldo teórico para sua ação projetual. A introdução do conceito pós-moderno. por exemplo, ficou bem marcada no campo da arquitetura na década de 1970, e o design gráfico foi na sua esteira, assumindo essa conceituação a partir da década seguinte.

Hans Ibelings explica que a motivação para escrever *Supermodernism* surgiu da percepção de uma radical mudança de rumo na arquitetura durante a década de 1990, aliada à hipótese de que tal direção pudesse estar vinculada aos processos reais de globalização.

Segundo Ibelings (1998), uma nova arquitetura seguiu-se ao pós-modernismo e ao desconstrutivismo – uma arquitetura para a qual as noções pós-modernas de lugar, contexto e identidade perderam, de certa forma, o significado. Ibelings foi buscar no antropólogo francês Marc Argé o termo 'supermodernismo', mais precisamente em seu livro *Não lugares: introdução a uma antropologia da supermodernidade*, lançado em Paris em 1992. Nessa obra, Argé desvenda a condição supermoderna da sociedade globalizada, condição, para ele, essencialmente revelada no modo como as pessoas hoje se relacionam com o lugar e o espaço. (Ibelings,1998: 10)

Durante os anos 1970 e 1980, tornou-se habitual descrever a arquitetura moderna como inexpressiva e, portanto, alheia à complexidade. Para Ibelings, durante os últimos vinte anos aceitou-se a noção de que arquitetura era essencialmente um sistema comunicativo. O edifício podia chegar a comunicar-se além de sua mera existência material, na medida em que contém referências à história da arquitetura, ao contexto ou à função para a qual ele foi projetado. Segundo Ibelings, no entanto, pouco a pouco os edifícios passaram a transmitir ideias alheias à disciplina arquitetônica, e a alusão, em especial ao contexto, converteu-se em um dos meios mais usuais de legitimar uma obra. (Ibelings, 1998: 18)

Dessa maneira, pela perspectiva pós-moderna, a sensibilidade pelo contexto e a assimilação de elementos do entorno justificam o direito de um edifício existir.

Segundo Ibelings, no final dos anos 1970, começou-se a abandonar a euforia da demolição de edifícios, ou de sua remodelação, para dar lugar a uma maior reflexão a respeito do assunto. (Ibelings, 1998: 19)

A filosofia pós-moderna evidenciou-se pelas diversas tentativas de desmantelar noções caras à mentalidade moderna, como progresso, objetividade e originalidade. O ponto de partida para tal empenho era a convicção de que os "os grandes discursos" articulados pelo movimento moderno foram consumidos e perderam validade, ou se tornaram ultrapassados pelo tempo e pelos fatos. A crença no progresso e os metadiscursos deram lugar ao relativismo e à equivalência dos discursos. Filósofos e arquitetos estavam preocupados com os mesmos temas, e pareceu natural que trabalhassem juntos, como o caso de Peter Eisenman e Jacques Derrida. Para arquitetos europeus e da costa oeste americana, os ensaios de pensadores como Jacques Derrida, Jean Baudrillard, Jean-François Lyotard converteram-se em leituras habituais. (Ibelings, 1998: 24)

243- Edifício Nationale-Nederlanden, em Praga, Frank Gehry, 1991-1996

No campo da arquitetura e do design, o pensamento pós-moderno manifestou-se em uma sensibilização ao lugar e ao contexto local, aspectos que o movimento moderno relegara ao segundo plano, em favor de uma proposta de uniformidade internacional.

Para Ibelings, apesar de seu recente êxito mundial, as ideias defendidas pela arquitetura pós-moderna acabaram originando um estilo universalmente aplicado, tal qual o anterior, com a diferença "de que a qualidade internacional pós-moderna é consequência de um movimento que deu as costas à arquitetura moderna". (Ibelings, 1998: 33)

Durante o período pós-moderno, a neutralidade minimalista da arquitetura moderna foi severamente criticada pela suposta falta de significado. Mas essa crítica não levava em conta uma qualidade única dessa arquitetura, que era sua capacidade expressiva mediante a abstração total. Por esse prisma, a arquitetura de Mies van der Rohe é avaliada por seu poder expressivo, comparável, segundo Ibelings, ao das pinturas expressionistas abstratas (Ibelings, 1998: 51)

A estética do "menos é mais" começou a ser recuperada nos últimos anos, e o minimalismo atual é mais puro, graças a melhorias tecnológicas e dos materiais. (Ibelings, 1998: 51)

Ibelings ressalta que a simplicidade atual não é uma reação à estética do excesso visual, e que essa nova abstração consiste na expressão de uma atitude fundamentalmente distinta, de que a arquitetura passa a ser concebida menos como significante e mais como objeto neutro. (Ibelings, 1998: 51)

Em 1988, uma exposição no Museu de Arte Moderna de Nova York (MoMA) lançou o desconstrutivismo como a última tendência arquitetônica. Desde a mostra "Modern Architecture", de 1932, toda exposição do MoMA focalizando um novo grupo ou movimento foi interpretada como um sinal de reconhecimento oficial que confirmava seu significado. O fato de Philip Johnson estar envolvido na exposição do desconstrutivismo, quase trinta anos após sua primeira mostra, reforçava a ideia de que algo importante estava de fato ocorrendo no universo da arquitetura.

Ibelings acredita que a decadência do desconstrutivismo já começou, e que os sintomas dessa decadência manifestam-se na recusa de vários profissionais de serem classificados como desconstrutivistas e no fato de "que o guru do desconstrutivismo, Jacques Derrida, está em processo declinante de popularidade". (Ibelings, 1998: 55)

Os novos direcionamentos do design gráfico

A desconstrução proposta por Weingart antecedeu os aspectos que vimos presentes nos trabalhos das últimas décadas do século XX. A rejeição radical ao racionalismo abriu caminho para a experimentação e para a livre expressão individual, contrariando o conceito universalista do movimento moderno. Como vimos, o design gráfico pós-moderno não foi meramente uma reação contrária ao estilo internacional, mas também fruto de profundas mudanças conceituais decorrentes do advento de uma nova sociedade, com novos valores culturais e sociais.

A reação ao racionalismo foi intensificada com a introdução das novas ferramentas digitais. Os últimos quinze anos do século XX foram um período de efervescência e de euforia, propiciado não só pelo surgimento de ferramentas como o Macintosh e a linguagem PostScript, mas sobretudo pela difusão, simplificação e popularização dos modos de execução e produção, fazendo com que os projetos de design gráfico ficassem impregnados de exuberância tecnológica. Muito embora a introdução de novas tecnologias no design gráfico tivesse provocado vários tipos de reação, tanto a favor quanto contrárias, seu processo de aceitação foi muito rápido, sendo unânime o reconhecimento de que a revolução digital transformou o meio impresso, como não ocorria desde a invenção da imprensa. (Pelta, 2004: 125)

A tecnologia teve grande importância na construção da linguagem gráfica contemporânea, e foi um dos fatores responsáveis pelo rompimento das barreiras, por sua facilidade e rapidez em proporcionar inúmeras possibilidades de solução. Dessa maneira, as novas tecnologias foram um facilitador na busca de resultados gráficos que causassem mais impacto, conforme a solicitação da sociedade. Os programas de editoração de tipos, de vetor e de edição de imagem possibilitaram uma profunda transformação da linguagem gráfica.

Como vimos, as discussões ao longo das décadas de 1970 e 1990, embasadas na leitura de autores pós-estruturalistas e na extrapolação da teoria derridiana de reorganização do texto literário para o campo visual, abriram vertentes para propostas experimentais. O design gráfico acabou adotando a desconstrução, da mesma forma que assumira, cinquenta anos antes, os princípios do modernismo. Nos anos 1980, o design desconstrutivista era uma atividade *underground* e subversiva, discutida dentro das universidades e vista com reticências por muitos profissionais do mercado. No início da década seguinte, alcançou o gosto popular, porém o termo "desconstrução" continuava sem ser compreendido por completo. A tipografia dessa época tentou consolidar a ideia da forma como portadora de significado, valendo-se da teoria linguística, que defendia a visualidade do texto por meio de soluções gráficas para ilustrar conceitos e significados. Dessa maneira, a tipografia assumiu a função de enriquecer o significado da escrita.

Foi também no início da década de 1990 que os designers aceitaram de vez a existência de metodologias distintas, bem como da virtual validade de todas elas. Neville Brody foi um dos que defenderam tal postura:

"Existem cem maneiras diferentes de trabalhar, todas elas modernas, e seria um erro concentrar-se somente em uma delas". [Neville Brody em Eye, nº 6, 1992: 11]

O campo do design gráfico tornou-se mais aberto e diversificado, absorvendo inúmeras possibilidades estilísticas, desde enfoques informais, inspirados no vernacular, até formas extraídas da imagem digital, ou *high-tech*, que levam a tecnologia gráfica a seu limite. Nesses últimos anos, observa-se uma necessidade, por parte dos designers gráficos, de reexaminar as regras existentes e de buscar novos enfoques. Mais uma vez o design gráfico segue os parâmetros estabelecidos pela arquitetura, e principia a adotar o conceito de "supermodernismo". Tanto isso é verdade que, no início do ano 2000, já se começava a falar em "nova simplicidade", e, como consequência, em um regresso às linguagens visuais do modernismo, cuja inspiração, porém, nem sempre é ditada pelo enfoque na correspondência entre forma e conteúdo.

De qualquer forma, em todas as épocas da história do design sempre houve algum tipo de questionamento das regras estabelecidas. As regras, porém, são imprescindíveis à existência de qualquer profissão, conforme podemos notar na análise do crítico inglês Peter Dormer: *"As normas constitutivas que regem qualquer atividade profissional não são externas a ela. Essas normas constituem a atividade: outorgam--lhe sua própria lógica interna, que o profissional deve seguir e que, tomadas em conjunto, formam um corpo de conhecimentos. Desligá-las da atividade implicaria destruí-las".* [Peter Dormer apud Poynor, 2003: 16]

Ellen Lupton e Jennifer Cole Phillips (2008) ressaltam que, como educadoras, testemunharam importantes mudanças nas respostas às novas tecnologias. Durante a década de 1990, os livros clássicos do design gráfico, como os manuais de Emil Ruder ou Armin Hofmann, começaram a perder relevância e os professores de design da época viram-se diante da necessidade de ensinar e ao mesmo tempo aprender a utilização dos *softwares*. Foi nesse contexto, segundo as autoras, que a forma por vezes se perdeu pelo caminho, à medida que as metodologias de design se afastavam de conceitos visuais universais em direção a uma compreensão mais antropológica do design, visto agora como o fluxo de sensibilidades culturais em constante mutação. (Lupton & Phillips, 2008: 6)

---

*"A **validade** da experimentação no design não se deve medir só pelo seu êxito, visto que muitas vezes as falhas são passos para os descobrimentos. A **experiência** é o motor do progresso, e seu combustível é uma mistura de intuição, inteligência e disciplina, **sem esquecer** que cada novo meio de representação gera novos sistemas e, **portanto**, novas leituras."*

(Steven Heller, 1993: "The Cult of the Ugly")

John Maeda – engenheiro de programação do Instituto de Tecnologia de Massachusetts (MIT), designer e professor do Midia Arts & Sciences e fundador do MIT Simplicity Consortium – lançou em 2006 o livro *As Leis da simplicidade*, no qual faz a ponte entre três áreas: planejamento; arquitetura de informação/usabilidade; design. Maeda concebeu essa obra "como uma espécie de introdução à simplicidade conforme ela se relaciona com o design, a tecnologia, os negócios e a vida". (Maeda, 2007: V)

ELE ESTABECE EM SEU LIVRO 10 LEIS DA SIMPLICIDADE:

1 **REDUZIR:** a maneira mais simples de alcançar a simplicidade é por meio de uma redução conscienciosa

2 **ORGANIZAR:** a organização faz com que um sistema de muitos pareça de poucos

3 **TEMPO:** a economia de tempo transmite simplicidade

4 **APRENDER:** o connhecimento torna tudo mais simples

5 **DIFERENÇAS:** simplicidade e complexidade necessitam uma da outra

6 **CONTEXTO:** o que reside na periferia da simplicidade é definitivamente não periférico

7 **EMOÇÃO:** mais emoções é melhor que menos

8 **CONFIANÇA:** na simplicidade nós confiamos

9 **FRACASSO:** algumas coisas nunca podem ser simples

10 **A ÚNICA:** a simplicidade consiste em subtrair o óbvio e acrescentar o significado

Maeda acredita que em um futuro, as tecnologias complicadas continuarão a invadir o mercado, e "por isso a simplicidade está fadada a ser uma indústria em expansão". (Maeda, 2007: IV)

CONCLUSÃO
22. O RETORNO ÀS REGRAS

A complexidade construtiva, que esteve presente desde as primeiras explosões pós-modernas e que incentivou efetivamente a transgressão das regras, toma hoje um novo rumo. Diversos são os autores e designers que têm se dedicado, nestes últimos anos, à publicação de obras cujo principal objetivo é a revisão das regras da atividade do design gráfico.

O primeiro deles foi **WILLI KUNZ**, que escreveu **TYPOGRAPHY: MACRO AND MICROAESTHETICS**, publicado pela Niggli AG em 1998 (edição em espanhol pela Gustavo Gili, 2003, com o título *Tipografía macro y micro estética*). A obra contém os conceitos fundamentais da tipografia e do design gráfico.

Bob Gordon e Maggie Gordon escreveram *O guia completo do design gráfico digital*, publicado originalmente pela The Ilex em 2002 (edição em português pela Livros e Livros, 2003).

Phil Baines e Andrew Haslam escreveram *Type and Typography*, publicado pela Watson-Guptill em 2002 (edição em espanhol pela Gustavo Gili, 2002, com o título *Tipografía, función, forma y diseño*).

Ellen Lupton escreveu **Pensar com tipos**, originalmente publicado pela Princeton Architectural Press em 2004 (edição em português pela Cosac Naify, 2006). A autora justifica que escreveu esse livro porque não encontrou nenhum outro adequado o bastante para auxiliá-la em suas aulas, nem equilibrado e sucinto, no qual texto e design colaborassem para melhorar a compreensão do assunto. Lupton queria um manual que fosse projetado para ser facilmente manuseado, um livro que, ao expor histórias, teorias e ideias, refletisse a diversidade do universo tipográfico no passado e no presente.

David Jury escreveu *About Face: Reviving the Rules of Typography*, lançado pela RotoVision em 2002, no qual afirma: "**As regras podem ser rompidas, mas nunca ignoradas**". Escreveu depois *O que é a tipografia?*, publicado originalmente pela RotoVision em 2006 (edição em português pela Gustavo Gili, 2007).

Timothy Samara escreveu vários livros: *Making and Breaking the Grid*, lançado pela Rockport em 2002; *Typography Workbook*, publicado pela Rockport em 2006; *Design Elements: a Graphic Style Manual* (Elementos de design: manual de estilo gráfico), lançado pela Rockport em 2007 (edição em espanhol pela Gustavo Gili, 2008, com o título *Elementos del diseño: manual para diseñadores gráficos*).

ELLEN LUPTON E JENNIFER COLE PHILLIPS escreveram **NOVOS FUNDAMENTOS DO DESIGN**, publicado originalmente pela Princeton Architectural Press em 2008 (edição em português pela Cosac Naify, 2008). Nessa obra, as autoras reveem as normas estabelecidas para a área do design gráfico, fazendo adaptações em função da tecnologia digital.

Toda esses autores abordam elementos e regras do design gráfico, como ponto, linha, plano, textura, contraste, ritmo, equilíbrio, cor, além de explicar como esses elementos atuam como facilitadores da compreensão da linguagem visual.

"Um trabalho de desenho tipográfico obedece a duas exigências: a aplicação dos conhecimentos técnicos adquiridos e a mente aberta a novos aspectos. É fato conhecido que o já adquirido degenera, com demasiada frequência, na autocomplacência. Por essa razão, a formação em tipografia experimental que signifique converter a oficina em laboratório e lugar de ensaios é mais do que nunca necessária, se a tipografia não quiser petrificar-se em conceitos há muito tempo estabelecidos. O firme desejo de criar uma obra viva, que seja um reflexo do espírito dos tempos não deve jamais esmorecer; a dúvida e a inquietação são as melhores armas contra a tentação de deixar-se levar pela lei do menor esforço."

(Emil Ruder, 1983: 7)

Segundo Ellen Lupton e Jennifer Cole Phillips (2008), nos anos 1920 a Bauhaus e outras escolas de design analisavam a forma sob o aspecto de elementos geométricos básicos. Seus professores acreditavam que essa linguagem seria compreensível por todos, apoiados no simples fato de o olho humano ser um instrumento universal. Os teóricos dessa época propunham a criação de um dicionário e de uma gramática visual universal com base em diferentes pontos de vista, e foram moldando tais conceitos de acordo com as mídias e os materiais, guiados pela percepção de que a arte e o design estavam sendo transformados pela tecnologia.

As autoras concluem que, desde os anos 1940, vários designers aperfeiçoaram e expandiram a abordagem bauhausiana, partindo de Moholy-Nagy e Gyorgy Kepes (Nova Bauhaus, Estados Unidos), Otl Aicher, Tomás Maldonado, Max Bill e Gui Bonsiepe (escola de Ulm, Alemanha), Emil Ruder e Armin Hofmann (Suíça), e chegando a Wolfgang Weingart, Dan Friedman e Katherine McCoy (Suíça e Estados Unidos). Cada um deles articulou abordagens estruturais para o design com base em perspectivas singulares e originais. (Lupton & Phillips, 2008: 8)

A matéria-prima da comunicação visual é a informação, e o designer sempre teve dupla função: passar os dados necessários para que essa informação seja compreendida e sensibilizar o leitor ou espectador valendo-se da aparência gráfica da informação para motivá-lo a continuar no percurso de leitura de qualquer material impresso: um livro, um folheto, um cartaz, etc.

Como vimos, Emil Ruder foi um dos principais responsáveis pela sistematização e difusão da tipografia suíça, e sua atuação no ensino da Escola de Design da Basileia colaborou para disseminar, por várias gerações, os valores relacionados à composição e à forma tipográfica. O trabalho de Ruder pode ser entendido como um elo entre a codificação das experiências sintáticas e das experiências semânticas no âmbito do estilo internacional, e, nesse sentido, ajudou a lançar as sementes da desconstrução na estética racional do design gráfico.

O próprio Emil Ruder acreditava que "os resultados produzidos pela espontaneidade contradiziam a natureza tipográfica, que está baseada na claridade e em proporções precisas. Nenhum detalhe poderia ser considerado acessório e perturbar a funcionalidade da letra. Ruder seguia os valores básicos de legibilidade e simplicidade, que, ao limitar as opções tipográficas e restringir os parâmetros criativos, obrigavam o desenhista a ir direto ao essencial. E ir direto ao essencial, segundo ele, significava alcançar "**uma beleza fria e fascinante**". (Emil Ruder *apud* Lupton, 2006: 125)

Porém, várias passagens de seu manual de tipografia expunham conceitos que mais tarde dariam margem a várias interpretações. Ruder valorizava o aspecto racional da linguagem, mas ao mesmo tempo empenhava-se em um exame intenso e rigoroso das qualidades visuais e semânticas do tipo, para expressar o significado das palavras e alterar suas construções visuais.

Em parte, o design gráfico contemporâneo deve a Emil Ruder o fato de incluir em seu propósito a necessidade de evidenciar a mensagem, transformando-a em uma experiência emocional.

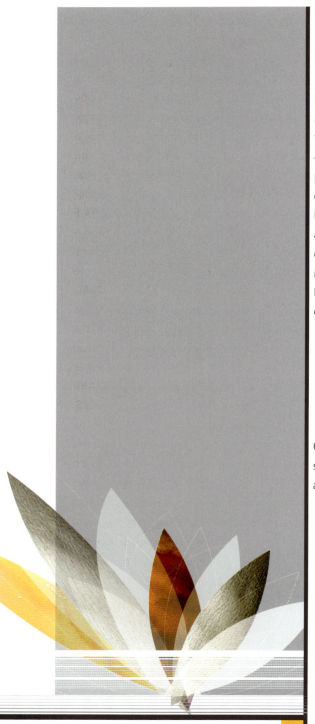

William Addison Dwiggins, o primeiro a utilizar o termo "design gráfico", em 1922, acreditava que a função do design gráfico é organizar materiais a serem passados para o meio impresso, e que essa organização deve ser planejada de acordo com um resultado previsível e funcional.

Na mesma época, mais precisamente em 1923, o designer e impressor inglês Francis Meynell expressava uma outra visão do papel do design gráfico e da tipografia: "Todas as alturas, profundidades e larguras das coisas tangíveis e naturais – paisagens, ocasos, o cheiro do feno, o zumbido das abelhas, a beleza que pertence às pálpebras (que erroneamente se atribui aos olhos); todas as emoções e incomensuráveis inspirações da mente humana, para a qual parece não ter limites; os pensamentos e as coisas feias, terríveis e misteriosas, assim como as belas – estão todas cercadas, limitadas e ordenadas em uma insignificante confusão de letras! Vinte e seis signos!" (Bierut, 2005: p. 46) Com essa ideia, Meynell punha ênfase no conteúdo poético e estético do desenho.

Dessa certa maneira, as duas posturas confrontam-se constantemente entre contemporâneos de Dwiggins e Meynell.

Richard Hollis afirma que o design gráfico pode ser entendido "como uma modalidade de linguagem com uma gramática incerta e um vocabulário em constante expansão". (Hollis *apud* Newark, 2002: 12) Partindo dessa ideia, podemos entender que o designer gráfico tem o papel de dar sentido às informações recebidas, tirando partido das formas dos códigos de uma linguagem visual em contínua transformação.

O primeiro impulso do designer gráfico é simplificar e organizar a informação. Em segundo lugar, ele tentará criar o diferencial para sua mensagem, e isso o leva a uma investigação de novas formas e novas combinações de recursos visuais.

Em seu artigo "American Graphic Design Expression", publicado na revista *Design Quartely* em 1990, Katherine McCoy analisou o trabalho de designers que tentavam superar "a tradição de resolver problemas" – referindo-se aos estudantes e professores vinculados à Cranbrook, Edward Fella, Lorraine Wild, Jeffery Keedy e Allen Hori –, e concluiu que, "por serem autores de um conteúdo adicional e de uma tímida crítica da mensagem, estão assumindo papéis vinculados tanto à arte quanto à literatura". (McCoy *apud* Twemlow, 2007: 34)

O crítico literário Harold Bloom defende a ideia de que o marco de um período determinado é quando o artista se esforça para superar a influência de seus importantes antecessores. (Bloom em Newark, 2002: 58)

Da mesma forma que a mística da autoexpressão do artista boêmio surgiu em meados do século XIX, a ideia do designer gráfico como "autor" apareceu de forma evidente na década de 1970. Hoje a missão do designer é fazer da experiência comunicativa mais do que uma transmissão literal, o que impõe ao profissional a perícia e a habilidade para criar e selecionar formas com as quais o leitor se identificará no intuito de melhor compreender determinado conteúdo.

Em qualquer meio, todo projeto de design gráfico utiliza a **FORMA** para expressar uma mensagem que supõe um significado. A forma é o componente estético do design: é ela que atrairá a afeição ou o repúdio. O espaço, ou campo de uma composição, é neutro até que se rompa a forma. O espaço se define no instante em que a forma é percebida, e a ruptura do vazio cria um novo espaço: as áreas que circundam a forma. Cada elemento introduzido altera o espaço, modificando seu entorno, ao mesmo tempo que cria novas formas. Dessa maneira, a forma continua a ser considerada o elemento positivo de um objeto sólido, enquanto o espaço a seu redor é considerado o elemento negativo, ou o oposto da forma. A relação entre **FORMA E ESPAÇO**, entre **FIGURA E FUNDO** continua sendo de total dependência, e é impossível alterar um elemento do binômio sem se alterar o outro. A lógica da composição, ou a ordem e as relações visuais entre figura e fundo, é abstrata, dependendo de como o cérebro do espectador interpreta a informação do que vê. A forma de um objeto não é mais importante que a forma do espaço em torno dele. As relações de figura/fundo continuam definindo a **PERCEPÇÃO VISUAL.** Portanto, figura e fundo (espaço positivo e espaço negativo) estão sempre presentes, criando contrastes entre **FORMA** e **CONTRAFORMA**, adicionando energia visual. As dimensões proporcionais do espaço em que a forma vai desempenhar sua função específica continuamos a chamar de **FORMATO**. O tamanho do espaço que ocupa o formato, comparado com a forma em seu interior, mudará o modo de percepção. A percepção de uma forma será distinta, dependendo do formato no qual ela estará contida. O **PONTO**, a **LINHA** e o **PLANO** continuam sendo os alicerces do design gráfico, e por meio desses elementos continuamos a criar **IMAGENS, ÍCONES, SÍMBOLOS, TEXTURAS, PADRÕES, DIAGRAMAS, ETC.** Quer levando em conta as características do entorno, quer utilizando ferramentas digitais por meio de programas de computador, o fato é que continuamos a manipular texto e imagem para transmitir mensagens, de maneira que a informação seja compreendida e o espectador sensibilizado pela aparência gráfica. E, para isso, ainda recorremos aos fundamentos permanentes de **EQUILÍBRIO, RITMO, MOVIMENTO, CONTRASTE.** A **COR** sempre foi parte integrante e fundamental do design gráfico, e hoje somos obrigados a trabalhar com seus atributos, tanto para um trabalho impresso (cor-pigmento) quanto para a tela (cor-luz). Elementos que parecem vibrantes na tela parecerão opacos na impressão. Antes da tecnologia digital, o layout, ou anteprojeto, era quase sempre executado em branco e preto. Hoje, com as pequenas impressoras, tornou-se rotineira a utilização da cor para aprovação de projetos gráficos. A noção de **ESCALA** continua como um dos princípios fundamentais do design, porém, como o trabalho gráfico passa a ser executado em ambiente virtual, é comum ocorrerem algumas surpresas ao imprimir-se pela primeira vez uma peça gráfica concebida por meio de ferramentas digitais. O ambiente virtual engana a noção de escala. Dessa maneira, podemos afirmar que todos esses conceitos permanecem, mas agora ancorados em uma nova complexidade tecnológica que facilita o uso de efeitos gráficos outrora de difícil execução, como as transparências, distorções e camadas, que dão a sensação de profundidade.

"No contexto do conhecimento mais profundo da tipografia, as regras e fórmulas são simples práticas, realistas e sensatas. Desde que essa informação seja do senso comum e, se for apresentada nos contextos da função, da história e da tecnologia, é plenamente eficaz e adequada. O conhecimento necessário para se ser perito nas matérias da maior parte dos ofícios é normalmente complexo, e a transmissão de conhecimentos de uma pessoa para outra se faz mais facilmente por meio da demonstração e do ensino organizado. As regras e convenções são um ponto de partida natural." (Jury, 2007: 43)

O processo do design, segundo David Jury, "requer uma atitude curiosa e generosa e a oportunidade de experimentar com a técnica deverá ser incluída no processo de aprendizagem, com rigor intelectual, a compreensão das consequências. Os designers não podem seguir tendências, sem as modelar nem compreender, pois não chegaram a ter normas próprias e delas se desprenderem. A inevitabilidade da mudança sugere que a prática do design tenha, como já havia afirmado Emil Ruder, uma procura constante. Porém, o ponto de partida tem que se basear em alguma coisa mais do que uma reação de uma geração contra o trabalho da geração anterior. Hoje em dia parece natural que cada geração procure fazer ouvir a sua voz". (Jury, 2007: 18)

"As regras podem ser quebradas, mas nunca ignoradas."

(David Jury, 2002:6)

Nas duas últimas décadas do século XX, com a expansão de centros de ensino do design, os estudantes foram incentivados a questionar as regras e sua funcionalidade. As regras não deixaram de ser corretas ou adequadas, mas pensou-se que seria preferível que os estudantes descobrissem por si próprios como e quando seriam apropriadas. Nesse ambiente de entusiasmo generalizado pelo questionamento das convenções, começou-se a presumir que todas as regras e fórmulas transmitidas ao aluno não eram tão relevantes à formação. A experiência de aprendizado de um indivíduo passou a basear-se cada vez mais em imperativos pessoais em lugar de imperativos internos. (Jury, 2007: 43)

O design gráfico como atividade profissional sempre foi o ato de conceber e projetar comunicação visual, produzida em geral por meios industriais e destinada a transmitir mensagens específicas para atingir determinados grupos. Paul Rand definia o profissional do design gráfico como

"ALGUÉM QUE CRIA IDEIAS, MANIPULA PALAVRAS OU IMAGENS E EM GERAL RESOLVE PROBLEMAS DE COMUNICAÇÃO VISUAL."

(Rand *apud* Frascara, 2005: 19)

Portanto o designer sempre trabalhou com a interpretação e a organização da informação. Informação que deverá ter uma forma ligada ao seu conteúdo e que deverá ser compreendida e absorvida consciente ou inconscientemente por um público específico. Herdamos uma bagagem teórica do movimento moderno, o qual culminou em uma prática racionalista e funcionalista, administrada por padrões rígidos de solução, para posteriormente nos envolvermos com o ecletismo e o pluralismo pós-modernista, que absorveu o ruído, o feio, a intuição e a emoção como novos elementos do design. Em qualquer partido adotado, os elementos do design, tanto os antigos quantos os novos, poderão atuar como direcionadores da ação projetual. A tecnologia digital facilitou a produção, agilizando seu processo, mas ela se tornará inútil se a linguagem visual não estiver inserida em um contexto compreensível e interativo com seu receptor.

O grande mérito de toda essa experiência por que passamos nas últimas décadas, com a necessidade de negar a racionalidade em favor de uma linguagem mais intuitiva e emocional, **é que hoje temos o poder da escolha**. As regras existem como pautas e estão baseadas em experiências diversas, para serem seguidas ou não. Elas podem auxiliar o direcionamento e o alcance de qualquer projeto de design gráfico. Mas a beleza das diversas possibilidades, a abertura para as abordagens pessoais, é o que torna o design gráfico mais fascinante e motivador, levando o designer a participar ativamente na transmissão da mensagem, e transformar-se, assim, em autor.
A tecnologia digital criou um método comum de gravar e transmitir dados, possibilitando o aumento do nível de interatividade entre os vários meios. Ao permitir que todo um leque de elementos trabalhe em conjunto em um contexto, essa interatividade acabou por alterar radicalmente os métodos de trabalho do designer. A compreensão da forma e de como os olhos e o cérebro trabalham em conjunto para decifrá-la auxilia a prever a reação do público diante do material visual.
No entanto, existem vários aspectos que a tecnologia digital não alterou, como a criação e o desenvolvimento de ideias e conceitos, e os fundamentos do design e da tipografia. Essa tecnologia apenas facultou ao profissional uma série de ferramentas para a exploração e desenvolvimento de ideias, de forma mais rápida e eficiente.

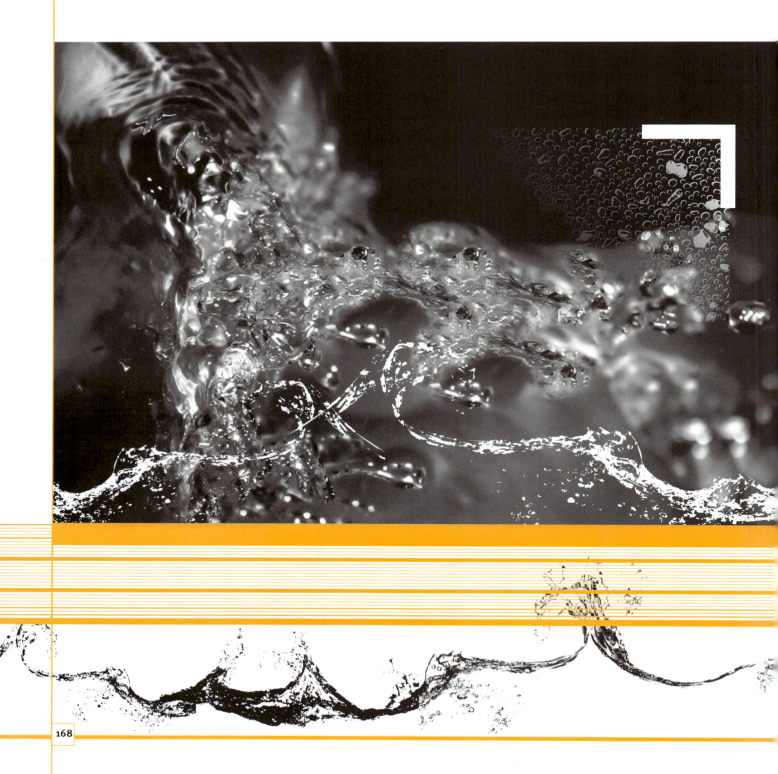

BIBLIOGRAFIA

LIVROS

AICHER, Otl. **El mundo como proyecto.** Barcelona: Gustavo Gili, 1997.

_____. **Tipografía.** Valência: Campgràfic, 2004.

_____ & KRAMPEN, Martin. **Sistema de signos en la comunicación visual.** Barcelona: Gustavo Gili, 1979.

AMBROSE, Gavin & HARRIS, Paul. **Fundamentos de la tipografía.** Barcelona: Parranón, 2007.

ARGAN, Giulio Carlo. **El passado en el presente: el revival en las artes plásticas, la arquitectura, el cine y el teatro.** Barcelona: Gustavo Gili, 1977.

AYNSLEY, Jeremy. **A Century of Graphic Design.** Londres: Mitchell Beazley/Octopus, 2001.

BAINES, Phil & HASLAM, Andrew. **Tipografía, función, forma y diseño.** Cidade do México: Gustavo Gili, 2002.

BALDWIN, Jonathan & ROBERTS, Lucienne. **Comunicación visual: de la teoría a la práctica.** Barcelona: Parramón, 2007.

BARTHES, Roland. "A morte do autor". Em **O rumor da língua.** São Paulo: Martins Fontes, 2004 (1ª ed. Paris: Seuil, 1984).

BAUMAN, Zygmunt. **O mal-estar da pós-modernidade.** Rio de Janeiro: Jorge Zahar, 1999.

BIERUT, Michael et al. (orgs.). **Fundamentos del diseño gráfico.** Buenos Aires: Infinito, 2005.

BLACKWELL, Lewis. **La tipografía del siglo XX.** Barcelona: Gustavo Gili, 1992.

_____ & CARSON, David. **The End of the Print.** Londres: Laurence King, 1995.

_____ & BRODY, Neville. **G1 Subj: Contemp. Design, Graphic.** Londres: Laurence King, 1996.

BOMENY, Maria Helena Werneck. **Os manuais de desenho da escrita.** Cotia: Ateliê, 2010.

BONSIEPE, Gui. **Design: do material ao digital.** Florianópolis: CTA/LBDI, 1997.

_____. "Educación para el diseño visual". Em BIERUT, Michael et al. (orgs.). **Fundamentos del diseño gráfico.** Buenos Aires: Infinito, 2005(a).

_____. "Retórica visual/verbal". Em BIERUT, Michael et al. (orgs.). **Fundamentos del diseño gráfico.** Buenos Aires: Infinito, 2005(b).

BORGMANN, Albert. **Crossing the Postmodern Divide.** Chicago: University of Chicago Press, 1992.

BRINGHURST, Robert. **Elementos do estilo tipográfico.** São Paulo: Cosac Naify, 2005.

BURKE, Christopher. **Paul Renner, maestro tipógrafo.** Valência: Campgràfic, 2000.

CALVERA, Anna. "Nuevos capítulos en una polémica que viene de lejos". Em CALVERA, Anna (org.). **Arte¿? Diseño. Nuevos capítulos para una polémica que viene de lejos.** Barcelona: Gustavo Gili, 2005.

CARTER, Rob. **Diseñando con tipografía: libros, revistas, boletines.** Barcelona: RotoVision, 1997.

_____. **Experimental Typography.** Nova York: RotoVision, 1997.

_____; DAY, Ben; MEGGS, Philip. **Typographic Design: Form and Communication.** Nova York: Van Nostrand Reinhold, 1993.

CAUQUELIN, Anne. **Arte contemporânea: uma introdução.** São Paulo: Martins Fontes, 2005.

COELHO, Luiz Antonio L. (org.). **Conceitos-chaves em design.** Rio deJaneiro/ Teresópolis: Editora PUC-Rio/Novas Ideias, 2008.

CONNOR, Steven. **Cultura pós-moderna: introdução às teorias do contemporâneo.** São Paulo: Loyola, 1993.

CULLER, Jonathan. **Breve introducción a la teoría literaria.** Barcelona: Crítica, 2000.

DABNER, David. **Guia de artes gráficas: design e lay-out.** Amadora: Quarto Publishing, 2006.

DENIS, Rafael Cardoso. **Uma introdução à história do design.** São Paulo: Edgar Blücher, 2000.

DONDIS, Donis A. **Sintaxe da linguagem visual.** São Paulo: Martins Fontes, 1997.

DIETHELM, Walter. **Signet, Signal, Symbol.** 3ª ed. Zurique: ABC Verlag, 1976 (1ª ed. Zurique: ABC Verlag, 1970).

DUSONG, Jean-Luc & SIEGWART, Fabienne. **Typographie: du plomb au numérique.** Paris: Larousse--Bordas, 1996.

ELAM, Kimberly. **Sistemas reticulares.** Barcelona: Gustavo Gili, 2006.

FEATHERSTONE, Mike. **Cultura de consumo e pós-modernismo.** São Paulo: Nobel, 1995 (1ª ed. Londres: Sage, 1990).

FERLAUTO, Claudio. **O tipo da gráfica e outros escritos.** São Paulo: Cachorro Louco, 2000.

FERRARA, Lucrécia D'Alessio. "El arte en el diseño: un rito de paso". Em CALVERA, Anna (org.). **Arte¿? Diseño. Nuevos capítulos para una polémica que viene de lejos.** Barcelona: Gustavo Gili, 2005.

FIELL, Charlotte & FIELL, Peter. **Design Now.** Colônia: Taschen, 2005.

FLUSSER, Vilém. **O mundo codificado**. São Paulo: Cosac Naify, 2007.

FONSECA, Suzana Valladares. **A tradição do moderno: uma reaproximação com valores fundamentais do design gráfico a partir de Jan Tschichold e Emil Ruder**. Tese de doutorado. Rio de Janeiro: PUC-RJ, 2007.

FRASCARA, Jorge. **Diseño gráfico y comunicación.** Buenos Aires: Infinito, 2005.

_____ & SOLOMON, Martin. **Pensamiento tipográfico. Cátedra Fontana.** Colección Interfaces. Buenos Aires: UBA/Edicial, 1996.

FRIEDL, Friedrich; OTT, Nicolaus; STEIN, Bernard. **Typography: an Encyclopaedic Survey of Type Design and Techniques Throughout History.** Nova York: Black Dog & Leventhal, 1998.

FRUTIGER, Adrian. **Sinais e símbolos. Desenho, projeto e significado**. São Paulo: Martins Fontes, 1999.

_____. **En torno a la tipografía**. Barcelona: Gustavo Gili, 2004.

GAUDÊNCIO Jr., Norberto. **A herança escultórica da tipografia.** São Paulo: Rosari, 2004.

GERSTNER, Karl. **Diseñar programas.** Barcelona: Gustavo Gili, 1979.

_____. **Karl Gerstner: Review of 5 x 10 Years of Graphic Design etc.** Ostfildern-Ruit: Hatje Cantz, 2001.

GILL, Eric. **An Essay on Typography.** 5ª ed. Londres: Lund Humphries, 1988 (1ª ed.: 1931).

GOLDEN, William. "El tipo es para leer". Em BIERUT, Michael et al. (orgs.). **Fundamentos del diseño gráfico**. Buenos Aires: Infinito, 2005.

GOMBRICH, Ernst Hans. **A história da arte.** Rio de Janeiro: Zahar, 1979.

GORDON, Bob. **Making Digital Type Look Good.** Londres: Thames & Hudson, 2001.

_____ & GORDON, Maggie. **Guia completo do design digital.** Lisboa: Centralivros, 2003.

GÖTZ, Veruschka. **Retículas para internet y otros soportes digitales.** Barcelona: Index, 2002.

GROPIUS, Walter. **Bauhaus: novarquitetura.** São Paulo: Perspectiva, 1997.

GRUSZYNSKI, Ana Cláudia. **A imagem da palavra.** Teresópolis: Novas Ideias, 2007.

HARVEY, David. **Condição pós-moderna: uma pesquisa sobre as origens da mudança cultural.** São Paulo: Loyola, 1993 (1ª ed. ingl. Oxford: Basil Blackwell, 1989).

HAUSER, Arnold. **Historia social de la literatura y el arte.** Madri: Castilla, 1968. Vols. I, II e III.

HELLER, Steven. **Linguagens do design: compreendendo o design gráfico.** São Paulo: Rosari, 2007.

_____ & ILIC, Mirko. **Escrito a mano. Diseño de letras manuscritas en la era digital.** Barcelona: Gustavo Gili, 2004.

HENDEL, Richard. **O design do livro.** Cotia: Ateliê, 2003.

HERDEG, Walter. **Archigraphia: Architectural and Environmental Graphics.** Zurique: Graphis, 1978.

HESSEN, Johannes. **Teoria do conhecimento.** São Paulo: Martins Fontes, 2000.

HOLLAND, D. K. **Design Issues.** Nova York: Allworth, 2001.

HOLLIS, Richard. **Design gráfico: uma história concisa**. São Paulo: Martins Fontes, 2001.

HURLBURT, Allen. **Lay-out da página impressa**. São Paulo: Nobel, 1986.

IBELINGS, Hans. **Supermodernismo: arquitectura en la era de la globalización.** Barcelona: Gustavo Gili, 1998.

JAMESON, Fredric. **Postmodernism or the Cultural Logic of Late Capitalism.** Durham: Duke University Press, 1995.

JENCKS, Charles. **The Language of Post-Modern Architecture.** 6ª ed. Londres: Academy, 1991 (1ª ed. Nova York: Rizzoli, 1977).

JOHNSON, Philip & WIGLEY, Mark. **Arquitectura deconstructivista.** Barcelona: Gustavo Gili, 1998.

JURY, David. **About Face: Reviving the Rules of Typography**. Mies: RotoVision, 2002.

_____. **O que é a tipografia?** Barcelona: Gustavo Gili, 2007.

JUTE, André. **Grids: the Structure of Graphic Design.** Nova York: RotoVision, 1996.

KLEIN, Manfred; SCHWEMER-SCHEDDIN, Yvonne; SPIEKERMANN, Erik. **Type & Typographers.** Londres: Architecture Design and Technology Press, 1991.

KOPP, Rudinei. **Design gráfico cambiante.** Santa Cruz do Sul: Edunisc, 2002.

KUNZ, Willi. **Tipografía: macro y micro estética.** Barcelona: Gustavo Gili, 2003.

LAMBERT, Phyllis. **Mies in America.** Montreal: Canadian Centre for Architecture and Whitney of American Art, 2001.

LÉVY, Pierre. **Tecnologias da inteligência.** São Paulo: Editora 34, 2000 (1ª ed.: 1993).

LICKO, Zuzana & VANDERLANS, Rudy. **Emigre. Charles Nypels Prijs Award 1998.** Nuth: Rosbeek, 1998.

LUBALIN, Herb. "¿Qué tiene de nuevo la tipografía estadounidense?". Em BIERUT, Michael *et al.* (orgs.). **Fundamentos del diseño gráfico.** Buenos Aires: Infinito, 2005.

LUPTON, Ellen. **Pensar com tipos.** São Paulo: Cosac Naify, 2006.

_____ & MILLER, Abbott. **Design Writing Research: Writing on Graphic Design.** Nova York: Princeton Architectural Press, 1996.

_____ & MILLER, Abbott. **El abc de la Bauhaus y la teoría del diseño.** Cidade do México: Gustavo Gili, 2002.

_____ & PHILLIPS, Jennifer Cole. **Novos fundamentos do design gráfico.** São Paulo: Cosac Naify, 2008.

LYOTARD, Jean-François. **A condição pós-moderna.** Lisboa: Gradiva, 1989.

MAEDA, John. **As leis da simplicidade.** São Paulo: Novo Conceito, 2007.

MANDEL, Ladislas. **Escritas: espelho dos homens e das sociedades.** São Paulo: Rosari, 2006.

MARTÍN, Euniciano. **La composición en artes gráficas**. Vols. 1 e 2. Barcelona: Don Bosco, 1970.

MARTÍNEZ MEAVE, Gabriel. **Ensayos sobre diseño, tipografía y lenguage.** Cidade do México: Designio, 2005.

MCLEAN, Ruari. **Typography.** Londres: Thames and Hudson, 1988.

MCLUHAN, Marshall & FIORE, Quentin. **Os meios são as massa-gens.** Rio de Janeiro: Bantan/Record, 1969.

MEDIAVILLA, Claude. **Calligraphie.** Paris: Imprimerie Nationale,1993.

MEGGS, Philip B. "De-constructing Typography". Em ALDRICH-RUENZEL, Nancy & FENNELL, John (orgs.). **Designer's Guide to Typography.** Oxford: Phaidon, 1991(a).

_____. **Historia del diseño gráfico.** Cidade do México: Trillas, 1991(b) (3ª ed. amer.: **A History of Graphic Design.** Nova York: John Wiley & Sons, 1998).

_____ & MCKELVEY, Roy. **Revival of the Fittest: Digital Versions of Classic Typefaces.** Nova York: RC Publications, 2000.

MEYNELL, Francis. "Con veinticinco soldados de plomo he conquistado el mundo". Em BIERUT, Michael *et al.* (orgs.). **Fundamentos del diseño gráfico.** Buenos Aires: Infinito, 2005.

MORISON, Stanley. **Principios fundamentales de la tipografía** (seguidos de *El arte de imprimir*). Madri: Aguilar, 1957.

MORRIS, William. **Arte y sociedad industrial.** Valência: Fernando Torres, 1975.

MOSQUERA, Carlos A. Méndez. **Ensayos sobre diseño: diseñadores influentes de la Aiga.** Buenos Aires: Infinito, 2001.

MÜLLER-BROCKMANN, Josef. **The Graphic Designer and His Design Problems.** Nova York: Hastings House, 1983 (1ª ed. al. Niederteufen: Arthur Niggli, 1961).

_____. **Historia de la comunicación visual.** Cidade do México: Gustavo Gili, 1998.

MUMFORD, Lewis. **Arte e técnica.** São Paulo: Martins Fontes, 1986; 1ª ed.: 1952.

MUNARI, Bruno. **Diseño y comunicación visual.** Barcelona: Gustavo Gili, 1973.

_____. **Artista y designer.** Valência: Fernando Torres, 1974.

_____. **El arte como oficio.** 3ª ed. Barcelona: Labor, 1976.

NEWARK, Quentin. **¿Qué es el diseño gráfico?.** Cidade do México: Gustavo Gili, 2002.

PELTA, Raquel. **Diseñar hoy.** Colección Paidós Diseño. Barcelona: Paidós Ibérica, 2004.

PERFECT, Christopher & AUSTEN, Jeremy. **The Complete Typographer.** Londres: Rockport, 1992.

PERROTA, Isabella. **Tipos e grafias.** Rio de Janeiro: Editora Senac Rio, 2005.

PEVSNER, Nikolaus. **Os pioneiros do desenho moderno.** Lisboa: Ulisseia, 1948.

PIGNATARI, Décio. **Informação linguagem comunicação.** São Paulo: Cultrix, 1985.

PORTOGHESI, Paolo. **Después de la arquitectura moderna.** Barcelona: Gustavo Gili, 1981.

POYNOR, Rick. **No mas normas: diseño gráfico posmoderno.** Cidade do México: Gustavo Gili, 2003.

RAIMES, Jonathan-Bhaskaran. **Design retrô: 100 anos de design gráfico.** São Paulo: Editora Senac São Paulo, 2007.

RAND, Paul. **Design Form and Chaos.** New Haven/Londres: Yale University Press, 1993.

RENNER, Paul. **El arte de la tipografía.** Valência: Campgràfic, 2000.

RUDER, Emil. **Manual de diseño tipográfico.** Barcelona: Gustavo Gili, 1982 (*Typography: a Manual of Design*. 1ª ed.: 1967; 7ª ed. ingl./al./fr. Zurique: Arthur Niggli, 2001.

SALLES, Cecília Almeida. **Gesto inacabado: processo de criação artística.** São Paulo: Fapesp/Anna Blume, 2006.

SALINAS, Óscar. "El diseño: ¿es arte?". Em CALVERA, Anna (org.). **Arte¿? Diseño. Nuevos capítulos para una polémica que viene de lejos.** Barcelona: Gustavo Gili, 2005.

SAMARA, Timothy. **Making and Breaking the Grid.** Gloucester: Rockport, 2002.

_____. **Typography Workbook.** Gloucester: Rockport, 2006.

_____. **Elementos del diseño: manual para diseñadores gráficos.** Barcelona: Gustavo Gili, 2008.

SATUÉ, Enric. **El diseño gráfico: desde los orígenes hasta nuestros días.** Madri: Alianza, 1992.

_____. **El diseño de libros del pasado, del presente, y talvez del futuro.** Madri: Fundación Germán Sánchez Ruipérez, 1998.

_____. **Aldo Manuzio: editor, tipógrafo, livreiro.** Cotia: Ateliê, 2004.

SAUSSURE, Ferdinand de. **Curso de linguística geral.** São Paulo: Cultrix, 1970.

SEHMI, Satwinder. **Calligraphy: the Rhythm of Writing.** Londres: Merehurst/Ferry House, 1993.

SESMA, Manuel. **Tipografismo.** Barcelona: Paidós Ibérica, 2004.

SHAKESPEAR, Ronald. **Señal de diseño.** Buenos Aires: Infinito, 2003.

SNYDER, Gertrude & PECKOLICK, Alan. **Herb Lubalin: Art Director Graphic Designer and Typographer.** Nova York: American Show Case, 1985.

SOUZA, Pedro Luiz Pereira. **Notas para uma história do design.** Rio de Janeiro: Editora 2AB, 2000.

SPENCER, Herbert. **Pioneros de la tipografía moderna.** Barcelona: Gustavo Gili, 1995 (1ª ed. Londres: Lund Humphries, 1969).

TAMBINI, Michael. **O design do século.** São Paulo: Ática, 1997.

TSCHICHOLD, Jan. **La nueva tipografía.** València: Campgràfic, 2003 (1ª ed. al.: **Die Neue Typographie.** Berlim: Bildungsverbandes Der Deutschen Buchdrucker, 1928).

_____. **A forma do livro.** Cotia: Ateliê, 2007.

TWEMLOW, Alice **¿Qué es el diseño gráfico?** Barcelona: Gustavo Gili, 2007.

VANDERLANS, Rudy & LICKO, Zuzana. **Emigre (the Book): Graphic Design into the Digital Realm.** Nova York: Nostrand Reinhold, 1993.

VENTURI, Lionello. **História da crítica da arte.** São Paulo: Martins Fontes, 1984.

VENTURI, Robert. **Complexidade e contradição na arquitetura.** São Paulo: Martins Fontes, 1995 (1ª ed. Nova York: The Museum of Modern Art, 1966).

_____; IZENOUR, Steven; BROWN, Denise Scott. **Aprendiendo de Las Vegas: el simbolismo olvidado de la forma arquitectónica.** Barcelona: Gustavo Gili, 1978.

VILLAS-BOAS, André. **Utopia e disciplina.** Rio de Janeiro: Editora 2AB, 1998.

WARDE, Beatrice. **"La copa de cristal o la impresión debe ser invisible".** Em BIERUT, Michael *et al.* (orgs.). **Fundamentos del diseño gráfico.** Buenos Aires: Infinito, 2005.

WEINGART, Wolfgang. **Typography: My Way to Typography.** Baden: Lars Müller, 2000.

_____. **Como se pode fazer tipografia suíça**. São Paulo: Rosari, 2004.

WÖLFFLIN, Heinrich. **Conceitos fundamentais da história da arte**. São Paulo: Martins Fontes, 1984.

WOOLMAN, Matthew. **A Type Detective Story.** Crans: RotoVision, 1997.

WOZENCROFT, Jon. **The Graphic Language of Neville Brody.** Londres: Thames and Hudson, 1998 (1ª ed.: 1988).

ZAPF, Hermann. **About Alphabets Some Marginal Notes in Type Design.** Cambridge/Londres: The MIT Press, 1970.

_____. **Manuale Typographicum.** Cambridge/Londres: The MIT Press, 1970 (1ª ed.: 1954).

_____. **Hermann Zapf and His Design Philosophy.** Chicago: Society of Typographic Arts, 1987.

_____. **Histórias de alfabetos: a autobiografia e a tipografia de Hermann Zapf**. São Paulo: Rosari e Tupigrafia, 2005.

PERIÓDICOS

ABC DESIGN, nº 9, 2004.

ARC DESIGN, nº 10, 1999.

BAINES, Phil. "Modernity and Tradition". Em **Eye**, nº 7, 1992.

BIL'AK, Peter. "Historia de una fuente nueva". Em **Typotheque – Texts on Grafic Design and Typography**, 2003. Disponível em http://www.typotheque.com/articles/historia_de_una_fuente_nueva.

CHEVITARESE, L. "As 'razões' da pós-modernidade". Em **Analógos. Anais da I SAF-PUC-RJ**, Rio de Janeiro, Booklink, 2001.

CORRÊA, Elizabeth Saad. "A arquitetura estratégica no horizonte da terra cognita da informação digital". Em **Revista USP**, nº 48, 2001.

COSTA, Caio Túlio. "Modernidade líquida, comunicação concentrada". Em **Revista USP**, nº 66, 2005.

CULLEN, Moira. "Moira Cullen Interviews Tibor Kalman", em **Eye**, nº 20, 1996.

EMIGRE, nº 15, 1991.

EMIGRE, nº 30. 1994.

EYE, nº 16, 1995.

"FIRST THINGS First Manifesto 2000". Em **Eye**, nº 33, 1999. Disponível em http://eyemagazine.com/feature.php?id=18&fid=99.

HELLER, Steven. "The Cult of the Ugly". Em **Eye**, nº 9, 1993. Disponível em http://www.typotheque.com/site/article.php?id=68.

"INTERNET chega a 1,5 bilhão de usuários no mundo". Em **Folha On-line**, 28-11-2008. Disponível em http://www1.folha.uol.com.br/folha/informatica/ult124u472935.shtml.

KALMAN, Tibor; ABBOTT MILLER, J.; JACOBS. Karrie. "Good History/Bad History". Em **Print**, mar.-abr. de 1991.

KEEDY, Jeffery. "Graphic Design in the Postmodern Era". Em **Emigre**, nº 47, 1998.

KING, Emily. "El innovador dúo del diseño holandés". Em **Tipográfica**, nº 68, 2005.

LICKO, Zuzana & RUBINSTEIN, Rhonda. "Reputations/Interview". Entrevista por Rhonda Rubinstein. Em **Eye**, nº 43, 2002.

_____ & VANDERLANS, Rudy. "Ambition/Fear". Em **Emigre**, nº 11, 1989. Disponível em http://www.emigre.com/Editorial.php.

LIMA, Edna Lucia Cunha. "Design gráfico: um conceito em discussão". Em **Anais do P&D Design 96 – Estudos em Design**, Rio de Janeiro, 1996.

LÓPEZ, Lucas. "Carácter". Em **Tipográfica**, nº 40, 1999.

RAND, Paul. "En todas las épocas, las corrientes estilísticas han influido formal y conceptualmente a la tipografía. No obstante, una buena práctica tipográfica no depende del estilo de los signos sino del correcto manejo de su esencia". Em **Tipográfica**, nº 34, novembro de 1997.

RESNICK, Elizabeth. "Basilea: la computadora y sus conscuencias". Em **Tipográfica**, nº 49, 2001.

"RUDY VanderLans". Em **Identifont – Designers**. Disponível em http://www.identifont.com/find?name=vanderlans&q=Go.

SCHER, Paula. "Mi mejor cliente". Em **Tipográfica**, nº 52, 2002.

SÓLIO, Marlene Branca. "O discurso gráfico como ferramenta de produção de significação na comunicação organizacional". Em **UNIrevista**, 1 (3), julho de 2006.

SOLOMON, Martin. "Estilos y tendencias". Em **Tipográfica**, nº 12, 1990.

TASCHENER, Gisela B. "A pós-modernidade e a sociologia". Em **Revista USP**, nº 42, 1999.

TSCHICHOLD, Jan. Typographische Mitteilungen. Número especial de **Elementare Typographie**, Leipzig, 1925.

UNGER, Gerard. "Legible?". Em **Emigre**, nº 23, 1992.

_____. "El objeto ineludible: el libro impreso". Em **Tipográfica**, nº 50, 2002.

VANDERLANS, Rudy. "Fallout". Em **Emigre**, nº 30, 1994. Disponível em http://www.emigre.com/Editorial.php?sect=1&id=31.

WORTHINGTON, Michel. "Entranced by Motion. Seduced by Stillness". em **Eye**, nº 33, 1999.

"ZUZANA Licko". Em **Identifont – Designers**. Disponível em http://www.identifont.com/find?name=licko&q=Go.

Catálogos

BUDDENSIEG, Tilmann & ROGGE, Henning. **Cultura e Industria: Peter Behrens e la AEG, 1907-1914, Milão**, Ripartizione Cultura Ciche Raccolte d'Arte, 1979.

GERSTNER, Karl. **IBM Bodoni Manual (Berthold Bodoni)**, s/l., c. 1982.

IZZO, Alberto & GUBITOSI, Camillo. **Frank Lloyd Wright: Drawings 1887-1959**, exposição organizada pelo Instituto de Estudos Arquitetônicos da Universidade de Nápoles, Londres, Academy/Centro Di, 1993.

SERRA, Joselita Raspi. **Paestum and the Doric Revival 1750-1830**, Nova York, Centro Di/National Academy of Design, 1986.

PUSH PIN STUDIO. **The Push Pin Style**, Palo Alto, Communication Arts Magazine, 1970.

Sites e endereços na web

http://www.aiga.org
http://www.adobe.com
http://aurelio.ig.com.br
http://www.elupton.com
http://www.emigre.com
http://www.edfella.com/lettering.html
http://www.esdi.uerj.br/arcos/
http://eyemagazine.com
http://www.flickr.com
http://www.fontfont.com
http://www.houseind.com
http://houaiss.uol.com.br
http://www.imageclub.com
http://www.internetworldstats.com/stats.htm
http://www.letraset.com
http://www.letterarts.com
http://www.letterror.com
http://www.linotype.com
http://members.aol.com/
http://www.mitpressjournals.org
http://MoMA.org
http://www.monotype.com

http://www.researchstudios.com
http://www.octavo.com
http://www.unostiposduros.antaviana.com
http://www.testesrares.com
http://www.typotheque.com/articles
http://www.whynotassociates.com

Fontes de figuras

Cortesia Allen Hori, 191

Cortesia April Greiman, 175, 176

Cortesia Chermayeff & Geismar, 99, 100, 101, 102, 113

Cortesia Cranbrook Art Museum, 12, 126, 182, 185, 186, 187, 190, 191, 192, 238

Cortesia David Carson, 21, 131, 132, 133, 134

Cortesia Edward Fella, 23, 169, 198, 200, 201, 202

Cortesia Herb Lubalin Study Center of Design and Typography, 71, 72, 103, 104, 114

Cortesia Isis Gallery, U.K. Jamie Reid, 118, 119

Cortesia Janet Moses, 206, 207, 208, 210

Cortesia Jeffery Keedy, 196, 203

Cortesia Lorraine Wild, 99

Cortesia Massimo Vignelli, 61, 69

Cortesia Milton Glaser, 11, 105, 107, 109, 110, 111

Cortesia Rosmarie Tissi e Siegfried Odermatt, 75, 76, 77, 78, 79

Cortesia Willi Kunz, 178, 179, 180

Cortesia Wim Crouwel, 65, 65 a, 65 b, 65 c,

i© Stockphoto, 140, 243

© Getty Images, 140

11	Cortesia Milton Glaser
12	Cortesia Herb Lubalin Study Center of Design and Typography
12	Cortesia Cranbrook Art Museum
16	Cortesia Wolfgang Weingart
17	Cortesia Wolfgang Weingart
21	Cortesia David Carson
23	Cortesia Edward Fella
24	Cortesia April Greiman
65	Cortesia Wim Crouwel
65 a-b-c	Cortesia Wim Crouwel
69	Cortesia Massimo Vignelli
71	Cortesia Herb Lubalin Study Center of Design and Typography
72	Cortesia Herb Lubalin Study Center of Design and Typography
74	Cortesia Milton Glaser
75	Cortesia Rosmarie Tissi e Siegfried Odermatt
76	Cortesia Rosmarie Tissi e Siegfried Odermatt
77	Cortesia Rosmarie Tissi e Siegfried Odermatt
78	Cortesia Rosmarie Tissi e Siegfried Odermatt
79	Cortesia Rosmarie Tissi e Siegfried Odermatt
86	Cortesia Milton Glaser
87	Cortesia Milton Glaser
99	Cortesia Chermayeff & Geismar
100	Cortesia Chermayeff & Geismar
101	Cortesia Chermayeff & Geismar
102	Cortesia Chermayeff & Geismar
103	Cortesia Herb Lubalin Study Center of Design and Typography
104	Cortesia Herb Lubalin Study Center of Design and Typography
105	Cortesia Milton Glaser
106	Cortesia Herb Lubalin Study Center of Design nad Typography
107	Cortesia Milton Glaser
109	Cortesia Milton Glaser
110	Cortesia Milton Glaser

117	Cortesia Milton Glaser
113	Cortesia Chermayeff & Geismar
114	Cortesia Herb Lubalin Study Center of Design and Typography
117	Cortesia Wolfgang Weingart
118	Jamie Reid, cortesia Isis Gallery, U.K.
126	Cortesia Cranbrook Art Museum
127	Cortesia Michael Vanderbyl
128	Cortesia Michael Vanderbyl
129	Cortesia William Longhauser
131	Cortesia David Carson
132	Cortesia David Carson
139	i© Stockphoto
140	© Getty Images
141	Cortesia Wolfgang Weingart
142	Cortesia Wolfgang Weingart
143	Cortesia Wolfgang Weingart
144	Cortesia Wolfgang Weingart
145	Cortesia Wolfgang Weingart
146	Cortesia Wolfgang Weingart
147	Cortesia Wolfgang Weingart
149	Cortesia Wolfgang Weingart
150	Cortesia Wolfgang Weingart
151	Cortesia Wolfgang Weingart
152	Cortesia Wolfgang Weingart
153	Cortesia Wolfgang Weingart
154	Cortesia Wolfgang Weingart
155	Cortesia Wolfgang Weingart
156	Cortesia Wolfgang Weingart
157	Cortesia Wolfgang Weingart
158	Cortesia Wolfgang Weingart
159	Cortesia Wolfgang Weingart
160	Cortesia Wolfgang Weingart

161	Cortesia Wolfgang Weingart
162	Cortesia Wolfgang Weingart
163	Cortesia Wolfgang Weingart
164	Cortesia Wolfgang Weingart
165	Cortesia Wolfgang Weingart
166	Cortesia Wolfgang Weingart
167	Cortesia Wolfgang Weingart
168	Cortesia Wolfgang Weingart
169	Cortesia Wolfgang Weingart
170	Cortesia Wolfgang Weingart
174	Cortesia April Greiman
175	Cortesia April Greiman
176	Cortesia April Greiman
178	Cortesia Willi Kunz
179	Cortesia Willi Kunz
180	Cortesia Willi Kunz
181	Cortesia Cranbrook Art Museum
185	Cortesia Cranbrook Art Museum
186	Cortesia Cranbrook Art Museum
187	Cortesia Cranbrook Art Museum
189	Cortesia Edward Fella
190	Cortesia Cranbrook Art Museum
191	Cortesia Cranbrook Art Museum
192	Cortesia Cranbrook Art Museum
195	Cortesia Thomas Wedell
196	Cortesia Jeffery Keedy
197	Cortesia Allen Hori
198	Cortesia Edward Fella
199	Cortesia Lorraine Wild em colaboração com Somi Kim e Lisa Nugent, ReVerb, Los Angeles, 1992
200	Cortesia Edward Fella
201	Cortesia Edward Fella

204	Cortesia Edward Fella
205	Cortesia Jeffery Keedy
208	Cortesia Janet Moses
209	Cortesia Janet Moses
210	Cortesia Janet Moses
230	Cortesia Paula Scher
234	Cortesia Paula Scher
233	Cortesia Paula Scher
234	Cortesia Paula Scher
241	Cortesia Cranbrook Art Museum
243	©iStockphoto

Sobre o autor

Maria Helena Werneck Bomeny é graduada pela FAAP (Fundação Armando Álvares Penteado) em artes plásticas e doutora pela FAU-USP (Faculdade de Arquitetura e Urbanismo da Universidade São Paulo).

Em 2010 publicou *Os Manuais de Desenho da Escrita* e atualmente é professora do Centro Universitário Senac nos cursos de graduação e pós-graduação em design gráfico e editorial, onde ministra aulas práticas e teóricas. Também é docente da Escola Panamericana de Arte e Design.

Por cinco anos foi professora conferencista na ECA-USP (Escola de Comunicação e Artes da Universidade São Paulo), lecionando sobre projetos e história do design editorial. Atua no mercado há mais de 25 anos e coordenou grandes escritórios de design e arquitetura como o de Cauduro Martino e Ricardo Ohtake.

Hoje tem seu escritório de design gráfico, dando consultoria e elaborando projetos para empresas.